사무엘상(성경, 이해하며 읽기)

Reading in understanding the Bible

사무엘상(성경, 이해하며 읽기)

발 행 | 2023년 11월 20일
저 자 | 장석환
펴낸이 | 장석환
펴낸곳 | 도서출판 돌계단
출판사등록 | 2022.07.27(제393-2022-000025호)
주 소 | 안산시 상록구 삼태기2길 4-16
전 화 | 031-416-9301
총 판 | 비견북 031-907-3927
이메일 | dolgaedan@naver.com

ISBN | 979-11-979752-6-4

https://blog.naver.com/dolgaedan

성경, 이해하며 읽기 **사무엘상**

사무엘상

장석환 지음

성경, 이해하며 읽기 시리즈를 시작하며 2.

성경을 통해 하나님을 만난다.
성경을 통해 하나님과 동행하면 풍성한 삶이 된다.

누구를 만날 때는 인격적인(지정의) 만남이 되어야 한다.
그의 생각과 마음을 만나고 힘까지 공유하는 만남이다.
성경에는 하나님의 뜻(지)과 마음(정)과 힘(의)이 담겨 있다.
성경을 잘 읽으면 우리는 하나님을 만나게 된다. 아주 실제적으로.

좋은 사람과 만나 대화를 하면 행복하듯이
말씀으로 하나님을 만나면 행복하다.
하나님을 만나는 다양한 방식이 있다.
성경은 하나님을 만나는 가장 실제적 방법이다.

마음과 의미가 전달되지 않는 대화가 무의미하듯이
성경을 이해하지 않고 읽으면 성경을 읽는 것이 아니다.
성경을 이해하지 못해서
성경을 통해 하나님을 만나는 것을 모른다.

모든 사람이 성경을 이해하며 읽기를 소망하며
매우 쉽지만 누군가에게는 가장 좋은 주석이 되기를 소원하며
큰 글씨로 쉬운 주석 시리즈를 쓰고 있다.

이 주석이 하나님을 생생하게 만나는 만남의 장이 되기를 기도한다.
하나님께 영광되기를 기도한다.

성경, 이해하며 읽기 **사무엘상**

〈목 차〉

사무엘상

1.시대

사무엘상 시작은 사사기 후반을 배경으로 한다. 아마 삼손의 시대와 겹칠 것이다. 사사시대는 이스라엘에 닥친 외세의 위협에 대해 지역마다 적당한 사사를 세워 하나님께서 구원하여 주셨다. 그러나 사사들은 갈수록 제대로 된 역할을 하지 못하였다. 사무엘상 시작 시대의 배경이 되는 삼손은 사사로서 역할을 제대로 하지 못하고 있었다. 이스라엘은 블레셋에 의해 많은 고난을 당하고 있었다.

사무엘상은 사사시대의 마지막 사사인 사무엘의 이야기와 왕정 시대 첫 왕인 사울의 이야기를 다루고 있다. 그러나 사울의 통치가 잘못되어 다윗을 세우는 이야기까지 이어진다. 사무엘상은 분명 사울의 이야기가 주가 되는데 사울의 잘못으로 인하여 다윗이 주인공 역할을 하게 된다.

2. 내용

사사시대의 불안정에서 해결책으로 이스라엘 백성들은 왕을 요구하였다. 그래서 사무엘상은 마지막 사사인 사무엘과 첫 왕인 사울의 시대를 다룬다. 그런데 사울은 이스라엘의 첫번째 왕이었음에도 불구하고 주인공이 되지 못한다. 결국 사울왕 시대를 다루는 사무엘상에서 주인공은 다윗이 된다. 다윗은 왕이 아니었지만 왕보다 더 주목을 받았다. 사울이 이스라엘의 유일한 왕이신 하나님의 뜻을 따르지 않았음에 반해 다윗은 계속 하나님의 뜻을 찾았기 때문이다.

사울과 다윗의 가장 큰 차이는 '하나님의 뜻'을 찾는 것의 유무이다. 사무엘은 사울에게 '제사보다 순종이 낫다'고 말하였다. 그때 사울은 제사드리는 것이 중요한 것이 아니라 하나님의 뜻에 순종하는 것이 중요했다. 사울은 하나님의 뜻을 찾지 않았고 순종하지도 않았습니다. 반면에 다윗은 계속 하나님의 뜻을 찾았다.

사무엘상에서는 다윗의 영성을 엿볼 수 있는 유익이 있다. 보통 사람들이 흥미롭게 여기고 좋아하는 기적 이야기는 전혀 나오지 않지만 그는 일상 속에서 하나님의 임재와 뜻을 찾았다. 하나님의 뜻이면 어떤 어려움이 있어도 순종하였다.

오늘날 신앙인이 하나님의 뜻을 찾으며 사는 것이 중요하다. 하나님의 뜻을 찾는 사람에게 하나님께서 어떤 방식으로 알려주시는지는 중요하지 않다. 그것은 하나님의 뜻대로 하실 뿐이다. 중요한 것은 우리가 그것을 찾는 것이다. 그것을 찾는 이들을 하나님께서는 분명히 인도하신다. 다윗의 경우처럼 말이다. 기적적인 방식이라고 하나님께서 특별히 인도하신 것이 아니다. 오히려 다윗의 경우처럼 자연스러운 방식으로 인도하시는 것이 더 일반적이다.

하나님을 경외하는 그를 향한 하나님의 인도하심이 있었다. 결국 그는 어떤 누구보다 훌륭한 신앙인으로 살았다. 그는 가장 위대한 왕이 되었을 뿐만 아니라 위대한 신앙인이 되었다. 하나님 나라를 대망하는 메시야 사상의 뿌리를 제공한다.

〈성경본문〉

1. 한글본문: 대한성서공회. (1998). 성경전서: 개역개정. 대한성서공회.
   "여기에 사용한 '성경전서 개역개정판'의 저작권은 재단법인 대한성서공회 소유이며, 재단법인 대한성서공회의 허락을 받고 사용하였음."
2. 영어본문: GNB(American Bible Society. (1992). The Holy Bible: The Good news Translation (2nd ed.). American Bible Society.)

1 에브라임 산지 라마다임소빔에 에브라임 사람 엘가나라 하는 사람이 있었으니 그는 여로함의 아들이요 엘리후의 손자요 도후의 증손이요 숩의 현손이더라

There was a man named Elkanah, from the tribe of Ephraim, who lived in the town of Ramah in the hill country of Ephraim. He was the son of Jeroham and grandson of Elihu, and belonged to the family of Tohu, a part of the clan of Zuph.

2 그에게 두 아내가 있었으니 한 사람의 이름은 한나요 한 사람의 이름은 브닌나라 브닌나에게는 자식이 있고 한나에게는 자식이 없었더라

Elkanah had two wives, Hannah and Peninnah. Peninnah had children, but Hannah had none.

3 이 사람이 매년 자기 성읍에서 나와서 실로에 올라가서 만군의 여호와께 예배하며 제사를 드렸는데 엘리의 두 아들 홉니와 비느하스가 여호와의 제사장으로 거기에 있었더라

Every year Elkanah went from Ramah to worship and offer sacrifices to the LORD Almighty at Shiloh, where Hophni and Phinehas, the two sons of Eli, were priests of the LORD.

4 엘가나가 제사를 드리는 날에는 제물의 분깃을 그의 아내 브닌나와 그의 모든 자녀에게 주고

Each time Elkanah offered his sacrifice, he would give one share of the meat to Peninnah and one share to each of her children.

5 한나에게는 갑절을 주니 이는 그를 사랑함이라 그러나 여호와께서 그에게 임신하지 못하게 하시니

And even though he loved Hannah very much he would give her only one share, because the LORD had kept her from having children.

6 여호와께서 그에게 임신하지 못하게 하시므로 그의 적수인 브닌나가 그를 심히 격분하게 하여 괴롭게 하더라

Peninnah, her rival, would torment and humiliate her, because the LORD had kept her childless.

성경, 이해하며 읽기 **사무엘상**

1장

1:1-4:1은 마지막 사사인 사무엘의 출생과 하나님의 부르심에 대한 이야기이다.

1:1 에브라임 사람 엘가나라 하는 사람이 있었으니. 당시 삼손이라는 유명한 인물이 아니라 이름 없는 한 사람에 의해 다음 시대가 준비되고 있었다. '에브라임 사람' 은 에브라임 지파가 아니라 에브라임 지역에 살고 있는 사람이라는 뜻이다. 사사 가 이스라엘의 다양한 지역에서 일어나 그 역할을 하였다. 이 당시 이스라엘의 중 심지역은 에브라임 지역이다. 이곳에서 이제 마지막 사사가 준비되고 있었다. 어둠의 시대에서는 한 사람이 어찌할 수 없는 부분이 많다. 블레셋이라는 강한 군 대를 맞서 개인이 싸울 수 없다. 시대는 때로는 거대한 장벽과 같다. 그러나 시대 가 어둡다 하여도 우리가 할 수 있는 것이 없는 것은 아니다. 아니 어쩌면 시대가 어둡기에 더 많은 것이 필요할 수 있다.

1:2 한나에게는 자식이 없었더라. 아마 한나는 엘가나의 첫번째 부인이었을 것이다. 그런데 아기가 없어 엘가나가 두번째 부인을 맞이한 것으로 보인다. 이것은 사래 와 하갈의 경우와는 다르다. 하갈은 단지 아기를 위해 얻은 첩(하렘)이지만 엘가 나는 브닌나를 부인으로 맞이하였다. 자식이 없어 남편은 다른 아내를 맞이했다. 이 당시에 여인이 자식이 없다는 것은 가장 비참한 일이었다. 한나에게는 어둠이 아주 짙게 임하였다.

1:3 이 사람이 매년...실로에 올라가서 만군의 여호와께 예배를 드렸는데. 엘리의 두 아들 홉니와 비느하스가 여호와의 제사장으로 거기에 있었다. 아주 못된 제사장 들이다. 그런데 그렇게 못된 제사장이 있어도 여전히 성막이 있는 실로에 가서 예 배하는 것은 매우 중요하다. 목사가 나빠도 성도의 예배가 나쁘지는 않다. '매년...

7 매년 한나가 여호와의 집에 올라갈 때마다 남편이 그같이 하매 브닌나가 그를 격분시키므로 그가 울고 먹지 아니하니

This went on year after year; whenever they went to the house of the LORD, Peninnah would upset Hannah so much that she would cry and refuse to eat anything.

8 그의 남편 엘가나가 그에게 이르되 한나여 어찌하여 울며 어찌하여 먹지 아니하며 어찌하여 그대의 마음이 슬프냐 내가 그대에게 열 아들보다 낫지 아니하냐 하니라

Her husband Elkanah would ask her, "Hannah, why are you crying? Why won't you eat? Why are you always so sad? Don't I mean more to you than ten sons?"

9 그들이 실로에서 먹고 마신 후에 한나가 일어나니 그 때에 제사장 엘리는 여호와의 전 문설주 곁 의자에 앉아 있었더라

One day, after they had finished their meal in the house of the LORD at Shiloh, Hannah got up. She was deeply distressed, and she cried bitterly as she prayed to the LORD. Meanwhile, Eli the priest was sitting in his place by the door.

10 한나가 마음이 괴로워서 여호와께 기도하고 통곡하며

11 서원하여 이르되 만군의 여호와여 만일 주의 여종의 고통을 돌보시고 나를 기억하사 주의 여종을 잊지 아니하시고 주의 여종에게 아들을 주시면 내가 그의 평생에 그를 여호와께 드리고 삭도를 그의 머리에 대지 아니하겠나이다

Hannah made a solemn promise: "Almighty LORD, look at me, your servant! See my trouble and remember me! Don't forget me! If you give me a son, I promise that I will dedicate him to you for his whole life and that he will never have his hair cut."

12 그가 여호와 앞에 오래 기도하는 동안에 엘리가 그의 입을 주목한즉

Hannah continued to pray to the LORD for a long time, and Eli watched her lips.

13 한나가 속으로 말하매 입술만 움직이고 음성은 들리지 아니하므로 엘리는 그가 취한 줄로 생각한지라

She was praying silently; her lips were moving, but she made no sound. So Eli thought that she was drunk,

14 엘리가 그에게 이르되 네가 언제까지 취하여 있겠느냐 포도주를 끊으라 하니

and said to her, "Stop making a drunken show of yourself! Stop your drinking and sober up!"

예배를 드렸는데'라고 말하는데 이것이 무슨 예배인지는 정확하지 않다. 오경에서 말하는 3절기 중에 하나일 수도 있고, 당시 추수와 관련하여 지키던 이스라엘의 다른 절기일 수도 있으며, 엘가나 집안이 정하여 지키는 예배일 수도 있다. 중요한 것은 엘가나가 매년 빠지지 않고 예배하였다는 것이다. 그는 시대가 어려워도 시대 타령하면서 주저 앉아 있지 않았다. 그가 해야 하는 예배를 드리며 하나님 앞에 서고자 하였다.

1:5 여호와께서 그에게 임신하지 못하게 하시니. 6절에서도 또 반복하여 말한다. 한나가 임신하지 못하고 있었던 것은 하나님의 특별한 섭리 속에서 일어난 특별한 일이었다. 어둠의 일이기 보다는 빛을 준비하는 일이었다.
사무엘상은 '한나의 이야기'로 시작한다. 그의 남편 엘가나는 보조적 역할이고 한나가 주인공이다. 여인이 주인공이 된다. 한나는 시대적 어둠에 개인적 어둠까지 겹쳐 참으로 짙은 어둠 속에 있었다. 그러나 그 어둠 속에서도 한나는 밝은 미래를 위해 아주 귀하게 사용된다.

1:6 브닌나가 그를 심히 격분하게 하여 괴롭게 하더라. 브닌나는 한나가 자식도 낳지 못하면서 남편의 사랑을 받고 있는 것 때문에 시기나 나서 더욱더 괴롭혔다. 브닌나가 그를 괴롭혀도 한나는 대응할 수 있는 방법이 없었다.

1:8 어찌하여 그대의 마음이 슬프냐 내가 그대에게 열 아들보다 낫지 아니하냐. 엘가나는 한나가 슬퍼하는 것을 제대로 이해하지 못하였다. '자녀가 없어도 자신이 사랑하고 있으니 그러면 충분한 것이 아니냐'고 말한다. 그의 말은 한나를 더욱더 힘들게 하였을 것이다.

1:9 엘가나 집 사람들이 제사를 위해 함께 실로에 왔다. 화목제를 드리고 일부의

15 한나가 대답하여 이르되 내 주여 그렇지 아니하니이다 나는 마음이 슬픈 여자라 포도주나 독주를 마신 것이 아니요 여호와 앞에 내 심정을 통한 것뿐이오니

"No, I'm not drunk, sir," she answered. "I haven't been drinking! I am desperate, and I have been praying, pouring out my troubles to the LORD.

16 당신의 여종을 악한 여자로 여기지 마옵소서 내가 지금까지 말한 것은 나의 원통함과 격분됨이 많기 때문이니이다 하는지라

Don't think I am a worthless woman. I have been praying like this because I'm so miserable."

17 엘리가 대답하여 이르되 평안히 가라 이스라엘의 하나님이 네가 기도하여 구한 것을 허락하시기를 원하노라 하니

"Go in peace," Eli said, "and may the God of Israel give you what you have asked him for."

18 이르되 당신의 여종이 당신께 은혜 입기를 원하나이다 하고 가서 먹고 얼굴에 다시는 근심 빛이 없더라

"May you always think kindly of me," she replied. Then she went away, ate some food, and was no longer sad.

19 그들이 아침에 일찍이 일어나 여호와 앞에 경배하고 돌아가 라마의 자기 집에 이르니라 엘가나가 그의 아내 한나와 동침하매 여호와께서 그를 생각하신지라

The next morning Elkanah and his family got up early, and after worshipping the LORD, they went back home to Ramah. Elkanah had intercourse with his wife Hannah, and the LORD answered her prayer.

20 한나가 임신하고 때가 이르매 아들을 낳아 사무엘이라 이름하였으니 이는 내가 여호와께 그를 구하였다 함이더라

So it was that she became pregnant and gave birth to a son. She named him Samuel, and explained, "I asked the LORD for him."

21 그 사람 엘가나와 그의 온 집이 여호와께 매년제와 서원제를 드리러 올라갈 때에

The time came again for Elkanah and his family to go to Shiloh and offer to the LORD the yearly sacrifice and the special sacrifice he had promised.

고기를 가족들이 함께 먹었다. 당시 고기를 먹는다는 것은 결코 흔한 일이 아니다. 거의 제사드릴 때만 먹을 수 있었다. **그들이 실로에서 먹고 마신 후에 한나가 일어나니.** 아마 한나는 식구들이 음식을 먹을 때 먹지 않고 있었던 것 같다. 옆에서 떠들썩하게 먹고 있는데 그는 무엇을 하였을까? 많은 생각을 하며 굶식을 한 것이 아니라 금식을 한 것으로 보인다. 그가 일어나 여호와의 전에 갔다. **여호와의 전.** 이 당시는 성막 성전 시대이지만 성막을 두고 성막에서 일할 사람들을 위한 건물이 있던 것으로 보인다.

1:10 마음이 괴로워서. 직역하면 '영혼의 쓰라림'이다. 내면의 깊은 고통 속에 있었다. **기도하고 통곡하며.** 이 단어는 본래 '울다'는 단어를 두 번 반복하여 강조한 문장이다. 기도인지 울음인지 분간이 가지 않는 기도를 하였다.

1:11 한나가 여호와의 전에 오기 전 그는 이미 결심하고 온 것으로 보인다. **서원하여 이르되...주의 여종에게 아들을 주시면 내가 그의 평생에 그를 여호와께 드리고.** 서원하였다. '서원'은 국어 사전적 의미가 '맹세하여 소원을 세움'이라는 뜻이다. 이것은 하나님과 약속하는 것이다. 그는 아들을 간절히 원하였고 아들을 주시면 평생 하나님께 드리겠다고 약속하였다. **평생에 그를 여호와께 드리고 삭도를 그의 머리에 대지 아니하겠나이다.** 나실인 서원은 보통 기간을 두고 하였다. 그런데 한나는 아들을 평생 나실인으로 드리겠다고 말한다. 머리를 깎지 않겠다는 그의 서원은 그와 비슷한 시대의 사람인 실패한 사사 삼손을 생각나게 한다. 한나는 실패한 사사를 넘어 성공한 사사를 꿈꾸었을까? 정확히는 모른다. 그러나 놀라운 사실은 그가 서원하여 낳은 아들은 결국 사무엘이 되어 성공한 사사가 된다는 사실이다.

1:13 엘리는 그가 취한 줄로 생각한지라. 한나는 힘을 다하여 기도하고 있었는데 엘리는 그가 취하여 술 주정하는 것으로 보았다. 엘리의 오해를 왜 기록하고 있을까?

22 오직 한나는 올라가지 아니하고 그의 남편에게 이르되 아이를 젖 떼거든 내가 그를 데리고 가서 여호와 앞에 뵙게 하고 거기에 영원히 있게 하리이다 하니

But this time Hannah did not go. She told her husband, "As soon as the child is weaned, I will take him to the house of the LORD, where he will stay all his life."

23 그의 남편 엘가나가 그에게 이르되 그대의 소견에 좋은 대로 하여 그를 젖 떼기까지 기다리라 오직 여호와께서 그의 말씀대로 이루시기를 원하노라 하니라 이에 그 여자가 그의 아들을 양육하며 그가 젖 떼기까지 기다리다가

Elkanah answered, "All right, do whatever you think best; stay at home until you have weaned him. And may the LORD make your promise come true." So Hannah stayed at home and nursed her child.

24 젖을 뗀 후에 그를 데리고 올라갈새 수소 세 마리와 밀가루 한 에바와 포도주 한 가죽부대를 가지고 실로 여호와의 집에 나아갔는데 아이가 어리더라

After she had weaned him, she took him to Shiloh, taking along a three-year-old bull, 10 kilogrammes of flour, and a leather bag full of wine. She took Samuel, young as he was, to the house of the LORD at Shiloh.

25 그들이 수소를 잡고 아이를 데리고 엘리에게 가서

After they had killed the bull, they took the child to Eli.

26 한나가 이르되 내 주여 당신의 사심으로 맹세하나이다 나는 여기서 내 주 당신 곁에 서서 여호와께 기도하던 여자라

Hannah said to him, "Excuse me, sir. Do you remember me? I am the woman you saw standing here, praying to the LORD.

27 이 아이를 위하여 내가 기도하였더니 내가 구하여 기도한 바를 여호와께서 내게 허락하신지라

I asked him for this child, and he gave me what I asked for.

28 그러므로 나도 그를 여호와께 드리되 그의 평생을 여호와께 드리나이다 하고 그가 거기서 여호와께 경배하니라

The time came again for Elkanah and his So I am dedicating him to the LORD. As long as he lives, he will belong to the LORD." Then they worshipped the LORD there.

성경, 이해하며 읽기 **사무엘상**

기도에는 많은 오해가 있다. 기도는 가장 낯익은 단어이면서도 낯선 단어다. 기도가 우리와 하나님 사이에 진심 어린 대화가 되기 위해서는 많은 오해와 난관을 통과해야 한다.

1:15 여호와 앞에 내 심정을 통한 것뿐이오니. 이것은 '여호와께 제 마음을 쏟아 놓았을 뿐입니다'라고 번역할 수 있다. 사람들은 기도를 오해하고 우리 자신도 기도를 오해한다. 기도는 사람들에게 그렇게 좋아 보이는 것이 아니다. 불로소득을 바라는 것 같다. 자기 자신도 어색하다. 그러나 그 난관을 통과해야 한다. 나의 모든 마음을 진심으로 쏟아 놓아야 한다.

1:16 악한 여자로 여기지 마옵소서. 한나는 대제사장이 오해하여도 주눅들지 않았다. 당당히 말하였다. 그가 하나님께 기도하였기 때문이다. 세상이 주는 원통함과 격분하게 하는 일에 주눅들지 마라.

1:18 가서 먹고 얼굴에 다시는 근심 빛이 없더라. 아직 어떤 것도 변한 것이 없다. 그러나 한나는 열심히 기도하였고 서원하였다. 그가 할 수 있는 것을 하였다. 그래서 이제 기도가 응답되든 응답되지 않든 그것은 하나님의 일이기에 근심을 떨칠 수 있게 되었다. 깊은 기도를 하면 그렇다.
한나가 어려움 가운데 있었으나 기도로 바뀌었다. 특별히 더 깊은 기도인 서원기도로 새로운 세상을 열어갔다. 마음을 쏟아 놓는 기도로 하나님과의 사이에 막힌 담을 무너뜨리고 '샬롬'이 되었다. 한나의 기도는 위대한 결과를 낳는다. 결과가 좋아서가 아니라 모든 기도는 변화를 만든다. 죽음에서 생명으로, 지옥에서 천국으로 바꾼다. 기도를 통해 하나님을 만나라. 삶을 바꾸라. 지금 바꾸고 싶은 것이 있는가? 기도하라. 진지하게 깊이 기도하라.

1:19 여호와께서 그를 생각하신지라. 한나의 서원기도는 강력한 힘을 가지고 있었다. 그의 전심이 담겨 있기 때문이다. 온 마음으로 하나님을 향하는 한나를 하나님께서 결코 외면하지 않으셨다. 자신의 욕심으로가 아니라 하나님 앞에서 기도하는 한나의 마음을 보셨다. 마음과 마음이 만났다.

1:20 한나가 임신하고. 하나님께서 뜻하시면 임신하는 것이 전혀 문제가 되지 않는다. 그동안 그렇게 안 되던 것이 하나님께서 일하시자 바로 일어났다. 이 세상에 있는 모든 문제가 그렇다. 하나님께서 뜻하시면 어떤 것이라도 해결되지 않을 것이 없다. **사무엘이라 이름하였으니 이는 내가 여호와께 그를 구하였다 함이더라.** '사무엘'의 어원은 '하나님께서 들으시다' '하나님의 이름' 등으로 해석한다. 하나님께 요청하여 얻어진 아들임을 고백하는 이름이다.
'언약'은 하나님과 그 백성이 맺은 계약이다. 언약을 지킬 때 하나님께서 약속하신 복을 주신다. '서원기도'는 언약과 비슷하다. 그런데 사람 편에서의 일방적인 약속이다. 그것을 하나님께서 기뻐하실지 그렇지 않을지 모르는데 하나님께서 기뻐하실 것이라고 생각하여 맺는 언약이다. 만약 기도자의 생각대로 하나님께서 기뻐하시는 것이고 그 사람에게 주시기를 원하시는 것이라면 하나님께서 복을 주실 것이다.

1:21-22 서원한 것이 이루어졌을 때 사람편에서 하나님이 하신 것이라는 사실을 부정하고 합리화할 방법은 여러가지다. 일단 그 과정이 그리 특별한 방식이 아니다. 우연이라 하여도 전혀 이상하지 않다. 서원의 약속을 돈으로 대신하는 방법도 있다. 그러나 한나는 서원한 것을 굳게 지키고자 하였다. **온 집이 여호와께 매년제와 서원제를 드리러 올라갈 때에 오직 한나는 올라가지 아니하고.** 가족들이 제사를 위해 실로에 갈 때 한나는 함께하지 않았다. 아들과 조금이라도 더 있고 싶어서일까? 아마 그의 단호만 결심 때문인 것으로 보인다. **아이를 젖 떼거든 내가 그를 데리고**

가서...영원히 있게 하리이다. 평생 나실인으로 드리겠다고 서원하였다. 그런데 지금은 젖을 먹어야 한다. 젖을 먹는 시기는 보통 태어나고 3년 동안이다. 3년이 마치면 그가 아기를 데리고 하나님의 전에 가서 사무엘을 그곳에 남겨두고 오겠다고 말한다. 모든 기간을 나실인으로 하나님의 집에서 드리는 것이기에 젖만 떼면 하나님의 전에 가서 평생 섬기도록 하고자 하였던 것이다.

1:26 나는 여기서 내 주 당신 곁에 서서 여호와께 기도하던 여자라. 아기를 낳았다고 마음이 바뀌지 않았다. 그 당시의 처참한 마음과 간절한 기도를 한나는 잊지 않았다. 그래서 아들을 평생 나실인으로 드릴 수 있었다.

1:27 아이를 위하여 내가 기도하였더니...여호와께서 내게 허락하신지라. 기도하지 않았다면, 끝까지 기도하지 않았다면, 서원하며 기도하지 않았다면 하나님께서 한나에게 아이를 허락하지 않으셨을 것이다. 기도함으로 하나님께서 허락하셨다. 하나님께서는 우리에게 주시기를 원하시는데 우리가 기도하지 않음으로 이루어지지 않는 일이 많다. 그러기에 기도해야 한다. 하나님께서 우리에게 주시기를 원하시는 좋은 일들이 더 많이 일어나도록 기도해야 한다.

1:28 나도 그를 여호와께 드리되 그의 평생을 여호와께 드리나이다. 한나는 자신이 서원기도한 그대로 응답하였다. 하나님께서 응답하셨으니 그도 정확히 하나님께 응답한 것이다.

1 한나가 기도하여 이르되 내 마음이 여호와로 말미암아 즐거워하며 내 뿔이 여호와로 말미암아 높아졌으며 내 입이 내 원수들을 향하여 크게 열렸으니 이는 내가 주의 구원으로 말미암아 기뻐함이니이다

Hannah prayed: "The LORD has filled my heart with joy; how happy I am because of what he has done! I laugh at my enemies; how joyful I am because God has helped me!

2 여호와와 같이 거룩하신 이가 없으시니 이는 주 밖에 다른 이가 없고 우리 하나님 같은 반석도 없으심이니이다

"No one is holy like the LORD; there is none like him, no protector like our God.

3 심히 교만한 말을 다시 하지 말 것이며 오만한 말을 너희의 입에서 내지 말지어다 여호와는 지식의 하나님이시라 행동을 달아 보시느니라

Stop your loud boasting; silence your proud words. For the LORD is a God who knows, and he judges all that people do.

4 용사의 활은 꺾이고 넘어진 자는 힘으로 띠를 띠도다

The bows of strong soldiers are broken, but the weak grow strong.

5 풍족하던 자들은 양식을 위하여 품을 팔고 주리던 자들은 다시 주리지 아니하도다 전에 임신하지 못하던 자는 일곱을 낳았고 많은 자녀를 둔 자는 쇠약하도다

The people who once were well fed now hire themselves out to get food, but the hungry are hungry no more. The childless wife has borne seven children, but the mother of many is left with none.

6 여호와는 죽이기도 하시고 살리기도 하시며 스올에 내리게도 하시고 거기에서 올리기도 하시는도다

The LORD kills and restores to life; he sends people to the world of the dead and brings them back again.

7 여호와는 가난하게도 하시고 부하게도 하시며 낮추기도 하시고 높이기도 하시는도다

He makes some poor and others rich; he humbles some and makes others great.

8 가난한 자를 진토에서 일으키시며 빈궁한 자를 거름더미에서 올리사 귀족들과 함께 앉게 하시며 영광의 자리를 차지하게 하시는도다 땅의 기둥들은 여호와의 것이라 여호와께서 세계를 그것들 위에 세우셨도다

2장

2:1 사무엘의 나이가 3살이 차고 이제 4살이 되었을 것이다. 얼마나 예쁠까? 어찌 생각하면 한없이 안쓰러울 수도 있고 발이 안 떨어질 수도 있다. **내가 주의 구원으로 말미암아 기뻐함이니이다.** 한나는 의외로 매우 기뻐하고 있다. 하나님의 통치를 확실하게 경험하였고 신뢰하기에 어린 사무엘을 하나님의 전에 두고 떨어지게 되지만 슬픔이 아니라 기쁨으로 가득하였다.

하나님의 통치를 알기 전과 이후는 완전히 다르다. 하나님의 통치를 모르면 슬픈 일이 통치를 알면 기쁜 일이 될 수 있다. 한나의 불임은 한나가 하나님의 통치를 알게 되자 놀라운 영광의 일로 이어졌다.

2:3 **교만한 말을 다시 하지 말 것이며...여호와는 지식의 하나님이시라.** 세상에서 살면서 어떤 사람은 조금 높아질 때가 있다. 그런데 그때 교만하면 안 된다. 자신이 잘나서 그렇게 된 것이 아니기 때문이다. 그러나 많은 사람이 하나님의 통치를 생각하지 못하고 교만하다. 그러면 하나님께서 그의 생각을 다 지켜보시고 그의 행동을 다 저울로 달아 놓으셨다가 이후에 책망하실 것이다.

2:5 4절-8절은 세상의 질서에서의 수많은 반전에 대해 말한다. **풍족하던 자...주리던 자.** 과거형으로 되어 있어 마치 이미 일어난 일을 생각해 보라고 말하는 것 같다. 세상은 벌써 이런 일이 수없이 일어났다. 그러기에 세상에서 지금 풍족한 자라고 교만하지 말고 주리는 자라고 절망하지 말아야 한다. 지금 세상의 일은 하나님의 통치 속에서 수많은 반전이 있기에 세상의 위치가 아니라 그 자리에서 무엇을 해야 하는지를 잘 생각해 보아야 한다.

2:6 **여호와는...죽이기도...살리기도.** 하나님께서 그렇게 하시는 것을 잘 알아야 한다. 지금 살아가는 일이 하나님께서 나에게 허락하신 일이라는 것을 아는 사람과

9 그가 그의 거룩한 자들의 발을 지키실 것이요 악인들을 흑암 중에서 잠잠하게 하시리니 힘으로는 이길 사람이 없음이로다

"He protects the lives of his faithful people, but the wicked disappear in darkness; a man does not triumph by his own strength.

10 여호와를 대적하는 자는 산산이 깨어질 것이라 하늘에서 우레로 그들을 치시리로다 여호와께서 땅 끝까지 심판을 내리시고 자기 왕에게 힘을 주시며 자기의 기름 부음을 받은 자의 뿔을 높이시리로다 하니라

The LORD's enemies will be destroyed; he will thunder against them from heaven. The LORD will judge the whole world; he will give power to his king, he will make his chosen king victorious."

11 엘가나는 라마의 자기 집으로 돌아가고 그 아이는 제사장 엘리 앞에서 여호와를 섬기니라

Then Elkanah went back home to Ramah, but the boy Samuel stayed in Shiloh and served the LORD under the priest Eli.

12 엘리의 아들들은 행실이 나빠 여호와를 알지 못하더라

The sons of Eli were scoundrels. They paid no attention to the LORD

13 그 제사장들이 백성에게 행하는 관습은 이러하니 곧 어떤 사람이 제사를 드리고 그 고기를 삶을 때에 제사장의 사환이 손에 세 살 갈고리를 가지고 와서

or to the regulations concerning what the priests could demand from the people. Instead, when anyone was offering a sacrifice, the priest's servant would come with a three-pronged fork. While the meat was still cooking,

14 그것으로 냄비에나 솥에나 큰 솥에나 가마에 찔러 넣어 갈고리에 걸려 나오는 것은 제사장이 자기 것으로 가지되 실로에서 그 곳에 온 모든 이스라엘 사람에게 이같이 할 뿐 아니라

he would stick the fork into the cooking pot, and whatever the fork brought out belonged to the priest. All the Israelites who came to Shiloh to offer sacrifices were treated like this.

15 기름을 태우기 전에도 제사장의 사환이 와서 제사 드리는 사람에게 이르기를 제사장에게 구워 드릴 고기를 내라 그가 네게 삶은 고기를 원하지 아니하고 날 것을 원하신다 하다가

In addition, even before the fat was taken off and burnt, the priest's servant would come and say to the one offering the sacrifice, "Give me some meat for the priest to roast; he won't accept boiled meat from you, only raw meat."

모르는 사람은 천지 차이만큼 큰 차이다. 지금 부요함과 가난함은 큰 차이 같지만 실제로는 지극히 작은 차이다. 언제든지 반전이 있다. 그러나 '하나님'께서 나에게 그런 삶을 주셨다는 것을 아는 것과 모르는 것은 매우 큰 차이다. 위치의 반전은 있어도 주인의 반전은 없기 때문이다.

2:8 땅의 기둥들은 여호와의 것이라 여호와께서 세계를 그것들 위에 세우셨도다. 하나님께서 그 모든 것을 통치하고 계심을 아는 것이 매우 급하고 중요한 일이다. 한나에게 불임이 문제가 아니라 그 일 속에 통치하시는 하나님을 모르는 것이 문제였다. 그것을 깨닫고 한나는 크게 노래하고 있다. 한나처럼 하나님의 통치를 경험하여 알며 깨닫고 크게 노래하는 사람이 되어야 한다.

2:9 거룩한 자...악인. 4-8절에서는 단지 반전이 있음을 말하였다. 그런데 여기에서는 이제 의인과 악인이 구분된다. 세상에는 많은 반전이 있는데 그것의 중심은 의인이다. 악인이 풍요로운 자가 되기도 한다. 그러나 그의 풍요에 초점이 있지 않다. 그에게 좋은 일이 아니다. 의인에게 가난함이 있기도 하다. 그러나 그것은 그에게 좋은 일이다. 풍요로움이 있을 때도 있다. 그것도 좋은 일이다. 세상은 의인을 위해 반전이 있으며 결국 의인을 풍요롭게 하실 것이다. 그것이 정상이기 때문이다. **힘으로는 이길 사람이 없음이로다.** '사람이 자신의 힘으로 강해지는 것이 아니다'라고 번역하는 것이 좋을 것 같다. '이 땅에서 힘이 있고 없고'가 마치 자신의 돈과 노력으로 되는 것 같지만 실상은 전혀 그렇지 않다. 오직 하나님의 통치 가운데 일어나는 일일 뿐이다. 그것을 빨리 알아야 한다. 그렇지 않으면 슬피울게 될 것이다.

2:10 여호와를 대적하는 자는 산산이 깨어질 것이라. 여호와를 대적하는 것이 무엇인가? 하나님 없이 살아가는 모든 것이다. 하나님을 예배하지 않는 것이다.
나는 요즘 생각하면 슬픈 일이 있다. 사람들이 하나님을 제대로 예배하지 않고 세

16 그 사람이 이르기를 반드시 먼저 기름을 태운 후에 네 마음에 원하는 대로 가지라 하면 그가 말하기를 아니라 지금 내게 내라 그렇지 아니하면 내가 억지로 빼앗으리라 하였으니

If the person answered, "Let us do what is right and burn the fat first; then take what you want," the priest's servant would say, "No! Give it to me now! If you don't, I will have to take it by force!"

17 이 소년들의 죄가 여호와 앞에 심히 큼은 그들이 여호와의 제사를 멸시함이었더라

This sin of the sons of Eli was extremely serious in the LORD's sight, because they treated the offerings to the LORD with such disrespect.

18 사무엘은 어렸을 때에 세마포 에봇을 입고 여호와 앞에서 섬겼더라

In the meantime the boy Samuel continued to serve the LORD, wearing a sacred linen apron.

19 그의 어머니가 매년 드리는 제사를 드리러 그의 남편과 함께 올라갈 때마다 작은 겉옷을 지어다가 그에게 주었더니

Each year his mother would make a little robe and take it to him when she accompanied her husband to offer the yearly sacrifice.

20 엘리가 엘가나와 그의 아내에게 축복하여 이르되 여호와께서 이 여인으로 말미암아 네게 다른 후사를 주사 이가 여호와께 간구하여 얻어 바친 아들을 대신하게 하시기를 원하노라 하였더니 그들이 자기 집으로 돌아가매

Then Eli would bless Elkanah and his wife, and say to Elkanah, "May the LORD give you other children by this woman to take the place of the one you dedicated to him." After that they would go back home.

21 여호와께서 한나를 돌보시사 그로 하여금 임신하여 세 아들과 두 딸을 낳게 하셨고 아이 사무엘은 여호와 앞에서 자라니라

The LORD did bless Hannah, and she had three more sons and two daughters. The boy Samuel grew up in the service of the LORD.

22 엘리가 매우 늙었더니 그의 아들들이 온 이스라엘에게 행한 모든 일과 회막 문에서 수종 드는 여인들과 동침하였음을 듣고

Eli was now very old. He kept hearing about everything his sons were doing to the Israelites and that they were even sleeping with the women who worked at the entrance to the Tent of the LORD's presence.

상의 일만 생각한다는 것이다. 산산이 깨어질 것이다. 하나님께서 깨트리실 것을 가지고 좋아하고 있으면 안 된다. 지금의 행복은 진짜 행복이 아니다. 가짜 행복이요 깨어질 행복이다. 사람은 더 행복해야 하고 영원히 행복해야 한다. 그것이 정상이다. 그러니 비정상에 속지 말고 더 행복하고 영원히 행복한 길을 찾아 나서야 한다. 하나님을 찾아 나서야 한다. **자기의 기름 부음을 받은 자의 뿔을 높이시리로다.** 아마 메시야에 대한 이야기일 것이다. 영원한 나라까지 이어지고 있다. 우리의 모든 삶이 그렇다. 영원한 나라에까지 이어져야 한다. 지금의 행복이 영원한 나라에 가치 있는 일이어야 진짜 행복이다. 영원한 나라와 상관없는 행복이라면 가짜 행복이다. 사람은 영원한 존재이기 때문이다. 저 하늘과 땅도 새하늘과 새 땅이 되어 영원한 것이 될 것이다. 영원성이 없는 것이라면 무가치하다.

2:11 아이는 제사장 엘리 앞에서 여호와를 섬기니라. 4살된 아이가 이제 여호와의 집에서 섬기게 된다. 조금은 이상하게 보이지만 이것이 정상이다. 이 아이는 이스라엘을 위해 준비되어야 하는 아이였기 때문이다. 이 일이 한나의 불임과, 기도, 서원기도 등이 없었으면 불가능한 일이었다. 그러나 그러한 과정을 거쳐 이제 자연스럽게 되었다. 비정상이 정상이 된 것이다.
우리가 살아가는 세상이 비정상인 것이 많다. 예배하지 않으면서 당연한 것처럼 생각하고, 말씀을 읽지 않고 기도하지 않으면서도 당연한 것처럼 생각한다. 그래도 행복하면 좋다고 생각한다. 그러나 그러한 것은 오래가지 못한다. 비정상은 당연히 깨지게 되어 있다. 그렇게 영원히 깨트려지기 전에 빨리 정상을 되찾아야 한다. 하나님을 예배하는 백성으로서 정상의 자리를 찾아야 한다.

2:12 여호와를 알지 못하더라. 그들은 매일 하나님께 제사를 드렸지만 성경은 그들이 '하나님을 알지 못하였다'고 말한다. 하나님의 이름을 매일 부른다고 믿음이 있는 것이 아니다. 목사라고 믿음이 있는 것이 아니다.

23 그들에게 이르되 너희가 어찌하여 이런 일을 하느냐 내가 너희의 악행을 이 모든 백성에게서 듣노라

So he said to them, "Why are you doing these things? Everybody tells me about the evil you are doing.

24 내 아들들아 그리지 말라 내게 들리는 소문이 좋지 아니하니라 너희가 여호와의 백성으로 범죄하게 하는도다

Stop it, my sons! This is an awful thing the people of the LORD are talking about!

25 사람이 사람에게 범죄하면 하나님이 심판하시려니와 만일 사람이 여호와께 범죄하면 누가 그를 위하여 간구하겠느냐 하되 그들이 자기 아버지의 말을 듣지 아니하였으니 이는 여호와께서 그들을 죽이기로 뜻하셨음이더라

If anyone sins against someone else, God can defend him; but who can defend someone who sins against the LORD?" But they would not listen to their father, for the LORD had decided to kill them.

26 아이 사무엘이 점점 자라매 여호와와 사람들에게 은총을 더욱 받더라

The boy Samuel continued to grow and to gain favour both with the LORD and with people.

27 하나님의 사람이 엘리에게 와서 그에게 이르되 여호와의 말씀에 너희 조상의 집이 애굽에서 바로의 집에 속하였을 때에 내가 그들에게 나타나지 아니하였느냐

A prophet came to Eli with this message from the LORD: "When your ancestor Aaron and his family were slaves of the king of Egypt, I revealed myself to Aaron.

28 이스라엘 모든 지파 중에서 내가 그를 택하여 내 제사장으로 삼아 그가 내 제단에 올라 분향하며 내 앞에서 에봇을 입게 하지 아니하였느냐 이스라엘 자손이 드리는 모든 화제를 내가 네 조상의 집에 주지 아니하였느냐

From all the tribes of Israel I chose his family to be my priests, to serve at the altar, to burn the incense, and to wear the ephod to consult me. And I gave them the right to keep a share of the sacrifices burnt on the altar.

29 너희는 어찌하여 내가 내 처소에서 명령한 내 제물과 예물을 밟으며 네 아들들을 나보다 더 중히 여겨 내 백성 이스라엘이 드리는 가장 좋은 것으로 너희들을 살지게 하느냐

Why, then, do you look with greed at the sacrifices and offerings which I require from my people? Why, Eli, do you honour your sons more than me by letting them fatten themselves on the best parts of all the sacrifices my people offer to me?

2:13 제사를 드리고...갈고리를 가지고 와서. 성경 어떤 곳에서도 이런 식으로 제사장의 몫을 정하는 법이 나와 있지 않다. 레위기에 기록된 제사에서 제사장의 몫이 되는 것에 대한 법과 다르다. 이들이 이렇게 한 이유는 성경에 대한 무지이거나 성경에 대한 무지에 탐욕이 더했기 때문일 수 있다. 최소한 말씀에 대해 무지한 것 같다. 관심이 없기 때문이다.

2:15 기름을 태우기 전에도...제사장에게 구워 드릴 고기를 내라. 모든 제사가 마땅히 하나님께 드려야 하는 것이 먼저다. 그런데 이들은 그것마저 무시하였다. 이것은 분명히 그들이 이렇게 하면 안 된다는 것을 알면서도 그렇게 하는 것으로 보인다. 이것은 더욱더 큰 죄다.

2:16 그 사람이 이르기를 반드시 먼저 기름을 태운 후에 네 마음에 원하는 대로 가지라. 제사하는 사람도 하나님께 먼저 드려야 한다는 것을 알았다. 그것이 제사의 기본이다. 그런데도 불구하고 엘리의 아들들은 자신의 욕심을 먼저 채우기를 원하였다. 제사를 받으시는 하나님에 대한 기본 개념이 전혀 없었다.

2:17 죄가 여호와 앞에 심히 큼. 그들은 하나님께 제사드리는 것을 멸시하였다. 그것은 하나님에 대한 멸시이기도 하다. 제사장들이 하나님의 제사를 멸시하고 있었다. 하나님을 멸시하고 있었다.

2:18 세마포 에봇을 입고. 세마포는 매우 비싼 옷이다. 제사장의 거룩을 상징적으로 표현하기 위해 세마포 에봇을 입었다. 사무엘이 비록 어리지만 사무엘은 그렇게 하나님을 섬겼다.

2:19 어머니가 매년...작은 겉옷을 지어다가 그에게 주었더니. 한나는 사무엘이 섬김

30 그러므로 이스라엘의 하나님 나 여호와가 말하노라 내가 전에 네 집과 네 조상의 집이 내 앞에 영원히 행하리라 하였으나 이제 나 여호와가 말하노니 결단코 그렇게 하지 아니하리라 나를 존중히 여기는 자를 내가 존중히 여기고 나를 멸시하는 자를 내가 경멸하리라

I, the LORD God of Israel, promised in the past that your family and your clan would serve me as priests for all time. But now I say that I won't have it any longer! Instead, I will honour those who honour me, and I will treat with contempt those who despise me.

31 보라 내가 네 팔과 네 조상의 집 팔을 끊어 네 집에 노인이 하나도 없게 하는 날이 이를지라

Listen, the time is coming when I will kill all the young men in your family and your clan, so that no man in your family will live to be old.

32 이스라엘에게 모든 복을 내리는 중에 너는 내 처소의 환난을 볼 것이요 네 집에 영원토록 노인이 없을 것이며

You will be troubled and look with envy on all the blessings I will give to the other people of Israel, but no one in your family will ever again live to old age.

33 내 제단에서 내가 끊어 버리지 아니할 네 사람이 네 눈을 쇠잔하게 하고 네 마음을 슬프게 할 것이요 네 집에서 출산되는 모든 자가 젊어서 죽으리라

Yet I will keep one of your descendants alive, and he will serve me as priest. But he will become blind and lose all hope, and all your other descendants will die a violent death.

34 네 두 아들 홉니와 비느하스가 한 날에 죽으리니 그 둘이 당할 그 일이 네게 표징이 되리라

When your two sons Hophni and Phinehas both die on the same day, this will show you that everything I have said will come true.

35 내가 나를 위하여 충실한 제사장을 일으키리니 그 사람은 내 마음, 내 뜻대로 행할 것이라 내가 그를 위하여 견고한 집을 세우리니 그가 나의 기름 부음을 받은 자 앞에서 영구히 행하리라

I will choose a priest who will be faithful to me and do everything I want him to. I will give him descendants, who will always serve in the presence of my chosen king.

36 그리고 네 집에 남은 사람이 각기 와서 은 한 조각과 떡 한 덩이를 위하여 그에게 엎드려 이르되 청하노니 내게 제사장의 직분 하나를 맡겨 내게 떡 조각을 먹게 하소서 하리라 하셨다 하니라

의 직분을 잘 감당하도록 하기 위해 옷을 지어다 주었다. 하나님을 섬기는 일에 마음을 다하고 있다. 무엇을 얻기 위해서가 아니라 섬기기 위해 힘을 다하였다. 이것이 하나님을 향한 기본 개념이어야 한다. 하나님께 무엇을 받는 것이 아니라 무엇인가를 드리기 위해 힘쓰면서 살아야 한다.

2:20 다른 후사를 주사 이가 여호와께 간구하여 얻어 바친 아들을 대신하게 하시기를 원하노라. 엘리는 한나가 어렵게 나은 아들을 하나님께 바치고 헌신하는 모습을 보고 축복하고 싶은 마음이 가득하여 한나를 축복하였다. 엘리의 마음은 하나님 의 마음을 대변한다. 하나님은 진심으로 헌신하는 한나를 보고 그에게 복을 주고 자 하셨다. 하나님께서 복주고자 하시는 사람이 되어야 한다. 그러기 위해 사람이 보기에도 복 주고 싶은 사람이 되어야 한다.

2:21 세 아들과 두 딸을 낳게 하셨고 아이 사무엘은 여호와 앞에서 자라니라. 하나님 께서 한나에게 복을 주셔서 3아들과 2딸을 주셨다. 이전까지 계속 낳지 못하였는 데 사무엘을 낳았고 또 3년 이상을 낳지 못하다가 드디어 많은 자녀를 얻게 되었 다. 하나님께서 그에게 복을 주셨기 때문이다.

2:22 이스라엘에게 행한 모든 일. 앞에서 말한 무지와 탐욕의 죄를 말한다. 제사장 이 하나님의 뜻을 모르고 탐욕으로 자신의 배를 채우고 있는 것은 참으로 큰 죄다. **회막 문에서 수종 드는 여인들과 동침하였음을 듣고.** 성적인 죄까지 범하였다. 오늘 날에도 목회자가 직무를 감당하며 성도나 여교역자와 성적인 죄를 범한 뉴스를 본다. 바로 그와 같은 죄다. 엄청난 죄를 저지르고 있는 것이다.

2:25 사람이 사람에게 범죄하면 하나님이 심판하시려니와. '심판'으로 번역한 단어 는 '사이에서 말하다'를 기본 의미로 주로 '기도하다'는 의미로 많이 사용한다. 여

기에서는 '중재하다'로 번역하는 것이 좋을 것 같다. 사람이 사람에게 범죄하면 하나님께서 중재자가 되실 수 있다는 것이다. 사실 모든 죄는 하나님께 범죄하는 것이다. 그러나 그래도 사람들은 그 순간 하나님을 생각하지 않고 하는 것이기에 사람에게 범죄하는 측면도 있다. 그런데 엘리의 아들처럼 하나님의 이름으로 제사하면서 범죄하면 '여호와께 범죄'하는 것이 된다. 그래서 목회자의 범죄는 큰 죄가 된다. 하나님의 이름을 말하면서 합리화하는 죄도 큰 죄다. **그들이 자기 아버지의 말을 듣지 아니하였으니.** 엘리의 아들들은 왜 아버지의 충고를 듣지 않았을까? 이미 많이 벗어났기 때문일 것이다. 돌이킬 수 없는 자리로 들어선 것이다. 그들의 마음이 불신앙을 넘어 완전히 화인 맞은 사람이 된 것이다. 주변의 목회자에게서도 그런 모습을 볼 때가 있다. 성도의 모습에서도 그런 모습을 볼 때가 있다. 누가 보아도 잘못인데 돌아서지 않는다. **여호와께서 그들을 죽이기로 뜻하셨음이더라.** 하나님의 주권에 대한 표현이다. 그들은 멸망에 이르게 될 것이다.

2:26 사무엘...여호와와 사람들에게 은총을 더욱 받더라. '은총'은 히브리어 '토브'에 대한 번역이다. 사무엘은 하나님과 사람들이 보기에 '좋은' 사람이었다. 기쁨을 주는 사람이었다.

2:27 하나님의 사람. 선지자를 의미한다. 하나님께서 선지자를 보내셔서 엘리를 책망하셨다. **너희 조상...애굽에서...내가 그들에게 나타나지 아니하였느냐.** 엘리가 지금 대제사장의 일을 하고 있는 것은 하나님께서 은혜를 주신 것이다. 그들은 본래 애굽의 종살이를 하고 있었다.

2:29 네 아들들을 나보다 더 중히 여겨. 엘리는 아들을 하나님보다 더 중히 여겼다. 아들에게 졌기 때문이다. 타협해야 할 것이 있고 타협하지 말아야 할 것이 있다.

성경, 이해하며 읽기 **사무엘상**

2:30 네 조상의 집이 내 앞에 영원히 행하리라 하였으나 이제 나 여호와가 말하노니 결단코 그렇게 하지 아니하리라. 하나님의 약속은 상호간에 언약을 지키는 조건에서 영원하다. 언약을 지키지 않으면 약속은 깨진다. 나를 존중히 여기는 자를 내가 존중히 여기고. 우리가 하나님을 존중히 여겨야 하나님께서도 우리를 존중히 여기신다. 이것은 조건이 아니라 사랑의 법칙이다. 엘리는 하나님을 존중히 여기는 것에 있어 실패하였다. 자식 문제이지만 죄의 문제이기도 하다. 그가 진정 하나님을 경외하였다면 자식에게 그렇게 말로 책망하는 것으로 끝나지 않았을 것이다.

2:31 31-36절은 엘리의 집안에 내려지는 멸망에 대한 긴 선언이다. 그만큼 엘리의 죄가 막중하다. 쉽게 생각한 것이 매우 큰 죄였다. 엘리의 집안을 향한 심판은 다윗의 시대와 솔로몬의 시대에 성취된다. 조금은 먼 시기다. 그러나 분명히 일어났다.

2:34 아들...한 날에 죽으리니...네게 표징이 되리라. 멸망에 대해 사람들은 잘 모른다. 엘리가 생전에 보지 못하는 멸망의 일이지만 그가 볼 수 있는 것을 주신다. 두 아들이 한꺼번에 죽음으로 그것이 하나님의 심판임을 볼 수 있게 하신다는 것이다. 사람들은 자신의 멸망에 대해 참 모른다. 엘리의 경우도 그랬을 것이다. 그래서 이번에는 특별하게 두 아들이 한꺼번에 죽음으로 그때에 하나님의 심판임을 알게 하셨다.

2:35 나를 위하여 충실한 제사장을 일으키리니 그 사람은 내 마음, 내 뜻대로 행할 것이라 내가 그를 위하여 견고한 집을 세우리니. 하나님의 마음, 하나님의 뜻을 생각하는 사람을 하나님께서 귀히 여기신다는 말씀이다.
오늘 우리를 향한 하나님의 마음과 뜻을 생각하는 사람이 되어야 한다. 이 땅에서의 삶은 매우 급하고 중요한 순간이다. 삶을 낭비하지 말아야 한다. 하나님의 마음과 뜻을 모르고 살면 삶을 낭비하는 것이다.

1 아이 사무엘이 엘리 앞에서 여호와를 섬길 때에는 여호와의 말씀이 희귀하여 이상이 흔히 보이지 않았더라

In those days, when the boy Samuel was serving the LORD under the direction of Eli, there were very few messages from the LORD, and visions from him were quite rare.

2 엘리의 눈이 점점 어두워 가서 잘 보지 못하는 그 때에 그가 자기 처소에 누웠고

One night Eli, who was now almost blind, was sleeping in his own room;

3 하나님의 등불은 아직 꺼지지 아니하였으며 사무엘은 하나님의 궤 있는 여호와의 전 안에 누웠더니

Samuel was sleeping in the sanctuary, where the sacred Covenant Box was. Before dawn, while the lamp was still burning,

4 여호와께서 사무엘을 부르시는지라 그가 대답하되 내가 여기 있나이다 하고

the LORD called Samuel. He answered, "Yes, sir!"

5 엘리에게로 달려가서 이르되 당신이 나를 부르셨기로 내가 여기 있나이다 하니 그가 이르되 나는 부르지 아니하였으니 다시 누우라 하는지라 그가 가서 누웠더니

and ran to Eli and said, "You called me, and here I am." But Eli answered, "I didn't call you; go back to bed." So Samuel went back to bed.

6 여호와께서 다시 사무엘을 부르시는지라 사무엘이 일어나 엘리에게로 가서 이르되 당신이 나를 부르셨기로 내가 여기 있나이다 하니 그가 대답하되 내 아들아 내가 부르지 아니하였으니 다시 누우라 하니라

The LORD called Samuel again. The boy did not know that it was the LORD, because the LORD had never spoken to him before. So he got up, went to Eli, and said, "You called me, and here I am." But Eli answered, "My son, I didn't call you; go back to bed."

7 사무엘이 아직 여호와를 알지 못하고 여호와의 말씀도 아직 그에게 나타나지 아니한 때라

3장

3:1 말씀이 희귀하여 이상이 흔히 보이지 않았더라. '말씀'은 선지자에게 임하는 말씀을 의미한다. 모세는 선지자였다. 하나님께서 그를 통해 말씀을 주셨다. 말씀을 주실 뿐만 아니라 그것을 잘 지킬 수 있도록 다른 선지자를 보내셨다. 구약 성경의 선지서가 그러하다. 그런데 사사기 시대에는 제대로 된 선지자가 없었다. 모세 이후 이름이 알려진 남자 선지자가 한 명도 없었다. 이제 사무엘이 이름 알려진 첫 남자 선지자가 된다.

왜 엘리 시대에 '말씀이 희귀'하였을까? 말씀을 들을 사람이 없었기 때문이다. 하나님의 마음과 뜻을 행할 사람들이 적었다. 그들은 말씀을 들을 준비가 되어 있지 않았고 관심도 없었다. 하나님의 인도하심에 마음이 열려 있지 않았다. 그래서 말씀이 희귀하였다.

3:3 사무엘은 하나님의 궤 있는 여호와의 전 안에 누웠더니. '여호와의 전'은 성막이 놓인 건물을 말한다. 사무엘은 성막의 성소나 성막에 가까운 부속 방에서 자고 있었을 것이다. **하나님의 등불은 아직 꺼지지 아니하였으며.** 곧 새벽이 가까워지고 있었음을 의미한다. 그때 하나님께서 사무엘을 부르셨다.

3:5 당신이 나를 부르셨기로 내가 여기 있나이다. 엘리는 눈이 보이지 않아 이전에도 사무엘을 자주 부른 것 같다. 사무엘은 당연히 엘리가 자신을 부른 것으로 생각하였다. 그러나 엘리는 자신이 부르지 않았다 하면서 '돌아가 다시 자라'고 하였다.

3:7 여호와의 말씀도 아직 그에게 나타나지 아니한 때라. 하나님께서 아직 사무엘에게 나타나셔서 말씀하신 적이 없기 때문에 사무엘은 하나님께서 자신을 부르신다는 것을 전혀 생각도 하지 못했다. 모르면 이렇게 힘들다. 세번이나 연속 자신을

8 여호와께서 세 번째 사무엘을 부르시는지라 그가 일어나 엘리에게로 가서 이르되 당신이 나를 부르셨기로 내가 여기 있나이다 하니 엘리가 여호와께서 이 아이를 부르신 줄을 깨닫고

The LORD called Samuel a third time; he got up, went to Eli, and said, "You called me, and here I am." Then Eli realized that it was the LORD who was calling the boy,

9 엘리가 사무엘에게 이르되 가서 누웠다가 그가 너를 부르시거든 네가 말하기를 여호와여 말씀하옵소서 주의 종이 듣겠나이다 하라 하니 이에 사무엘이 가서 자기 처소에 누우니라

so he said to him, "Go back to bed; and if he calls you again, say, 'Speak, LORD, your servant is listening.' " So Samuel went back to bed.

10 여호와께서 임하여 서서 전과 같이 사무엘아 사무엘아 부르시는지라 사무엘이 이르되 말씀하옵소서 주의 종이 듣겠나이다 하니

The LORD came and stood there, and called as he had before, "Samuel! Samuel!" Samuel answered, "Speak; your servant is listening."

11 여호와께서 사무엘에게 이르시되 보라 내가 이스라엘 중에 한 일을 행하리니 그것을 듣는 자마다 두 귀가 울리리라

The LORD said to him, "Some day I am going to do something to the people of Israel that is so terrible that everyone who hears about it will be stunned.

12 내가 엘리의 집에 대하여 말한 것을 처음부터 끝까지 그 날에 그에게 다 이루리라

On that day I will carry out all my threats against Eli's family, from beginning to end.

13 내가 그의 집을 영원토록 심판하겠다고 그에게 말한 것은 그가 아는 죄악 때문이니 이는 그가 자기의 아들들이 저주를 자청하되 금하지 아니하였음이니라

I have already told him that I am going to punish his family for ever because his sons have spoken evil things against me. Eli knew they were doing this, but he did not stop them.

14 그러므로 내가 엘리의 집에 대하여 맹세하기를 엘리 집의 죄악은 제물로나 예물로나 영원히 속죄함을 받지 못하리라 하였노라 하셨더라

So I solemnly declare to the family of Eli that no sacrifice or offering will ever be able to remove the consequences of this terrible sin."

성경, 이해하며 읽기 **사무엘상**

찾아온 사무엘을 보고 그때서야 엘리는 하나님께서 사무엘을 부르시는 것이라 생각하여 알려주었다.

3:10 말씀하옵소서 주의 종이 듣겠나이다. 사무엘은 이제야 하나님 앞에 엎드렸다.

3:11 그것을 듣는자마다 두 귀가 울리리라. 하나님께서 엘리의 가족을 심판하신다는 말씀은 그것을 듣는 이들의 귀를 아프게 할 정도로 충격적인 말씀이다. 나라의 지도자인 대제사장 집안 사람들을 하나님께서 심판하신다는 것은 모두를 놀랍게 할 것이다. 사무엘에게도 충격이었을 것이다. 그런데 엘리의 집 사람들이 멸망하는 것은 어찌 보면 너무 당연한 일이었다. 그들은 하나님을 멸시하였다. 스스로는 그렇게 생각하지 않았겠지만 그들은 하나님과 너무 멀리 떨어져 있었다.

3:13 그가 아는 죄악 때문이니 이는 그가 자기의 아들들이 저주를 자청하되 금하지 아니하였음이니라. 엘리의 자식들의 죄가 그들의 죄로 멈추지 않고 엘리 집안의 죄가 된 것은 엘리의 책임이다. 엘리는 자식들의 죄를 금했어야 했다. 그는 아들들의 죄를 간과하였다.

3:15 아침까지 누웠다가. 아마 침대에서 오랫동안 고민했던 것 같다. 그가 들은 내용은 참으로 엄청난 것이었다. 이스라엘의 대제사장이며 자신에게는 아버지 같은 분이었다. 네 살에 여호와의 전에 들어온 사무엘은 지금까지 엘리와 늘 함께 하였다. 자신의 멘토였다. 그러니 엘리에게 그가 들은 것을 그대로 전하는 것은 참으로 어렵고 힘든 일이었을 것이다.

3:18 그가 이르되 이는 여호와이시니 선하신 대로 하실 것이니라. 점잖은 말이다. 어쩌면 그가 이미 앞에서 다른 선지자를 통해 이미 들은 말씀이기 때문에 담담했을

15 사무엘이 아침까지 누웠다가 여호와의 집의 문을 열었으나 그 이상을 엘리에게 알게 하기를 두려워하더니

Samuel stayed in bed until morning; then he got up and opened the doors of the house of the LORD. He was afraid to tell Eli about the vision.

16 엘리가 사무엘을 불러 이르되 내 아들 사무엘아 하니 그가 대답하되 내가 여기 있나이다 하니 그가

Eli called him, "Samuel, my boy!" "Yes, sir," answered Samuel.

17 이르되 네게 무엇을 말씀하셨느냐 청하노니 내게 숨기지 말라 네게 말씀하신 모든 것을 하나라도 숨기면 하나님이 네게 벌을 내리시고 또 내리시기를 원하노라 하는지라

"What did the LORD tell you?" Eli asked. "Don't keep anything from me. God will punish you severely if you don't tell me everything he said."

18 사무엘이 그것을 그에게 자세히 말하고 조금도 숨기지 아니하니 그가 이르되 이는 여호와이시니 선하신 대로 하실 것이니라 하니라

So Samuel told him everything; he did not keep anything back. Eli said, "He is the LORD; he will do whatever seems best to him."

19 사무엘이 자라매 여호와께서 그와 함께 계셔서 그의 말이 하나도 땅에 떨어지지 않게 하시니

As Samuel grew up, the LORD was with him and made everything that Samuel said come true.

20 단에서부터 브엘세바까지의 온 이스라엘이 사무엘은 여호와의 선지자로 세우심을 입은 줄을 알았더라

So all the people of Israel, from one end of the country to the other, knew that Samuel was indeed a prophet of the LORD.

21 여호와께서 실로에서 다시 나타나시되 여호와께서 실로에서 여호와의 말씀으로 사무엘에게 자기를 나타내시니라

The LORD continued to reveal himself at Shiloh, where he had appeared to Samuel and had spoken to him. And when Samuel spoke, all Israel listened.

것이다. 그러나 사실 이렇게 담담할 것이 아니라 통회하는 마음으로 엎드려야 하는 것이 더 맞다.

3:19 여호와께서 그와 함께 계셔서. 기록된 말씀과 선지자에게 주시는 말씀 등으로 그는 하나님과 함께 하게 되었다. 하나님과 함께하는 신앙인이 되었다. **그의 말이 하나도 땅에 떨어지지 않게 하시니.** 사무엘이 선지자가 되어 하나님께서 그에게 말씀하여 주셨다. 그는 말씀도 더욱더 읽게 되었을 것이다. 그가 전하는 하나님의 말씀은 정확히 하나님의 뜻이었다. 그래서 그의 말이 성취되지 않는 일이 없었다.

3:21 여호와께서 실로에서 다시 나타나시되. 엘리의 시대에는 '말씀이 희귀'하였다. 사무엘이 선지자로 활동하기 시작하면서 다시 말씀이 흥왕하기 시작하였다. 실로에 성막이 있었다. 제사가 있었다. 예배가 있었다. 그런데 엘리를 비롯한 종교인들이 믿음을 종교로 전락시켰다. 그래서 하나님께서 조금 더 인격적인 관계로 자신들 드러내지 않으셨다. 그러나 사무엘이 선지자가 되고 하나님께서 그를 통해 드러내셨다. **실로에서 여호와의 말씀으로 사무엘에게 자기를 나타내시니라.** 사무엘은 하나님과 조금 더 친밀한 관계를 맺는 진실한 선지자요 신앙인이 되었다. 사람들도 하나님과 친밀한 관계를 맺게 되었다. 말씀이 드러나면 하나님과 더 친밀한 관계를 맺게 된다. 그래서 교회는 말씀이 바르게 선포되어야 한다.

오늘날은 선지자의 말씀이 아니라 기록된 말씀만이 있다. 그렇다면 조금 더 말씀을 바르게 전하기 위해 애써야 한다. 하나님께서 말씀을 통해 우리에게 더 가까이 오고자 하신다. 우리는 말씀을 통해 하나님을 더 가까이 만나야 한다. 말씀을 통해 하나님을 더 가까이 알게 될 때 신앙인이 된다.

1 사무엘의 말이 온 이스라엘에 전파되니라

At that time the Philistines gathered to go to war against Israel, so the Israelites set out to fight them. The Israelites set up their camp at Ebenezer and the Philistines at Aphek.

2 언약궤를 빼앗기다 이스라엘은 나가서 블레셋 사람들과 싸우려고 에벤에셀 곁에 진 치고 블레셋 사람들은 아벡에 진 쳤더니 블레셋 사람들이 이스라엘 에 대하여 전열을 벌이니라 그 둘이 싸우다가 이스라엘이 블레셋 사람들 앞 에서 패하여 그들에게 전쟁에서 죽임을 당한 군사가 사천 명 가량이라

The Philistines attacked, and after fierce fighting they defeated the Israelites and killed about 4,000 men on the battlefield.

3 백성이 진영으로 돌아오매 이스라엘 장로들이 이르되 여호와께서 어찌하여 우리에게 오늘 블레셋 사람들 앞에 패하게 하셨는고 여호와의 언약궤를 실로 에서 우리에게로 가져다가 우리 중에 있게 하여 그것으로 우리를 우리 원수 들의 손에서 구원하게 하자 하니

When the survivors came back to camp, the leaders of Israel said, "Why did the LORD let the Philistines defeat us today? Let's go and bring the LORD's Covenant Box from Shiloh, so that he will go with us and save us from our enemies."

4 이에 백성이 실로에 사람을 보내어 그룹 사이에 계신 만군의 여호와의 언약 궤를 거기서 가져왔고 엘리의 두 아들 홉니와 비느하스는 하나님의 언약궤와 함께 거기에 있었더라

So they sent messengers to Shiloh and fetched the Covenant Box of the LORD Almighty, who is enthroned above the winged creatures. And Eli's two sons, Hophni and Phinehas, came along with the Covenant Box.

5 여호와의 언약궤가 진영에 들어올 때에 온 이스라엘이 큰 소리로 외치매 땅 이 울린지라

When the Covenant Box arrived, the Israelites gave such a loud shout of joy that the earth shook.

6 블레셋 사람이 그 외치는 소리를 듣고 이르되 히브리 진영에서 큰 소리로 외 침은 어찌 됨이냐 하다가 여호와의 궤가 진영에 들어온 줄을 깨달은지라

The Philistines heard the shouting and said, "Listen to all that shouting in the Hebrew camp! What does it mean?" When they found out that the LORD's Covenant Box had arrived in the Hebrew camp,

4장

4:1-7:2은 언약궤 이야기이다. 언약궤 사건은 당시의 시대가 얼마나 어두웠는지를 보여준다. 이스라엘 백성들은 자신들의 죄악 때문에 시대가 어두운 것을 생각하지 못하고 왕제도에서 해답을 찾고자 하였다.

4:1 사무엘의 말이 온 이스라엘에 전파되니라. 그들은 하나님께서 사무엘을 통해 하나님의 뜻을 전하고 계시다는 것을 잘 알고 있었다. 그러나 사무엘을 찾지 않았다. 하나님의 뜻을 찾지 않았다. 하나님의 뜻이 아니라 승리가 중요하였다. **블레셋.** 애굽에서는 그들을 '바다를 건너온 사람들'이라고 말하였다. 이들은 그리스 남부 에게해 연안에서 살다가 그레데 섬으로 이주하고 일부가 가나안의 비옥한 해안 지역으로 와서 살게 된 사람들이다. 철기 문명의 발상지인 히타이트 제국과 연결되며 매우 강하고 이성적인 사람들이었다. 블레셋은 애굽을 공격하였으나 뜻을 이루지 못하고 후퇴하여 가나안 지역에 정착하게 되었다.

4:2 이스라엘이 블레셋 사람들 앞에서 패하여. 블레셋은 우수한 무기를 가지고 가나안을 쉽게 공략하였다.

4:3 여호와께서 어찌하여 우리에게 오늘 블레셋 사람들 앞에 패하게 하셨는고. 이유를 분석하는 것은 필요하다. 그런데 이스라엘의 전통이 무엇인가? 문제가 생겼을 때 하나님의 뜻을 묻는 것이다. 주로 대제사장이 입고 있는 에봇 안에 있는 우림과 둠밈을 통해 물었다. 그런데 그들은 그렇게 하지 않았다. 하나님의 뜻을 묻지 않았다. 이스라엘 백성들은 승리할 방법을 생각해 냈다. **여호와의 언약궤를 실로에서 우리에게로 가져다가 우리 중에 있게 하여 그것으로 우리를 우리 원수들의 손에서 구원하게 하자.** 언약궤는 지성소 안에 있다. 언약궤 뚜껑은 '임재의 자리'라고 말한다.

7 블레셋 사람이 두려워하여 이르되 신이 진영에 이르렀도다 하고 또 이르되 우리에게 화로다 전날에는 이런 일이 없었도다

they were afraid, and said, "A god has come into their camp! We're lost! Nothing like this has ever happened to us before!

8 우리에게 화로다 누가 우리를 이 능한 신들의 손에서 건지리요 그들은 광야에서 여러 가지 재앙으로 애굽인을 친 신들이니라

Who can save us from those powerful gods? They are the gods who slaughtered the Egyptians in the desert!

9 너희 블레셋 사람들아 강하게 되며 대장부가 되라 너희가 히브리 사람의 종이 되기를 그들이 너희의 종이 되었던 것 같이 되지 말고 대장부 같이 되어 싸우라 하고

Be brave, Philistines! Fight like men, or we will become slaves to the Hebrews, just as they were our slaves. So fight like men!"

10 블레셋 사람들이 쳤더니 이스라엘이 패하여 각기 장막으로 도망하였고 살륙이 심히 커서 이스라엘 보병의 엎드러진 자가 삼만 명이었으며

The Philistines fought hard and defeated the Israelites, who went running to their homes. There was a great slaughter: 30,000 Israelite soldiers were killed.

11 하나님의 궤는 빼앗겼고 엘리의 두 아들 홉니와 비느하스는 죽임을 당하였더라

God's Covenant Box was captured, and Eli's sons, Hophni and Phinehas, were both killed.

12 당일에 어떤 베냐민 사람이 진영에서 달려나와 자기의 옷을 찢고 자기의 머리에 티끌을 덮어쓰고 실로에 이르니라

A man from the tribe of Benjamin ran all the way from the battlefield to Shiloh and arrived there the same day. To show his grief, he had torn his clothes and put earth on his head.

13 그가 이를 때는 엘리가 길 옆 자기의 의자에 앉아 기다리며 그의 마음이 하나님의 궤로 말미암아 떨릴 즈음이라 그 사람이 성읍에 들어오며 알리매 온 성읍이 부르짖는지라

Eli, who was very anxious about the Covenant Box, was sitting on a seat beside the road, staring. The man spread the news throughout the town, and everyone cried out in fear.

'하나님의 발등상'이라고도 한다. 하나님께서 특별한 방식으로 그 위에 임하신다 하셨다. 언약궤는 요단강을 건널 때, 여리고 성 전투에서도 가장 중요한 역할을 하였다. 그래서 이번 전쟁에서도 그런 역할을 할 것이라고 생각하였다. 그러나 언약궤는 그렇게 사용되는 것이 아니다. 광야와 가나안 전쟁에서는 언약궤가 함께 움직였지만 정착한 이후에는 언약궤가 있는 지성소에는 일 년에 한 번만 들어갈 수 있는 신성한 자리의 핵심이다. 사람들이 자기 뜻대로 마음대로 움직일 수 있는 것이 아니다. 전쟁의 승리에 이용될 수 있는 것이 아니다. 이스라엘 백성들이 하나님의 뜻을 묻지 않고 언약궤를 가져오기로 한 것은 그들에게 하나님의 뜻이 중요한 것이 아니라 승리가 중요하였기 때문이다. 하나님을 얕보는 사람들은 하나님의 뜻이 아니라 자신의 번영을 원한다.

4:5 언약궤가 진영에 들어올 때…큰 소리로 외치매. 이스라엘 군사들은 언약궤가 실로에서 전쟁터로 오는 것을 보고 사기가 충만하여 땅이 울릴 정도로 소리 질렀다. 매우 신앙적인 모습 같다. 사람들은 믿음으로 이런 일을 한다고 말한다. 대단한 믿음처럼 보인다. 그러나 하나님의 뜻대로 하지 않는 일이 어찌 믿음의 일이 될 수가 있을까? 언약궤를 전쟁터에 가져오기로 한 것은 '쉬운 승리'를 원하였기 때문이다. 하나님의 뜻을 좇아 하는 일이 아니다. 자신들은 바뀔 것이 없고 오직 언약궤만 가져오면 된다. '쉬운 믿음'의 표상이다. 자신들은 바뀌지 않고 언약궤만 가지고 오면 되듯이 오늘날에도 사람들은 쉬운 믿음의 길을 간다. 그러면서 승리를 하기도 한다. 플라시보 효과도 보통 40%이니 효과를 본다. 또한 악한 영이 승리를 주기도 한다. 그래서 효과가 있는 것 같다. 그러나 믿음은 아니다.

4:10 이스라엘이 패하여…살륙이 심히 커서. 이스라엘은 언약궤에도 불구하고 전쟁에서 졌다. 수많은 이스라엘 백성이 죽었다. 원망하는 마음이 들었을 것이다. 불신앙이 가득하였지만 자신들은 신앙으로 하였다고 착각하며 하나님을 원망하였

14 엘리가 그 부르짖는 소리를 듣고 이르되 이 떠드는 소리는 어찌 됨이냐 그 사람이 빨리 가서 엘리에게 말하니

Eli heard the noise and asked, "What is all this noise about?" The man hurried to Eli to tell him the news.

15 그 때에 엘리의 나이가 구십팔 세라 그의 눈이 어두워서 보지 못하더라

(Eli was now 98 years old and almost completely blind.)

16 그 사람이 엘리에게 말하되 나는 진중에서 나온 자라 내가 오늘 진중에서 도망하여 왔나이다 엘리가 이르되 내 아들아 일이 어떻게 되었느냐

The man said, "I have escaped from the battle and have run all the way here today." Eli asked him, "What happened, my son?"

17 소식을 전하는 자가 대답하여 이르되 이스라엘이 블레셋 사람들 앞에서 도망하였고 백성 중에는 큰 살륙이 있었고 당신의 두 아들 홉니와 비느하스도 죽임을 당하였고 하나님의 궤는 빼앗겼나이다

The messenger answered, "Israel ran away from the Philistines; it was a terrible defeat for us! Besides that, your sons Hophni and Phinehas were killed, and God's Covenant Box was captured!"

18 하나님의 궤를 말할 때에 엘리가 자기 의자에서 뒤로 넘어져 문 곁에서 목이 부러져 죽었으니 나이가 많고 비대한 까닭이라 그가 이스라엘의 사사가 된 지 사십 년이었더라

When the man mentioned the Covenant Box, Eli fell backwards from his seat beside the gate. He was so old and fat that the fall broke his neck, and he died. He had been a leader in Israel for 40 years.

19 그의 며느리인 비느하스의 아내가 임신하여 해산 때가 가까웠더니 하나님의 궤를 빼앗긴 것과 그의 시아버지와 남편이 죽은 소식을 듣고 갑자기 아파서 몸을 구푸려 해산하고

Eli's daughter-in-law, the wife of Phinehas, was pregnant, and it was almost time for her baby to be born. When she heard that God's Covenant Box had been captured and that her father-in-law and her husband were dead, she suddenly went into labour and gave birth.

20 죽어갈 때에 곁에 서 있던 여인들이 그에게 이르되 두려워하지 말라 네가 아들을 낳았다 하되 그가 대답하지도 아니하며 관념하지도 아니하고

As she was dying, the women helping her said to her, "Be brave! You have a son!" But she paid no attention and did not answer.

을 것이다.

4:11 하나님의 궤는 빼앗겼고. 언약궤마저 블레셋에 빼앗겼다. 최악의 상황이 되었다. 언약궤를 가져왔는데 왜 전쟁에서 졌을까? 그러나 언약궤는 부적이 아니다. 그들은 하나님을 원망하였을 것이다. 인생의 길에서 환난을 당하면 사람들은 '내가 교회에 다니는데 왜 내가 이런 일을 당해야 합니까'라고 원망한다. 그러나 그들은 하나님의 임재가 아니라 자기들의 욕심의 충만 속에 전쟁을 치르고 있었다. 그들의 쉬운 믿음은 결코 진정한 믿음이 아니었다. 믿음은 욕심 충만이 아니라 오직 하나님의 뜻이 충만해야 한다. 그들은 하나님의 뜻을 좇아간 것이 아니다. 교회 다니는 사람들은 대부분 자신이 환난을 당하면 욥의 환난이라고 생각한다. 그러나 많은 경우 지금 이스라엘처럼 실제로는 믿음의 길이 아닌 길을 가다 겪는 환난인 경우가 많다.

4:12 당일에 어떤 베냐민 사람이 진영에서 달려나와. 에벤에셀에서 실로까지 거리가 32km이다. 계속 오르막이다. 그리스의 병사가 마라톤 전쟁 승리의 기쁜 소식을 안고 42km를 달렸는데 이 병사는 슬픈 소식을 가지고 32km를 단숨에 달려왔다. 아마 훨씬 더 힘들었을 것이다.

4:13 하나님의 궤로 말미암아 떨릴 즈음이라. 그는 언약궤를 옮긴 것에 대해 마음을 쓰고 있는 것 같다. 언약궤가 잘못되지는 않을지 걱정하고 있다. 그는 대제사장으로서 언약궤의 거룩을 지켜야 했다. 그러나 그렇게 하지 못했다.
언약궤를 전쟁터로 옮기는 것이 사울 왕 때도 한 번 나오지만(삼상 14:18) 사실 그 본문은 언약궤이기 보다는 칠십인역을 따라 '에봇'으로 해석하는 것이 맞는 것 같다. 그 외에는 언약궤를 전쟁터에 가져 간 적이 없다. 성전을 건축한 이후에는 전혀 움직이지 않았다. 언약궤를 움직인 것은 무지와 탐욕에 의한 것이다.

21 이르기를 영광이 이스라엘에서 떠났다 하고 아이 이름을 이가봇이라 하였으니 하나님의 궤가 빼앗겼고 그의 시아버지와 남편이 죽었기 때문이며

She named the boy Ichabod, explaining, "God's glory has left Israel"—referring to the capture of the Covenant Box and the death of her father-in-law and her husband.

22 또 이르기를 하나님의 궤를 빼앗겼으므로 영광이 이스라엘에서 떠났다 하였더라

"God's glory has left Israel," she said, "because God's Covenant Box has been captured."

성경, 이해하며 읽기 **사무엘상**

4:17 전쟁에서 패한 일, 두 아들이 죽은 일, 언약궤를 빼앗긴 것을 말하였다. 엘리에게는 점진적으로 더 슬픈 소식이었을 것이다.

4:18 하나님의 궤를 말할 때에 엘리가 자기 의자에서 뒤로 넘어져...죽었으니. 언약궤를 빼앗긴 소식은 그에게 가장 큰 충격이었다. 그 충격으로 넘어져 죽었다. 언약궤는 그에게도 매우 중요하였다. 그동안 대제사장으로 섬기면서 언약궤의 영광을 알기 때문일 것이다. 사실 이것 때문에 받는 충격보다 이전에 자녀의 죄를 알았을 때 큰 충격을 받고 회개하는 것이 더 좋았을 뻔하였다.

4:19 하나님의 궤를 빼앗긴 것과 그의 시아버지와 남편이 죽은 소식을 듣고. 비느하스의 아내는 임신한 상태에서 3가지의 슬픈 소식을 듣자 충격을 받아 일찍 출산하게 된 것으로 보인다.

4:20 아들을 낳았다 하되 그가 대답하지도 아니하며. 비느하스의 아내는 아들을 낳으면서도 그것이 전혀 기쁨이 되지 못하였다.

4:21 아이 이름을 이가봇이라 하였으니. 이가봇은 '영광이 어디에?'라는 뜻이다. 이것을 통해 '영광이 이스라엘에서 떠났다'는 의미를 담고 있다.

4:22 영광이 이스라엘에서 떠났다. 이 구절이 다시 반복되고 있다. 그런데 그 이유를 다시 잘 살펴보아야 한다. '하나님의 궤를 빼앗겼으므로'라고 말한다. 진정 하나님의 궤를 빼앗김으로 하나님의 영광이 이스라엘에서 떠났을까? 진정 '영광이 어디에' 있는지를 생각해 보아야 한다. 비느하스의 아내에게 언약궤를 빼앗긴 사실이 큰 충격으로 다가온 것을 보니 그에게 언약궤가 중요했던 것 같다. 그런데 진정 언약궤가 의미하는 것이 무엇일까? 언약궤는 참으로 중요하다. 그것이 중요

한 이유는 언약궤가 하나님의 임재를 상징하며 실제로 그곳에 임재하시기 때문이다. 그러나 하나님은 언약궤에 매인 분이 아니다. 언약궤는 하나님의 임재 자체가 아니다. 언약궤 조차도 대하는 사람에 따라 우상이 될 수 있다. 이가봇의 의미대로 영광이 어디에 있는지를 진짜 생각해 보았어야 한다. 언약궤에 있는지 하나님께 있는지. 언약궤를 빼앗기기 이전에 이미 하나님의 영광이 어디에 있는지를 물었어야 한다. 언약궤를 빼앗기고 난 이후라도 영광이 진정 어디에 있는지를 생각했어야 한다. 언약궤를 빼앗긴 것은 성전이 무너진 것과 비슷하다. 그런데 바벨론 침략에 의해 성전이 무너졌을 때 바벨론에서 성경이 회복된 것처럼 진정 영광이 어디에 있는지를 살펴보아야 한다. 오히려 엘리 시대가 끝나고 사무엘 시대가 열리면서 하나님의 영광은 더욱 충만하게 임재하게 된다.

성경, 이해하며 읽기 **사무엘상**

1 블레셋 사람들이 하나님의 궤를 빼앗아 가지고 에벤에셀에서부터 아스돗에 이르니라

After the Philistines captured the Covenant Box, they carried it from Ebenezer to their city of Ashdod,

2 블레셋 사람들이 하나님의 궤를 가지고 다곤의 신전에 들어가서 다곤 곁에 두었더니

took it into the temple of their god Dagon, and set it up beside his statue.

3 아스돗 사람들이 이튿날 일찍이 일어나 본즉 다곤이 여호와의 궤 앞에서 엎드러져 그 얼굴이 땅에 닿았는지라 그들이 다곤을 일으켜 다시 그 자리에 세웠더니

Early next morning the people of Ashdod saw that the statue of Dagon had fallen face downwards on the ground in front of the LORD's Covenant Box. So they lifted it up and put it back in its place.

4 그 이튿날 아침에 그들이 일찍이 일어나 본즉 다곤이 여호와의 궤 앞에서 또 다시 엎드러져 얼굴이 땅에 닿았고 그 머리와 두 손목은 끊어져 문지방에 있고 다곤의 몸뚱이만 남았더라

Early the following morning they saw that the statue had again fallen down in front of the Covenant Box. This time its head and both its arms were broken off and were lying in the doorway; only the body was left.

5 그러므로 다곤의 제사장들이나 다곤의 신전에 들어가는 자는 오늘까지 아스돗에 있는 다곤의 문지방을 밟지 아니하더라

(That is why even today the priests of Dagon and all his worshippers in Ashdod step over that place and do not walk on it.)

6 여호와의 손이 아스돗 사람에게 엄중히 더하사 독한 종기의 재앙으로 아스돗과 그 지역을 쳐서 망하게 하니

The LORD punished the people of Ashdod severely and terrified them. He punished them and the people in the surrounding territory by causing them to have tumours.

7 아스돗 사람들이 이를 보고 이르되 이스라엘 신의 궤를 우리와 함께 있지 못하게 할지라 그의 손이 우리와 우리 신 다곤을 친다 하고

When they saw what was happening, they said, "The God of Israel is punishing us and our god Dagon. We can't let the Covenant Box stay here any longer."

5장

5:1 언약궤를 빼앗아 가지고...아스돗에 이르니라.언약궤를 전리품으로 가져오는 병사들을 보면서 보통의 개선행렬처럼 성 사람들은 환호하며 언약궤를 구경하였을 것이다. 얼마나 크게 소리지르며 환호하였을까?

5:2 블레셋 사람들은 언약궤를 그들의 신 다곤에게 바쳤다. 마치 하나님께서 다곤에게 포로로 잡힌 것과 같다. 그들의 그러한 생각이 잘못된 것임을 하나님께서 분명히 가르치는 사건이 일어났다.

5:3 다곤이 여호와의 궤 앞에서 엎드러져. 그들은 분명히 언약궤를 다곤 신에게 바쳤는데 오히려 반대의 현상이 일어났다. 다곤 신의 얼굴이 떨어져 언약궤 앞에 엎드려져 있었다. 그들은 깜짝 놀랐지만 우연이라고 생각하였다. 그래서 다시 원래의 자리로 복원시켰다. 그러나 그것은 우연이 아니었다.

5:4 그 머리와 두 손목은 끊어져 문지방에 있고. 이번에는 머리와 두 손목까지 끊어져 있었다. 전쟁에서 패한 사람의 머리와 손목을 자르곤 하였다. 그런데 다곤 신이 전쟁에 패한 것처럼 그렇게 잘려 있었다. 또한 나란히 문지방에 걸쳐 있었다. 우연이 아니라는 것을 말하는 것 같다. 그들은 자신들의 다곤 신이 이스라엘의 여호와 하나님을 이겼다고 생각하였다. 그러나 신전 안에 두었을 때 누가 이긴 것인지가 드러났다. 다곤이 하나님을 이긴 것이 아니라 그들이 이스라엘을 이긴 것일 뿐이다. 그들이 신앙인을 이긴 것이 아니라 종교인을 이긴 것이었다.

5:6 독한 종기의 재앙으로 아스돗과 그 지역을 쳐서 망하게 하니. 하나님께서 아스돗 사람들을 치셨다. 그들이 믿음 없는 이스라엘 사람들을 치는 것은 당연하나 하나

8 이에 사람을 보내어 블레셋 사람들의 모든 방백을 모으고 이르되 우리가 이스라엘 신의 궤를 어찌하랴 하니 그들이 대답하되 이스라엘 신의 궤를 가드로 옮겨 가라 하므로 이스라엘 신의 궤를 옮겨 갔더니

So they sent messengers and called together all five of the Philistine kings and asked them, "What shall we do with the Covenant Box of the God of Israel?" "Take it over to Gath," they answered; so they took it to Gath, another Philistine city.

9 그것을 옮겨 간 후에 여호와의 손이 심히 큰 환난을 그 성읍에 더하사 성읍 사람들의 작은 자와 큰 자를 다 쳐서 독한 종기가 나게 하신지라

But after it arrived there, the LORD punished that city too and caused a great panic. He punished them with tumours which developed in all the people of the city, young and old alike.

10 이에 그들이 하나님의 궤를 에그론으로 보내니라 하나님의 궤가 에그론에 이른즉 에그론 사람이 부르짖어 이르되 그들이 이스라엘 신의 궤를 우리에게로 가져다가 우리와 우리 백성을 죽이려 한다 하고

So they sent the Covenant Box to Ekron, another Philistine city; but when it arrived there, the people cried out, "They have brought the Covenant Box of the God of Israel here, in order to kill us all!"

11 이에 사람을 보내어 블레셋 모든 방백을 모으고 이르되 이스라엘 신의 궤를 보내어 그 있던 곳으로 돌아가게 하고 우리와 우리 백성이 죽임 당함을 면하게 하자 하니 이는 온 성읍이 사망의 환난을 당함이라 거기서 하나님의 손이 엄중하시므로

So again they sent for all the Philistine kings and said, "Send the Covenant Box of Israel back to its own place, so that it won't kill us and our families." There was panic throughout the city because God was punishing them so severely.

12 죽지 아니한 사람들은 독한 종기로 치심을 당해 성읍의 부르짖음이 하늘에 사무쳤더라

Even those who did not die developed tumours and the people cried out to their gods for help.

님의 이름을 망령되이 여기는 것은 큰 죄다. 그래서 치셨다.

5:7 그의 손이 우리와 우리 신 다곤을 친다. 그들의 신이 깨트려지고 그들의 몸도 깨트려졌다. 이에 그들의 환호성은 아우성으로 바뀌었다. 곡소리로 바뀌었다.

5:8 가드로 옮겨 가라 하므로 이스라엘 신의 궤를 옮겨 갔더니. 아스돗 사람들은 그들의 중요한 전리품인 언약궤를 포기하기로 결정하였다. 언약궤는 금으로 도금되어 있는 화려한 모양이다. 이스라엘의 신을 상징하였다. 그 중요한 전리품을 버릴 수는 없어 이웃 도시 가드로 보냈다. 그들은 잘 모르니 받았다. 그러나 언약궤가 가드로 옮길 때 개선행렬처럼 환호하지는 않았을 것이다. 조용히 옮겼을 것이다.

5:9 여호와의 손이 심히 큰 환난을 그 성읍에 더하사. 가드는 언약궤를 받아들이면서 환호하였을 것이다. 그런데 그들도 이내 아우성을 지르게 되었다.

5:10 에그론으로...에그론 사람이 부르짖어. 언약궤가 에그론에 들어갈 때는 아직 재앙이 임하지 않았어도 두려움이 성에 가득하였다.

5:11 온 성읍이 사망의 환난을 당함이라. 언약궤가 옮겨진 세 번째 도시 에그론에서는 더욱더 처참한 일들이 일어났다. 그래서 도시 전체가 아우성으로 가득하였다. 결국 '이스라엘의 신의 궤를 보내어 그 있던 곳으로 돌아가게 하고 우리와 우리 백성이 죽임당함을 면하게 하자'라고 말한다.

1 여호와의 궤가 블레셋 사람들의 지방에 있은 지 일곱 달이라

After the LORD's Covenant Box had been in Philistia for seven months,

2 블레셋 사람들이 제사장들과 복술자들을 불러서 이르되 우리가 여호와의 궤를 어떻게 할까 그것을 어떻게 그 있던 곳으로 보낼 것인지 우리에게 가르치라

the people called the priests and the magicians and asked, "What shall we do with the Covenant Box of the LORD? If we send it back where it belongs, what shall we send with it?"

3 그들이 이르되 이스라엘 신의 궤를 보내려거든 거저 보내지 말고 그에게 속건제를 드려야 할지니라 그리하면 병도 낫고 그의 손을 너희에게서 옮기지 아니하는 이유도 알리라 하니

They answered, "If you return the Covenant Box of the God of Israel, you must, of course, send with it a gift to him to pay for your sin. The Covenant Box must not go back without a gift. In this way you will be healed, and you will find out why he has kept on punishing you."

4 그들이 이르되 무엇으로 그에게 드릴 속건제를 삼을까 하니 이르되 블레셋 사람의 방백의 수효대로 금 독종 다섯과 금 쥐 다섯 마리라야 하리니 너희와 너희 통치자에게 내린 재앙이 같음이니라

"What gift shall we send him?" the people asked. They answered, "Five gold models of tumours and five gold mice, one of each for each Philistine king. The same plague was sent on all of you and on the five kings.

5 그러므로 너희는 너희의 독한 종기의 형상과 땅을 해롭게 하는 쥐의 형상을 만들어 이스라엘 신께 영광을 돌리라 그가 혹 그의 손을 너희와 너희의 신들과 너희 땅에서 가볍게 하실까 하노라

You must make these models of the tumours and of the mice that are ravaging your country, and you must give honour to the God of Israel. Perhaps he will stop punishing you, your gods, and your land.

6 애굽인과 바로가 그들의 마음을 완악하게 한 것 같이 어찌하여 너희가 너희의 마음을 완악하게 하겠느냐 그가 그들 중에서 재앙을 내린 후에 그들이 백성을 가게 하므로 백성이 떠나지 아니하였느냐

Why should you be stubborn, as the king of Egypt and the Egyptians were? Don't forget how God made fools of them until they let the Israelites leave Egypt.

6장

6:1 지방에 있은지 일곱 달이라. '지방'의 히브리어는 '들'을 의미한다. 언약궤가 블레셋의 도시 안에서 재앙을 일으키자 들로 옮긴 것 같다. 그런데 마냥 그렇게 들에 놔둘 수는 없었다. 여전히 블레셋 안에 재앙이 그치지 않았기 때문이다.

6:2 여호와의 궤를 어떻게 할까 그것을 어떻게 그 있던 곳으로 보낼 것인지. 그들은 언약궤를 감당할 수 없었다. 언약궤를 돌려보내는 것이 그들이 생각할 수 있는 최선의 방법이었다. 그런데 어떻게 보내야 할지를 몰랐다. 그래서 그들의 제사장에게 물었다.

6:3 거저 보내지 말고 그에게 속건제를 드려야 할지니라. 그들은 자신들이 언약궤의 주인인 하나님께 죄를 지었으니 그것에 합당한 죄값을 치러야 한다고 말하였다. **그리하면 병도 낫고 그의 손을 너희에게서 옮기지 아니하는 이유도 알리라.** 아마 그들에게 퍼진 종기가 아직도 문제를 낳고 있었던 것 같다. 그래서 더욱더 빨리 언약궤를 이스라엘로 보내고 싶어하였다. 만약 문제가 없었다면 그들은 언약궤를 이스라엘에 보내는 것을 생각하지 않았을 것이다. 그러나 재앙이 있어 감당할 수 없었고 속건 제물까지 함께 보내야 한다고 했다.

6:4 금 독종 다섯과 금 쥐 다섯 마리. 모세가 뱀에게 물린 백성을 위해 놋 뱀을 든 것처럼 고대에는 문제의 원인이 되는 것의 형상을 만들어 그것으로부터 구원받는 것을 표현하는 것이 일반적이었다. 블레셋의 제사장들이 내 놓은 속건 제물은 성경의 방식이 아니다. 그들이 생각하는 일반적인 방식이다. 비슷한 방식으로 모세가 든 놋뱀 사건이 있다. 그들에게 내린 재앙과 도시와 방백의 숫자를 맞추어 속건 제물을 드리도록 말하였다.

7 그러므로 새 수레를 하나 만들고 멍에를 메어 보지 아니한 젖 나는 소 두 마리를 끌어다가 소에 수레를 메우고 그 송아지들은 떼어 집으로 돌려보내고
So prepare a new wagon and two cows that have never been yoked; hitch them to the wagon and drive their calves back to the barn.

8 여호와의 궤를 가져다가 수레에 싣고 속건제로 드릴 금으로 만든 물건들은 상자에 담아 궤 곁에 두고 그것을 보내어 가게 하고
Take the LORD's Covenant Box, put it on the wagon, and place in a box beside it the gold models that you are sending to him as a gift to pay for your sins. Start the wagon on its way and let it go by itself.

9 보고 있다가 만일 궤가 그 본 지역 길로 올라가서 벧세메스로 가면 이 큰 재앙은 그가 우리에게 내린 것이요 그렇지 아니하면 우리를 친 것이 그의 손이 아니요 우연히 당한 것인 줄 알리라 하니라
Then watch it go; if it goes towards the town of Beth Shemesh, this means that it is the God of the Israelites who has sent this terrible disaster on us. But if it doesn't, then we will know that he did not send the plague; it was only a matter of chance."

10 그 사람들이 그같이 하여 젖 나는 소 둘을 끌어다가 수레를 메우고 송아지들은 집에 가두고
They did what they were told: they took two cows and hitched them to the wagon, and shut the calves in the barn.

11 여호와의 궤와 및 금 쥐와 그들의 독종의 형상을 담은 상자를 수레 위에 실으니
They put the Covenant Box in the wagon, together with the box containing the gold models of the mice and of the tumours.

12 암소가 벧세메스 길로 바로 행하여 대로로 가며 갈 때에 울고 좌우로 치우치지 아니하였고 블레셋 방백들은 벧세메스 경계선까지 따라 가니라
The cows started off on the road to Beth Shemesh and headed straight towards it, without turning off the road. They were mooing as they went. The five Philistine kings followed them as far as the border of Beth Shemesh.

13 벧세메스 사람들이 골짜기에서 밀을 베다가 눈을 들어 궤를 보고 그 본 것을 기뻐하더니
The people of Beth Shemesh were harvesting wheat in the valley, when suddenly they looked up and saw the Covenant Box. They were overjoyed at the sight.

6:5 이스라엘 신께 영광을 돌리라. 이러한 일이 하나님의 심판으로 이루어진 것임을 자각하고 그 앞에 엎드리는 것을 말한다. **혹 그의 손을 너희와 너희의 신들과 너희 땅에서 가볍게 하실까 하노라.** '가볍게 한다'는 것은 '손을 거둔다' '재앙을 멈추신다'는 뜻이다.

6:6 바로가 그들의 마음을 완악하게 한 것 같이 어찌하여 너희가 너희의 마음을 완악하게 하겠느냐. 애굽처럼 10가지 재앙을 당하고 보내지 말고 빨리 보내라고 말하고 있다. 그들은 언약궤를 도저히 감당할 수 없었다. 겉으로는 단지 그들이 노획한 궤에 불과하지만 그 궤를 그들이 감당할 수 없었다.

6:7 블레셋 사람들은 당장 재앙 때문에 언약궤를 보내려고 하지만 여전히 일어나는 사건에 대한 해석에 불신하는 마음이 있었다. 지금의 재앙이 진짜 하나님으로 인하여 생긴 것인지 우연인지에 대해 확신하지 못하였다. 그래서 밑져야 본전인 하나의 계책을 세운다. **새 수레를 하나 만들고 멍에를 메어 보지 아니한 젖 나는 소 두 마리를 끌어다가.** 거룩한 의식을 위해 새 수레를 사용하는 것은 맞다. **멍에를 메어보지 아니한 소.** 어떤 의미에서는 세속적인 일을 하지 않은 것이기에 거룩히 사용하는 측면에서 맞다. **소 두 마리를 끌어다가 소에 수레를 메우고 그 송아지들은 떼어 집으로 돌려보내고.** 이것은 매우 어려운 일이다. 멍에를 메어보지 않은 소 두 마리를 한 멍에를 메게 하면 결코 메지 않으려 할 것이다. 젖 먹는 새끼를 떼어 놓으면 어미 소는 당연히 아기 송아지가 있는 곳으로 가려고 할 것이다. 이것은 일종의 시험이다.

6:9 지역 길로 올라가서 벧세메스로 가면 이 큰 재앙은 그가 우리에게 내린 것이요 그렇지 아니하면 우리를 친 것이 그의 손이 아니요 우연히 당한 것인 줄 알리라. 상황만 생각한다면 소는 확률 99%이상 벧세메스로 가지 않을 것이다. 어떤 소가 그렇게

14 수레가 벧세메스 사람 여호수아의 밭 큰 돌 있는 곳에 이르러 선지라 무리가 수레의 나무를 패고 그 암소들을 번제물로 여호와께 드리고

The wagon came to a field belonging to a man named Joshua, who lived in Beth Shemesh, and it stopped there near a large rock. The people chopped up the wooden wagon and killed the cows and offered them as a burnt sacrifice to the LORD.

15 레위인은 여호와의 궤와 그 궤와 함께 있는 금 보물 담긴 상자를 내려다가 큰 돌 위에 두매 그 날에 벧세메스 사람들이 여호와께 번제와 다른 제사를 드리니라

The Levites lifted off the Covenant Box of the LORD and the box with the gold models in it, and placed them on the large rock. Then the people of Beth Shemesh offered burnt sacrifices and other sacrifices to the LORD.

16 블레셋 다섯 방백이 이것을 보고 그 날에 에그론으로 돌아갔더라

The five Philistine kings watched them do this and then went back to Ekron that same day.

17 블레셋 사람이 여호와께 속건제물로 드린 금 독종은 이러하니 아스돗을 위하여 하나요 가사를 위하여 하나요 아스글론을 위하여 하나요 가드를 위하여 하나요 에그론을 위하여 하나이며

The Philistines sent the five gold tumours to the LORD as a gift to pay for their sins, one each for the cities of Ashdod, Gaza, Ashkelon, Gath, and Ekron.

18 드린 바 금 쥐들은 견고한 성읍에서부터 시골의 마을에까지 그리고 사람들이 여호와의 궤를 놓은 큰 돌에 이르기까지 다섯 방백들에게 속한 블레셋 사람들의 모든 성읍들의 수대로였더라 그 돌은 벧세메스 사람 여호수아의 밭에 오늘까지 있더라

They also sent gold mice, one for each of the cities ruled by the five Philistine kings, both the fortified towns and the villages without walls. The large rock in the field of Joshua of Beth Shemesh, on which they placed the LORD's Covenant Box, is still there as a witness to what happened.

19 벧세메스 사람들이 여호와의 궤를 들여다 본 까닭에 그들을 치사 (오만) 칠십 명을 죽이신지라 여호와께서 백성을 쳐서 크게 살륙하셨으므로 백성이 슬피 울었더라

The LORD killed 70 of the men of Beth Shemesh because they looked inside the Covenant Box. And the people mourned because the LORD had caused such a great slaughter among them.

하겠는가? 그들은 우연이라고 믿고 싶었던 것 같다. 그래서 한껏 여호와 하나님을 위하는 것 같이 하고 있으나 결국은 우연으로 끝나길 바라는 것 같다.

6:12 놀라운 일이 일어났다. **벧세메스 길로 바로 행하여.** 벧세메스는 레위인의 성이다. 그러기에 언약궤가 가기에 가장 적합한 지역이다. **갈 때에 울고 좌우로 치우치지 아니하였고.** 소들은 아기 송아지를 잃었으니 우는 것이 정상이다. 그런데 울면서도 아기 송아지에게 가지 않고 더 멀어지는 길을 가고 있다. 본성과 완전히 어긋난 행동이다. 벧세메스로 가는 길은 오르막이다. 그 오르막을 울면서 힘들게 곧바로 갔다. **블레셋 방백들은 벧세메스 경계선까지 따라 가니라.** 벧세메스는 이스라엘의 영토이기 때문에 들어가지 못하고 자신들의 영토 경계선까지 언약궤를 따라온 것으로 보인다. 사람들이 소들을 끈 것이 아니라 소들이 사람들을 끌었다. 방백들은 그들의 제사장들이 말한 것에 따라 이제 이 모든 일이 여호와 하나님의 영광으로 인하여 일어난 일이라고 생각하게 되었을 것이다.

6:13 **밀을 베다가.** 밀을 베는 시기는 5월 말이다. 밀을 베던 사람들이 언약궤가 오는 것을 보고 매우 기뻐하였다.

6:14 **무리가 수레의 나무를 패고 그 암소들을 번제불로 여호와께 드리고.** 언약궤를 싣고 온 수레 나무와 암소로 번제물을 드렸다. 잘하고 있는 것 같다. 그러나 번제물은 본래 '흠 없는 수소'로 드려야 한다. 그들이 레위인이고 하나님께 제사하고 있지만 조금 부족하다는 것을 볼 수 있다.

6:15 **여호와의 궤와 그 궤와 함께 있는 금 보물 담긴 상자를 내려다가 큰 돌 위에 두매.** 그들은 금 보물 상자도 귀하게 여긴 것으로 보인다.

20 벧세메스 사람들이 이르되 이 거룩하신 하나님 여호와 앞에 누가 능히 서리요 그를 우리에게서 누구에게로 올라가시게 할까 하고

So the men of Beth Shemesh said, "Who can stand before the LORD, this holy God? Where can we send him to get him away from us?"

21 전령들을 기럇여아림 주민에게 보내어 이르되 블레셋 사람들이 여호와의 궤를 도로 가져왔으니 너희는 내려와서 그것을 너희에게로 옮겨 가라

They sent messengers to the people of Kiriath Jearim to say, "The Philistines have returned the LORD's Covenant Box. Come down and fetch it."

6:18 금 쥐. 블레셋의 성읍들을 위해 그들이 드린 것이다. 그런데 그것을 뭐가 좋다고 언약궤와 함께 나란히 돌 위에 올려놓았을까? 금이라서 귀한 것일까? 아마 그렇게 생각한 사람들이 많을 것이다. 그러나 그것은 결코 언약궤 옆에 두어서는 안 되는 것이다. 그들은 제사하고 있지만 많이 부족하였다.

6:19 여호와의 궤를 들여다 본 까닭에 그들을 치사. '들여다 본'이라는 단어는 뚜껑을 열고 그 안을 들여다본 것을 의미할 수도 있고 그냥 본 것을 의미할 수도 있다. 아마 뚜껑을 열어 들여다 보지는 않았을 것 같다. 그래도 그들이 레위인이고 이스라엘 백성인데 어찌 언약궤 뚜껑을 열어보는 황당한 일을 하였을까? 만약 그렇게 하였다면 그들은 완전히 치명적인 잘못을 한 것이다. 그런데 그들이 언약궤를 그냥 본 것도 문제다. 언약궤는 지성소 안에 있어야 하는 거룩한 것이다. 대제사장만 일 년에 한 번 볼 수 있다. 그러나 지금 블레셋에 빼앗겨서 치욕의 7개월 이후 이제 돌아왔다. 그렇다면 지금은 그냥 그렇게 보아도 되는 것일까? 아니다. 이스라엘 백성들이 블레셋 사람들처럼 그렇게 언약궤를 호기심으로 가벼이 보았다면 그것도 문제다. 언약궤를 대할 때 태양을 눈 뜨고 볼 수 없듯이 감히 쳐다볼 수 없었어야 한다. 그냥 눈으로 보면 그것은 금도금을 한 화려한 궤이지만 믿음으로 보면 하나님의 영광의 임재요 그 앞에서는 결코 고개를 제대로 들 수 없어야 한다. 언약궤를 본 블레셋 사람들은 멀쩡하였다. 그러나 그것을 본 이스라엘 백성들은 죽임을 당하였다. 너무 한 것처럼 생각들 수 있지만 아니다. 조금 더 안다면 그에 합당한 책임이 있다. 그들은 하나님의 백성이요 레위인이기에 더욱더 책임이 있다. **(오만) 칠십 명을 죽이신지라.** 구약 히브리어 성경은 오만 칠십명으로 되어 있으나 헬라어로 번역한 칠십인역은 칠십명으로 기록되어 있다. 오만 칠십 명은 너무 많고, 칠십 명이기에는 너무 적은 것 같다. 아마 칠십 명이 맞을 것 같다. 벧세메스에서 언약궤가 돌아왔다 하여 모든 사람이 모인 것이 아니라 두려움으로 모이지 않은 사람도 있는 것 같다. 어쩌면 그것을 보았어도 가벼이 본 사람만 죽임을

당한 것일 수도 있다.

6:21 기럇여아림 주민에게 보내어…내려와서 그것을 너희에게로 옮겨 가라. 벧세메스 사람들은 그들이 이스라엘 백성이요 레위인이었음에도 불구하고 언약궤를 감당하지 못하였다. 그래서 기럇여아림 사람에게 도움을 청하였다. 기럇 여아림 사람들은 여호수아 때에 가나안 민족이었지만 죽임을 면한 대신 거짓말한 대가로 종살이를 하게 된 사람들이다. "그러므로 너희가 저주를 받나니 너희가 대를 이어 종이 되어 다 내 하나님의 집을 위하여 나무를 패며 물을 긷는 자가 되리라 하니"(수 9:23) '여호와의 집'을 위하여 종살이를 하던 사람들이다. 그래서 그들은 언약궤에 대해서도 어떻게 다루어야 하는지 익숙하게 알고 있었다. 그래서 그들에게 언약궤를 옮겨가라 하는 것이다.

1 기럇여아림 사람들이 와서 여호와의 궤를 옮겨 산에 사는 아비나답의 집에 들여놓고 그의 아들 엘리아살을 거룩하게 구별하여 여호와의 궤를 지키게 하였더니

So the people of Kiriath Jearim fetched the LORD's Covenant Box and took it to the house of a man named Abinadab, who lived on a hill. They consecrated his son Eleazar to be in charge of it.

2 궤가 기럇여아림에 들어간 날부터 이십 년 동안 오래 있은지라 이스라엘 온 족속이 여호와를 사모하니라

The Covenant Box of the LORD stayed in Kiriath Jearim a long time, some twenty years. During this time all the Israelites cried to the LORD for help.

3 사무엘이 이스라엘 온 족속에게 말하여 이르되 만일 너희가 전심으로 여호와께 돌아오려거든 이방 신들과 아스다롯을 너희 중에서 제거하고 너희 마음을 여호와께로 향하여 그만을 섬기라 그리하면 너희를 블레셋 사람의 손에서 건져내시리라

Samuel said to the people of Israel, "If you are going to turn to the LORD with all your hearts, you must get rid of all the foreign gods and the images of the goddess Astarte. Dedicate yourselves completely to the LORD and worship only him, and he will rescue you from the power of the Philistines."

4 이에 이스라엘 자손이 바알들과 아스다롯을 제거하고 여호와만 섬기니라

So the Israelites got rid of their idols of Baal and Astarte, and worshipped only the LORD.

5 사무엘이 이르되 온 이스라엘은 미스바로 모이라 내가 너희를 위하여 여호와께 기도하리라 하매

Then Samuel sent for all the Israelites to meet at Mizpah, saying, "I will pray to the LORD for you there."

6 그들이 미스바에 모여 물을 길어 여호와 앞에 붓고 그 날 종일 금식하고 거기에서 이르되 우리가 여호와께 범죄하였나이다 하니라 사무엘이 미스바에서 이스라엘 자손을 다스리니라

So they all gathered at Mizpah. They drew some water and poured it out as an offering to the LORD and fasted that whole day. They said, "We have sinned against the LORD." (It was at Mizpah that Samuel settled disputes among the Israelites.)

7장

7:1 기럇여아림 사람들이 와서 여호와의 궤를 옮겨. 블레셋은 언약궤를 감당할 수 없어 이스라엘에 되돌려 보냈다. 언약궤는 벧세메스에서의 한바탕 소란 이후에 기럇여아림 아비나답의 집에 들여놓았다. **엘리아살을 거룩하게 구별하여 여호와의 궤를 지키게 하였더니.** 언약궤에 대한 바른 자세가 이루어졌다. 블레셋에서 그리고 벧세메스에서의 잘못 이후 아비나답 집에서 이제야 조금 정상이 되었다.

7:2-17은 사무엘이 사사로 사역한 이야기이다.

7:2 이스라엘 온 족속이 여호와를 사모하니라. '사모'는 '슬퍼하다'로 번역하는 것이 더 낫다. 이스라엘 백성이 애가를 부르며 슬퍼하였다. **이십 년 동안 오래 있은지라.** 언약궤를 빼앗긴 이후 이스라엘은 블레셋에 유린되었다. 그 기간 동안 슬퍼한 것을 말하는 것이다. 나라가 블레셋에 의해 유린되었다. 참으로 슬픈 일이다. 다행히 언약궤는 이스라엘에 돌아와 있었다. 언약궤에 대한 이야기를 그들은 들었을 것이다. 언약궤를 빼앗겼을 때 절망을 느꼈을 것이다. 그러나 언약궤가 돌아왔을 때 그리고 특히 벧세메스에서의 참사를 들었을 때 그들은 무엇인가를 더 생각하게 된 것 같다. 그들은 자신들의 죄를 슬퍼하였다. 언약궤가 문제가 아니라 자신들의 죄가 지금의 슬픈 상황을 만들었다는 것을 알았다. 언약궤는 이스라엘에 돌아왔으나 자신들의 처지는 돌아오지 않은 것을 슬퍼하였다. 자신들이 하나님 앞에 바로 서 있지 못한 것 때문에 그렇게 된 것이라 생각하며 슬퍼하였다. 그렇게 20년이라는 기간이 지나갔다. 20년은 결코 짧은 시간이 아니다. 그러나 긴 시간도 아니다. 회개의 기간이다. 사람들은 회개를 보통 짧은 어떤 순간으로 생각하는 경향이 있다. 그러나 회개를 위한 기간이 필요하다. 깊이 슬퍼하고 깊이 후회하며 깊이 돌아서기 위해 시간이 필요하다.

7 이스라엘 자손이 미스바에 모였다 함을 블레셋 사람들이 듣고 그들의 방백들이 이스라엘을 치러 올라온지라 이스라엘 자손들이 듣고 블레셋 사람들을 두려워하여

When the Philistines heard that the Israelites had gathered at Mizpah, the five Philistine kings started out with their men to attack them. The Israelites heard about it and were afraid,

8 이스라엘 자손이 사무엘에게 이르되 당신은 우리를 위하여 우리 하나님 여호와께 쉬지 말고 부르짖어 우리를 블레셋 사람들의 손에서 구원하시게 하소서 하니

and said to Samuel, "Keep praying to the LORD our God to save us from the Philistines."

9 사무엘이 젖 먹는 어린 양 하나를 가져다가 온전한 번제를 여호와께 드리고 이스라엘을 위하여 여호와께 부르짖으매 여호와께서 응답하셨더라

Samuel killed a young lamb and burnt it whole as a sacrifice to the LORD. Then he prayed to the LORD to help Israel, and the LORD answered his prayer.

10 사무엘이 번제를 드릴 때에 블레셋 사람이 이스라엘과 싸우려고 가까이 오매 그 날에 여호와께서 블레셋 사람에게 큰 우레를 발하여 그들을 어지럽게 하시니 그들이 이스라엘 앞에 패한지라

While Samuel was offering the sacrifice, the Philistines moved forward to attack; but just then the LORD thundered from heaven against them. They became completely confused and fled in panic.

11 이스라엘 사람들이 미스바에서 나가서 블레셋 사람들을 추격하여 벧갈 아래에 이르기까지 쳤더라

The Israelites marched out from Mizpah and pursued the Philistines almost as far as Bethcar, killing them along the way.

12 사무엘이 돌을 취하여 미스바와 센 사이에 세워 이르되 여호와께서 여기까지 우리를 도우셨다 하고 그 이름을 에벤에셀이라 하니라

Then Samuel took a stone, set it up between Mizpah and Shen, and said, "The LORD has helped us all the way"—and he named it "Stone of Help".

13 이에 블레셋 사람들이 굴복하여 다시는 이스라엘 지역 안에 들어오지 못하였으며 여호와의 손이 사무엘이 사는 날 동안에 블레셋 사람을 막으시매

So the Philistines were defeated, and the LORD prevented them from invading Israel's territory as long as Samuel lived.

7:3 사무엘이 이스라엘 온 족속에게 말하여 이르되. 20년이 지난 어느 날 사무엘이 말하였다. 물론 이전에도 사무엘은 계속 말하였을 것이다. 아마 지금 사무엘이 말하는 것은 이제 회개의 결정적인 순간이 되었음을 의미한다. **이방신들과 아스다롯을 너희 중에서 버리고...섬기라.** 회개를 위해 3가지를 말한다. 1.전심으로 여호와께 돌아가는 것. 2.이방신들을 자신들 가운데 제거하는 것. 3.여호와께로 향하여 그만을 섬기는 것. 사람들은 자신들도 모르게 이러저러한 이유로 세상에 빠져 있다. 그러할 때에 다시 점검해야 한다. 세상 모든 것은 부차적인 것이요 오직 하나님을 사랑하는 것이 유일한 것임을 다시 정리해야 한다. 그것이 전심으로 하나님만을 향하는 것이다. 필요하다면 세상의 것을 포기해야 한다. 말로는 하나님만을 섬긴다 하면서도 실제로는 그렇지 않을 때가 많다. **그리하면 너희를 블레셋 사람의 손에서 건져내시리라.** 블레셋의 압제에서 벗어나기 위해서 다른 것이 필요한 것이 아니다. 오직 하나님께 향하는 것이 필요하다.

7:6 물을 길어 여호와 앞에 붓고. 마음을 모두 쏟아 놓는 것에 대한 상징이다. 마음을 온전히 하나님께 다 드리는 것이다. **사무엘이 미스바에서 이스라엘 자손을 다스리니라.** 이제 사무엘이 이스라엘의 사사가 되었다. 사무엘은 선지자요 사사요 제사장이 되었다. 사무엘은 이스라엘을 위하여 싸우는 장군은 아니다. 아마 조금 앞선 동시대 사람인 삼손처럼 힘이 강하지도 않았다. 그러나 사무엘은 하나님의 말씀을 전하는 기도하는 사사가 되었다.

7:7 이스라엘 백성이 미스바에 모였다 함을 들은 블레셋 사람들이 군사를 모으고 올라왔다. 이스라엘 백성이 '모였다'하는 것은 반란을 꾀하는 것이기 때문이다. 이스라엘은 그렇게 블레셋의 압제 속에 있었다. 쉬운 대상이었다.

7:10 사무엘이 번제를 드릴 때에. 사무엘은 예배함으로 블레셋에 맞섰다. **여호와께**

14 블레셋 사람들이 이스라엘에게서 빼앗았던 성읍이 에그론부터 가드까지 이스라엘에게 회복되니 이스라엘이 그 사방 지역을 블레셋 사람들의 손에서 도로 찾았고 또 이스라엘과 아모리 사람 사이에 평화가 있었더라

All the cities which the Philistines had captured between Ekron and Gath were returned to Israel, and so Israel got back all its territory. And there was peace also between the Israelites and the Canaanites.

15 사무엘이 사는 날 동안에 이스라엘을 다스렸으되

Samuel ruled Israel as long as he lived.

16 해마다 벧엘과 길갈과 미스바로 순회하여 그 모든 곳에서 이스라엘을 다스렸고

Every year he would go round to Bethel, Gilgal, and Mizpah, and in these places he would settle disputes.

17 라마로 돌아왔으니 이는 거기에 자기 집이 있음이니라 거기서도 이스라엘을 다스렸으며 또 거기에 여호와를 위하여 제단을 쌓았더라

Then he would go back to his home in Ramah, where also he would serve as judge. In Ramah he built an altar to the LORD.

서 블레셋 사람에게 큰 우레를 발하여 그들을 어지럽게 하시니. 하나님께서 큰 우레로 블레셋 사람들을 치셨다. 결국 이스라엘이 블레셋을 이겼다. 블레셋의 오랜 압제에서 이스라엘이 벗어나는 순간이다.

7:11 이 전쟁을 통해 이스라엘은 블레셋에서 완전히 벗어날 수 있게 되었다. 이제 블레셋은 이스라엘을 쉽게 여기지 못한다. 회개의 열매로 이스라엘이 완전히 회복되었다. 회개하지 않았다면 이스라엘은 그렇게 블레셋의 영향 아래에서 계속 살게 되고 민족의 정체성도 잃을 뻔하였다. 회개로 인하여 그들은 다시 일어설 수 있었다.

7:12 돌을 취하여 미스바와 센 사이에 세워 이르되 여호와께서 여기까지 우리를 도우셨다. '에벤에셀'은 '도움의 돌'이라는 뜻이다. 이 돌을 통해 '여기까지 도우셨다'는 것을 나타내고자 하였다. '여기까지'는 다양하게 해석 가능하다. 흔히 생각하는 것처럼 인생을 살면서 도착한 어느 한 지점을 의미하는 것은 아니다. 1.장소적으로 '여기 지점까지'일 수 있다. 미스바에 올라온 블레셋 군인들을 이곳까지 무찔렀다는 의미일 수 있다. 장소로 본다면 이곳은 너무 이스라엘 쪽(동쪽)이다. 이후에 블레셋은 더 아래로 내려 앉게 되었을 것이다. 2.시간적으로 '지금까지'일 수도 있다. 이후의 왕권시대와 연결하여 조금 부정적으로 해석하는 경우다. 3.본문이 조금 누락되었다고 생각하며 '이것이 증거물이다'라고 이해해야 한다고 주장하기도 한다. 나는 '승리의 자리'로 해석하는 것이 좋다고 생각한다. 승리한 후 승리를 기념하여 만든 비석이다.
이전에 언약궤를 빼앗긴 전투가 아벡과 에벤에셀이라는 도시이다. 이스라엘은 에벤에셀에서 진을 치고 있었다. 그때의 전투는 참으로 치욕적인 실패의 자리였다. 그 때의 패배 이후 이스라엘은 초토화되었다. 그들은 실패의 정신으로 가득하였다. 무엇보다 언약궤를 잃었기에 그들은 구심점을 잃었다. 모든 소망을 잃었다.

엘리도 죽었다. 그들은 아마 파죽지세로 몰려 실로도 파괴되었다. 그곳에 있던 '여호와의 전'도 파괴되었을 것이다. 고고학에서 발견한 실로는 그 시대에 파괴된 것으로 나타난다. 그 이후에 실로는 도시의 역할을 잃었다. 이스라엘은 블레셋의 압제 속에서 마치 속국처럼 살아야 했다. 에벤에셀은 그렇게 이스라엘이 기억하는 실패의 자리이다. 놀랍게도 이번에는 도시가 아니라 돌에 그 도시와 동일한 이름을 사용하였다. 이 이름은 분명히 20년이 조금 더 지난 그때의 전쟁과 실패를 생각하며 이름을 붙인 것 같다. 치욕적인 실패의 자리이다. '도움의 돌'이라는 이름을 가지고 있었지만 그때는 전쟁에서 패하였었다. 그때는 언약궤까지 함께 하였었다. 그러나 전쟁에서 패하였다. 그렇게 철저히 실패의 자리였던 도시의 이름을 이제 승리의 자리에서 기념석에 이름 붙였다. 그것은 이전의 실패를 철저히 기억하는 것이다. 패배의 자리를 기억해야 한다. 어쩌면 승리의 자리보다 더 잘 기억해야 한다. 그래야 다시 패배하지 않는다. 우리도 패배의 자리 이름이 있는가? 그 자리에서 회개함으로 승리의 자리로 바꾸라. 패배의 자리로 끝나면 안 된다.

7:14 회복...도로 찾았고...평화가 있었더라. 회개한 백성 가운데 하나님께서 함께 하신다. 하나님의 도움이 늘 함께 한다. 하나님께서 도우심으로 승리가 이어졌다.

7:17 거기에 여호와를 위하여 제단을 쌓았더라. 이전에는 실로에 제단이 있었다. 그러나 아마 실로는 완전히 파괴되었기 때문에 라마에 제단을 만들었던 것 같다. 승리는 예배로 이어져야 한다. 제단을 만들어 하나님께 감사하며 하나님께 나갔다. 승리하며 예배하는 것만큼 복된 인생이 어디 있을까? 예배의 자리를 회복하라. 그래야 승리의 자리도 회복되고 더 굳건해질 것이다. 예배의 자리를 회복하지 않으면 승리의 자리도 의미가 없다. 다시 패배의 자리로 가는 것은 시간 문제이다. 그러니 빨리 예배의 자리를 회복해야 한다.

1 사무엘이 늙으매 그의 아들들을 이스라엘 사사로 삼으니

When Samuel grew old, he made his sons judges in Israel.

2 장자의 이름은 요엘이요 차자의 이름은 아비야라 그들이 브엘세바에서 사사가 되니라

The elder son was named Joel and the younger one Abijah; they were judges in Beersheba.

3 그의 아들들이 자기 아버지의 행위를 따르지 아니하고 이익을 따라 뇌물을 받고 판결을 굽게 하니라

But they did not follow their father's example; they were interested only in making money, so they accepted bribes and did not decide cases honestly.

4 이스라엘 모든 장로가 모여 라마에 있는 사무엘에게 나아가서

Then all the leaders of Israel met together, went to Samuel in Ramah,

5 그에게 이르되 보소서 당신은 늙고 당신의 아들들은 당신의 행위를 따르지 아니하니 모든 나라와 같이 우리에게 왕을 세워 우리를 다스리게 하소서 한 지라

and said to him, "Look, you are getting old and your sons don't follow your example. So then, appoint a king to rule over us, so that we will have a king, as other countries have."

6 우리에게 왕을 주어 우리를 다스리게 하라 했을 때에 사무엘이 그것을 기뻐하지 아니하여 여호와께 기도하매

Samuel was displeased with their request for a king; so he prayed to the LORD,

7 여호와께서 사무엘에게 이르시되 백성이 네게 한 말을 다 들으라 이는 그들이 너를 버림이 아니요 나를 버려 자기들의 왕이 되지 못하게 함이니라

and the LORD said, "Listen to everything the people say to you. You are not the one they have rejected; I am the one they have rejected as their king.

8 내가 그들을 애굽에서 인도하여 낸 날부터 오늘까지 그들이 모든 행사로 나를 버리고 다른 신들을 섬김 같이 네게도 그리하는도다

Ever since I brought them out of Egypt, they have turned away from me and worshipped other gods; and now they are doing to you what they have always done to me.

9 그러므로 그들의 말을 듣되 너는 그들에게 엄히 경고하고 그들을 다스릴 왕의 제도를 가르치라

So then, listen to them, but give them strict warnings and explain how their kings will treat them."

8장

8:1-22은 사사 제도에서 왕 제도로의 변화에 대한 이야기이다.

8:5 모든 나라와 같이 우리에게 왕을 세워 우리를 다스리게 하소서. 백성들이 왕을 요청하였다. 그 기준은 '다른 나라'였다. 하나님의 뜻이 아니다. 다른 이방 나라이다. 이방 나라를 보니 왕이 있고 왕은 큰 집에 살고 힘이 강하였다. 그들은 강하고 멋있는 왕에 의해 통치를 받으면 좋겠다고 생각하였다. 그들은 왕의 강함이 고스란히 그들의 강함이 된다고 생각한 것 같다. 이스라엘은 하나님이 그들의 왕이다. 그들이 왕을 요구한다는 것은 '다른 왕'을 요구하는 것이다. 반역이다.

8:7 그들이 너를 버림이 아니요. 이스라엘 백성들이 왕을 요구하였을 때 사무엘은 마음이 상하였다. 사사인 자신을 두고 왕을 세워 달라고 하는 것이기 때문이다. 세상을 따라가는 모습 때문이다. **나를 버려 자기들의 왕이 되지 못하게 함이니라.** 그들이 '왕을 세워 달라'는 것은 사무엘을 버린 것이 아니라 하나님을 버린 것이라는 말씀이다. 하나님께서 왕제도와 믿음을 연결하시는 것은 이상한 것이 아니다. 고대 근동에서는 일반적으로 왕은 종교와 매우 밀접한 관련이 있었다. 애굽에서 왕은 신 자체로 예배의 대상이었다. 바벨론에서는 왕 제도는 인류를 위해 신이 고안한 제도로서 가장 기본적인 제도로 여겼다. 신은 왕의 후원자요 보증이다. 바벨론에서는 왕을 신의 하나로 여기지는 않았다. 그러나 신과 가장 밀접한 사람으로 신적인 존재였다. 그들에게 있어 왕은 존재론적으로 일반 사람과 달랐다. 왕은 신의 대언자로서 중재자적 위치였다. 그러기에 결국 왕은 신의 자리를 차지하였다. 왕을 요구한다는 것은 그들이 믿는 '여호와 하나님'을 버리고 '왕 하나님'을 섬기겠다는 것과 같았다. 신의 법이 아니라 왕의 법을 따르는 것이 된다.

10 사무엘이 왕을 요구하는 백성에게 여호와의 모든 말씀을 말하여

Samuel told the people who were asking him for a king everything that the LORD had said to him.

11 이르되 너희를 다스릴 왕의 제도는 이러하니라 그가 너희 아들들을 데려다가 그의 병거와 말을 어거하게 하리니 그들이 그 병거 앞에서 달릴 것이며

"This is how your king will treat you," Samuel explained. "He will make soldiers of your sons; some of them will serve in his war chariots, others in his cavalry, and others will run before his chariots.

12 그가 또 너희의 아들들을 천부장과 오십부장을 삼을 것이며 자기 밭을 갈게 하고 자기 추수를 하게 할 것이며 자기 무기와 병거의 장비도 만들게 할 것이며

He will make some of them officers in charge of a thousand men, and others in charge of fifty men. Your sons will have to plough his fields, harvest his crops, and make his weapons and the equipment for his chariots.

13 그가 또 너희의 딸들을 데려다가 향료 만드는 자와 요리하는 자와 떡 굽는 자로 삼을 것이며

Your daughters will have to make perfumes for him and work as his cooks and his bakers.

14 그가 또 너희의 밭과 포도원과 감람원에서 제일 좋은 것을 가져다가 자기의 신하들에게 줄 것이며

He will take your best fields, vineyards, and olive groves, and give them to his officials.

15 그가 또 너희의 곡식과 포도원 소산의 십일조를 거두어 자기의 관리와 신하에게 줄 것이며

He will take a tenth of your corn and of your grapes for his court officers and other officials.

16 그가 또 너희의 노비와 가장 아름다운 소년과 나귀들을 끌어다가 자기 일을 시킬 것이며

He will take your servants and your best cattle and donkeys, and make them work for him.

17 너희의 양 떼의 십분의 일을 거두어 가리니 너희가 그의 종이 될 것이라

He will take a tenth of your flocks. And you yourselves will become his slaves.

8:8 애굽에서 인도하여 낸 날부터 오늘까지 그들이 모든 행사로 나를 버리고. 그들의 수많은 행사가 실제로는 하나님을 버리는 행위였다는 말씀이다. 그들은 '우리가 언제 그랬습니까?'라고 말할지도 모르겠다. 그러나 그들은 하나님을 버리고 있었다. 그리고 지금 매우 강하게 하나님을 버리고 있으면서도 그것을 잘 모르고 있다. 사람들이 하나님을 버리는 것은 뿌리 깊은 행위이다. 사람은 죄악으로 인하여 하나님을 버리고 다른 신들을 섬긴다. 우상을 섬긴다. 창조주이신 하나님이 아니라 다른 것을 더 좋아한다. 더 순종한다. 인생은 자유를 찾는 여정이 아니라 주인을 찾는 여정이다. 자유를 찾아 아담은 선악과를 먹었고 탕자는 집을 떠났다. 그러나 그들이 얻은 것은 자유가 아니라 죽음이었고 속박이었다. 하나님 안에서만 생명과 참 자유가 있다. 하나님 안에서만 아버지의 포근한 사랑이 있다. 그 밖은 죽음이었고 인생을 낭비하고 무너뜨리는 거짓이었다. 오직 하나님을 찾을 때 그 안에 영원한 생명과 사랑이 있다.

9절-17절은 하나님께서 이스라엘 백성에게 가르쳐 주신 왕의 폐단에 대한 이야기이다. 다른 면으로는 힘의 폐단이라고도 할 수 있다. 왕은 나라 안에서 절대 힘을 가지고 있다.

8:11 너희를 다스릴 왕의 제도. 사사는 기본적으로 '옳고 그름을 판단하는 자'이다. 외부의 침입에서 구원하는 것도 결국은 하나님의 뜻을 바르게 분별함으로 구하는 것이다. 그런데 왕은 '다스리는 사람'이다. **너희 아들들을 데려다가 그의 병거와 말을 어거하게 하리니.** '병거'가 히브리어로 단수이다. 이 병사들은 호위의 측면도 있겠지만 왕의 명예를 드러내는 겉치레로 함께하는 것으로 보인다. 왕이 자신의 겉치레를 위해 사람들을 사용한다. 오늘날 사람들이 명품을 사용하는 것도 비슷할 수 있다. 어느 측면은 힘의 과용일 것이다. 자신의 겉치레를 위해 다른 사람들의 생명과 같은 돈을 과하게 사용하는 것이 될 수 있다. 우리 나라의 1인당 명품 소

18 그 날에 너희는 너희가 택한 왕으로 말미암아 부르짖되 그 날에 여호와께서 너희에게 응답하지 아니하시리라 하니

When that time comes, you will complain bitterly because of your king, whom you yourselves chose, but the LORD will not listen to your complaints."

19 백성이 사무엘의 말 듣기를 거절하여 이르되 아니로소이다 우리도 우리 왕이 있어야 하리니

The people paid no attention to Samuel, but said "No! We want a king,

20 우리도 다른 나라들 같이 되어 우리의 왕이 우리를 다스리며 우리 앞에 나가서 우리의 싸움을 싸워야 할 것이니이다 하는지라

so that we will be like other nations, with our own king to rule us and to lead us out to war and to fight our battles."

21 사무엘이 백성의 말을 다 듣고 여호와께 아뢰매

Samuel listened to everything they said and then went and told the LORD.

22 여호와께서 사무엘에게 이르시되 그들의 말을 들어 왕을 세우라 하시니 사무엘이 이스라엘 사람들에게 이르되 너희는 각기 성읍으로 돌아가라 하니라

The LORD answered, "Do what they want and give them a king." Then Samuel told all the men of Israel to go back home.

비가 세계1위라고 한다.

8:12 자기 밭을 갈게 하고. '자기'가 12절 안에만 5번(히브리어 본문) 나온다. 왕이 힘을 가지고 백성을 위해 사용하는 것이 아니라 자기를 위해 사용한다는 것을 강조하여 말한다. 힘이 있다는 것은 다른 사람의 힘이 그 사람에게 모였다는 것을 의미한다. 그러기에 다른 사람을 위해 사용해야 한다. 그것이 공정이다. 그런데 힘을 가진 사람들이 자기를 위해 사용한다. 그렇게 자기를 위해 사용함으로 그는 힘의 영향력을 누리겠지만 결국은 죄악을 누리는 것이 된다. 그만큼 누군가는 힘을 사용하지 못하기 때문이다. 오늘날 모든 힘들이 그러하다.

8:14 너희의 밭...가져다가 자기의 신하들에게 줄 것이며. '자신의 신하들에게 주는 것'은 일종의 자기 사랑이다. 자기의 힘을 더욱 크게 하기 위해 신하들에게 주는 것이다. 그렇게 왕은 자기의 힘을 위해서만 자신의 힘을 사용하는 경향이 있다.

8:17 너희가 그의 종이 될 것이라. 하나님은 우리의 왕이시지만 그 분은 우리를 자녀 삼으신다. 그런데 세상 왕은 힘 없는 사람에게 관심이 없다. 단지 자신의 힘의 지배를 받는 사람일 뿐이다. 힘 없는 사람은 그에게 '종'이다. 힘 있는 자신을 섬기는 힘 없는 종일 뿐이다.

8:18 너희가 택한 왕으로 말미암아 부르짖되. '부르짖되'는 사사기 시대에 외세의 침략과 약탈로 인하여 이스라엘 백성들이 부르짖는 것과 같은 단어이다. 이스라엘의 왕이지만 오히려 그들이 외세의 침략자처럼 백성을 괴롭힐 것이다. **그 날에 여호와께서 너희에게 응답하지 아니하시리라.** 그들이 힘 있는 왕을 구하였으니 그 왕으로 인하여 고통 당할 때 하나님께 구원을 요청하지 말라는 것이다

8:19 우리도 우리 왕이 있어야 하리니. 백성들은 사무엘을 통한 하나님의 말씀을 거절하였다. 왕이 힘을 가지고 있으면 왕과 함께 힘을 함께 할 수 있을 것이라고 생각하였다.

8:20 우리도 다른 나라들 같이 되어. 그들은 다른 나라들을 보았다. 그러나 피상적인 것만 보고 있다. '우리'가 반복하여 나오고 있다. 그런데 힘은 그렇게 공유되지 않는다. 힘은 소수의 사람들이 가지고 있지 결코 '우리'가 함께 가지지 못한다. 더 많은 사람들이 나누어 가지면 힘을 더 많이 사용하지 못하기 때문이다. 소수이면 소수일수록 더 많은 것을 가질 수 있기 때문에 자기들만의 '우리'이지 결코 모든 백성과 함께 하지 않는다.

1 베냐민 지파에 기스라 이름하는 유력한 사람이 있으니 그는 아비엘의 아들이요 스롤의 손자요 베고랏의 증손이요 아비아의 현손이며 베냐민 사람이더라

There was a wealthy and influential man named Kish, from the tribe of Benjamin; he was the son of Abiel and grandson of Zeror, and belonged to the family of Becorath, a part of the clan of Aphiah.

2 기스에게 아들이 있으니 그의 이름은 사울이요 준수한 소년이라 이스라엘 자손 중에 그보다 더 준수한 자가 없고 키는 모든 백성보다 어깨 위만큼 더 컸더라

He had a son named Saul, a handsome man in the prime of life. Saul was a head taller than anyone else in Israel and more handsome as well.

3 사울의 아버지 기스가 암나귀들을 잃고 그의 아들 사울에게 이르되 너는 일어나 한 사환을 데리고 가서 암나귀들을 찾으라 하매

Some donkeys belonging to Kish had wandered off, so he said to Saul, "Take one of the servants with you and go and look for the donkeys."

4 그가 에브라임 산지와 살리사 땅으로 두루 다녀 보았으나 찾지 못하고 사알림 땅으로 두루 다녀 보았으나 그 곳에는 없었고 베냐민 사람의 땅으로 두루 다녀 보았으나 찾지 못하니라

They went through the hill country of Ephraim and the region of Shalishah, but did not find them; so they went on through the region of Shaalim, but the donkeys were not there. Then they went through the territory of Benjamin, but still did not find them.

5 그들이 숩 땅에 이른 때에 사울이 함께 가던 사환에게 이르되 돌아가자 내 아버지께서 암나귀 생각은 고사하고 우리를 위하여 걱정하실까 두려워하노라 하니

When they came into the region of Zuph, Saul said to his servant, "Let's go back home, or my father might stop thinking about the donkeys and start worrying about us."

6 그가 대답하되 보소서 이 성읍에 하나님의 사람이 있는데 존경을 받는 사람이라 그가 말한 것은 반드시 다 응하나니 그리로 가사이다 그가 혹 우리가 갈 길을 가르쳐 줄까 하나이다 하는지라

The servant answered, "Wait! In this town there is a holy man who is highly respected because everything he says comes true. Let's go to him, and maybe he can tell us where we can find the donkeys."

9장

9:1-11:15은 이스라엘이 사사 제도에서 왕 제도로 바뀌는 것에 대한 이야기이다. 첫 왕인 사울이 세워진다.

9:1 기스라 이름하는 유력한 사람이 있으니. '유력한'은 재산이 많고 인격 등이 훌륭한 사람을 말할 때 자주 사용한다. 보아스에 대한 묘사에서도 이 단어를 사용하였다.

9:2 그의 이름은 사울이요 준수한 소년이라. '준수한'은 히브리어 '토브(좋은)'를 번역한 것인데 여기에서는 외적인 모습과 관련되어 사용하고 있다. **키는 모든 백성보다 어깨 위만큼 더 컸더라.** 키가 다른 사람보다 탁월하게 더 컸다. 큰 키는 사람들이 보기에 영웅적인 자질로 보이기에 충분하였다.

좋은 집안과 훌륭한 외모는 사람들이 사울을 왕으로 받아들이기에 매우 좋은 조건이었다. 그러나 하나님께서 보시기에는 좋은 조건이 아니다. 그런데 왜 사울이 이스라엘의 첫 왕으로 세워졌을까? 왕이 세워지는 환경을 생각해 보아야 한다. 이스라엘에 첫 왕이 세워지고 있다. 이 왕은 하나님께서 원하셔서 세워지는 것이 아니라 이스라엘 백성이 원하여 세워지는 것이다. 하나님께서 원하시는 사람을 세워주신들 그들은 반대하였을 것이다. 그들이 좋아하는 왕을 세워야 그들이 받아들일 것이다. 하나님께서 세상을 통치하신다. 그러나 사실 세상의 실제 상황을 보라. 사람들이 좋아하는 것을 선택하면서 역사가 진행된다. 하나님의 통치는 기계적인 통치가 아니다. 사람들을 존중하는 통치이다. 그래서 사람이 무엇을 좋아하는지가 매우 중요하다. 자신이 좋아하는 것을 선택하고 하나님께서 왜 그런 통치를 하셨는지 원망하지 말아야 한다. 하나님의 통치를 진정 원한다면 자신이 좋아하는 것을 생각하기 전에 하나님께서 기뻐하시는 것이 무엇인지를 먼저 물어야

7 사울이 그의 사환에게 이르되 우리가 가면 그 사람에게 무엇을 드리겠느냐 우리 주머니에 먹을 것이 다하였으니 하나님의 사람에게 드릴 예물이 없도다 무엇이 있느냐 하니

"If we go to him, what can we give him?" Saul asked. "There is no food left in our packs, and we haven't anything to give him, have we?"

8 사환이 사울에게 다시 대답하여 이르되 보소서 내 손에 은 한 세겔의 사분의 일이 있으니 하나님의 사람에게 드려 우리 길을 가르쳐 달라 하겠나이다 하더라

The servant answered, "I have a small silver coin. I can give him that, and then he will tell us where we can find them."

9 (옛적 이스라엘에 사람이 하나님께 가서 물으려 하면 말하기를 선견자에게로 가자 하였으니 지금 선지자라 하는 자를 옛적에는 선견자라 일컬었더라)

Saul replied, "A good idea! Let's go." So they went to the town where the holy man lived. As they were going up the hill to the town, they met some young women who were coming out to draw water. They asked these women, "Is the seer in town?" (At that time a prophet was called a seer, and so whenever someone wanted to ask God a question, he would say, "Let's go to the seer.")

10 사울이 그의 사환에게 이르되 네 말이 옳다 가자 하고 그들이 하나님의 사람이 있는 성읍으로 가니라

11 그들이 성읍을 향한 비탈길로 올라가다가 물 길으러 나오는 소녀들을 만나 그들에게 묻되 선견자가 여기 있느냐 하니

12 그들이 대답하여 이르되 있나이다 보소서 그가 당신보다 앞서 갔으니 빨리 가소서 백성이 오늘 산당에서 제사를 드리므로 그가 오늘 성읍에 들어오셨나이다

"Yes, he is," the young women answered. "In fact, he is just ahead of you. If you hurry, you will catch up with him. As soon as you go into the town, you will find him. He arrived in town today because the people are going to offer a sacrifice on the altar on the hill. The people who are invited won't start eating until he gets there, because he has to bless the sacrifice first. If you go now, you will find him before he goes up the hill to eat."

13 당신들이 성읍으로 들어가면 그가 먹으러 산당에 올라가기 전에 곧 만나리이다 그가 오기 전에는 백성이 먹지 아니하나니 이는 그가 제물을 축사한 후에야 청함을 받은 자가 먹음이니이다 그러므로 지금 올라가소서 곧 그를 만나리이다 하는지라

한다. 자신이 좋아하는 것을 경계해야 한다. 사람은 하나님의 통치를 믿는다고 말하면서도 자신이 좋아하는 것을 행하는 경향이 훨씬 더 강하다. 그래서 자신이 좋아하는 것을 잘 관리해야 한다. 하나님의 뜻 안에서 자신이 좋아하는 것을 행하도록 관리해야 한다.

9:3 아들 사울에게 이르되 너는 일어나...암나귀들을 찾으라. 성경은 사울과 관련된 하나의 에피소드를 이야기한다. 사울의 아버지가 나귀를 잃었다. 나귀는 값비싼 동물이었기에 그것을 찾아 나서는 것은 당연하다.

9:4 사울은 3일 동안 30km떨어진 거리(총 70km 정도)까지 돌아다녔지만 나귀를 찾지 못하였다. 이 이야기는 어쩌면 사울이 이스라엘의 목자로서의 자질이 없음을 말하고자 하는 것 같다.

9:5 돌아가자 내 아버지께서...우리를 위하여 걱정하실까 두려워하노라. 사울은 나귀를 찾지 못하고 집에서 6km떨어진 가까운 거리에 이르자 집으로 가자고 말하였다. 그는 결국 나귀 찾기를 포기하였다. 이유는 아버지께서 자신들의 안위를 걱정하실 것이라는 것이다. 그러나 그것은 무능을 덮기 위해 찾은 이유인 것 같다.

9:6 이 성읍에 하나님의 사람이 있는데. 사울의 종은 사무엘의 존재를 잘 알고 있었다. 사무엘이 순회하면서 그의 고향인 라마에도 온다는 것을 알고 있었다. 그런데 사울은 그것에 대해 잘 모르고 있었다. 그는 선지자에 대해 무관심하고 무지하였다. 하나님에 대해 무관심하기 때문일 것이다. **그가 혹 우리가 갈 길을 가르쳐 줄까 하나이다.** 보통 하인은 일하기 싫어 일찍 포기하고 주인의 아들은 자신의 재산이기 때문에 더 찾으려 하는 것이 일반적이다. 그런데 하인은 더 찾으려 하는데 사울이 포기하고 있다. 사울의 무능과 무책임이 드러난다. 하인은 나귀를 찾고자 하

14 그들이 성읍으로 올라가서 그리로 들어갈 때에 사무엘이 마침 산당으로 올라가려고 마주 나오더라
So Saul and his servant went on to the town, and as they were going in, they saw Samuel coming out towards them on his way to the place of worship.

15 사울이 오기 전날에 여호와께서 사무엘에게 알게 하여 이르시되
Now on the previous day the LORD had said to Samuel,

16 내일 이맘 때에 내가 베냐민 땅에서 한 사람을 네게로 보내리니 너는 그에게 기름을 부어 내 백성 이스라엘의 지도자로 삼으라 그가 내 백성을 블레셋 사람들의 손에서 구원하리라 내 백성의 부르짖음이 내게 상달되었으므로 내가 그들을 돌보았노라 하셨더니
"Tomorrow about this time I will send you a man from the tribe of Benjamin; anoint him as ruler of my people Israel, and he will rescue them from the Philistines. I have seen the suffering of my people and have heard their cries for help."

17 사무엘이 사울을 볼 때에 여호와께서 그에게 이르시되 보라 이는 내가 네게 말한 사람이니 이가 내 백성을 다스리리라 하시니라
When Samuel caught sight of Saul, the LORD said to him, "This is the man I told you about. He will rule my people."

18 사울이 성문 안 사무엘에게 나아가 이르되 선견자의 집이 어디인지 청하건대 내게 가르치소서 하니
Then Saul went over to Samuel, who was near the gate, and asked, "Tell me, where does the seer live?"

19 사무엘이 사울에게 대답하여 이르되 내가 선견자이니라 너는 내 앞서 산당으로 올라가라 너희가 오늘 나와 함께 먹을 것이요 아침에는 내가 너를 보내되 네 마음에 있는 것을 다 네게 말하리라
Samuel answered, "I am the seer. Go on ahead of me to the place of worship. Both of you are to eat with me today. Tomorrow morning I will answer all your questions and send you on your way.

20 사흘 전에 잃은 네 암나귀들을 염려하지 말라 찾았느니라 온 이스라엘이 사모하는 자가 누구냐 너와 네 아버지의 온 집이 아니냐 하는지라
As for the donkeys that were lost three days ago, don't worry about them; they have already been found. But who is it that the people of Israel want so much? It is you—you and your father's family."

였으나 찾지 못하여 이 어려운 역경을 헤쳐 나가기 위해 '하나님의 사람에게 묻자'라고 제안하였다.

9:7 하나님의 사람에게 드릴 예물이 없도다. 사울은 하나님의 사람에게 드릴 예물이 없기 때문에 가서 물을 수 없다고 생각하였다. 이것은 아마 핑계일 것이다. 고대 근동에서 점쟁이들은 돈을 받고 말해주었다. 그러나 이스라엘에서는 돈을 받고 말하는 경우가 거의 없다. 예의상 자신들의 일을 물을 때 선물을 가지고 갈 수는 있다. 그러나 그것은 일반적인 상식의 생각이지 꼭 그렇게 해야 하는 것은 아니다. 사울은 종보다도 하나님과 믿음에 관심이 없었던 것이다. 무지했다. 그러나 이스라엘 사람들은 그런 사울을 좋아하며 그들의 왕으로 세우고자 할 것이다.

9:9 하나님께 가서 물으려 하면 말하기를 선견자에게로 가자 하였으니. '선지자에게 묻는 것'은 하나님께 묻는 것이다. 신앙인이 어려움을 만나면 하나님께 물어야 한다. 그런데 사울의 종은 그것을 생각하는데 사울은 그것을 생각하지 못했다.
사울의 겉모습과 에피소드를 보면서 왕의 조건을 갖춘 사울을 보았다. 사울의 왕의 조건은 사람들이 보기에 좋은 조건이었다. 하나님께서 보시는 조건이 아니었다. 그러나 사람들이 왕을 찾고 있기에 하나님께서 그들의 조건에 맞게 사울을 준비해 주셨다. 사람들이 왕을 원하는 것이 좋은 것이 아니다. 외적인 조건을 좋아하는 것도 좋은 것이 아니다. 그런데 하나님께서 그들의 요청에 대해 허용하셨다.

9:16 그에게 기름을 부어 내 백성 이스라엘의 지도자로 삼으라. 사무엘은 왕을 세우고 자신은 사사의 직무에서 벗어날 때가 되었다. **그가 내 백성을 블레셋 사람들의 손에서 구원하리라.** 이 구절에서만 '내 백성'이 세 번이나 나온다. 이스라엘은 하나님의 왕되심을 무시하고 사람 왕을 세우고자 하였다. 하나님께서 기뻐하시는 것이 아니었다. 그런데도 그들이 요구하니 그들에게 왕을 세워 주신다. 하나님께서

21 사울이 대답하여 이르되 나는 이스라엘 지파의 가장 작은 지파 베냐민 사람이 아니니이까 또 나의 가족은 베냐민 지파 모든 가족 중에 가장 미약하지 아니하니이까 당신이 어찌하여 내게 이같이 말씀하시나이까 하니

Saul answered, "I belong to the tribe of Benjamin, the smallest tribe in Israel, and my family is the least important one in the tribe. Why, then, do you talk like this to me?"

22 사무엘이 사울과 그의 사환을 인도하여 객실로 들어가서 청한 자 중 상석에 앉게 하였는데 객은 삼십 명 가량이었더라

Then Samuel led Saul and his servant into the large room and gave them a place at the head of the table where the guests, about 30 in all, were seated.

23 사무엘이 요리인에게 이르되 내가 네게 주며 네게 두라고 말한 그 부분을 가져오라

Samuel said to the cook, "Bring the piece of meat I gave you, which I told you to set aside."

24 요리인이 넓적다리와 그것에 붙은 것을 가져다가 사울 앞에 놓는지라 사무엘이 이르되 보라 이는 두었던 것이니 네 앞에 놓고 먹으라 내가 백성을 청할 때부터 너를 위하여 이것을 두고 이 때를 기다리게 하였느니라 그 날에 사울이 사무엘과 함께 먹으니라

So the cook brought the choice piece of the leg and placed it before Saul. Samuel said, "Look, here is the piece that was kept for you. Eat it. I saved it for you to eat at this time with the people I invited." So Saul ate with Samuel that day.

25 그들이 산당에서 내려 성읍에 들어가서는 사무엘이 사울과 함께 지붕에서 담화하고

When they went down from the place of worship to the town, they made up a bed for Saul on the roof,

26 그들이 일찍이 일어날새 동틀 때쯤이라 사무엘이 지붕에서 사울을 불러 이르되 일어나라 내가 너를 보내리라 하매 사울이 일어나고 그 두 사람 사울과 사무엘이 함께 밖으로 나가서

and he slept there. At dawn Samuel called to Saul on the roof, "Get up, and I will send you on your way." Saul got up, and he and Samuel went out to the street together.

왕을 세워 주실 때도 하나님께서 기뻐하시는 왕이 아니라 백성들이 기뻐하는 왕을 세워 주신다. 여러가지로 하나님의 마음이 아프실 것이다. 그러나 그럼에도 불구하고 하나님은 여전히 백성들의 안위를 먼저 생각하고 계신다. 새로 세워진 왕이 부족하지만 그 왕을 통해 이스라엘을 블레셋의 손에서 구원하실 것이다. **내 백성의 부르짖음이 내게 상달되었으므로 내가 그들을 돌보았노라.** 이스라엘 백성이 못난 백성이었지만 그 안에는 여전히 하나님께 기도하는 이들이 있었다. 하나님께서 그들의 기도를 들으셨다. 우리가 사는 세상은 참 많은 못난 사람들이 있다. 그들의 못남을 대하면 마음이 상한다. 그러나 못난 사람들은 늘 있을 것이다. 그들 때문에 마음 상하지 말고 그럼에도 불구하고 사랑하고 돕는 사람이 되어야 한다. 하나님께서 이스라엘 백성을 돌보시는 것처럼 말이다. 그들이 못났으면 그 못남을 채우기 위해서라도 옆에서 기도하는 사람이 되어야 한다. 하나님께서 그들의 못남을 보고 심판하시려다 기도하는 이들을 보고 구원하시도록 말이다.

9:18 사울이 성문 안 사무엘에게 나아가 이르되 선견자의 집...가르치소서. 사무엘이 사울을 처음 만났을 때 많이 한심하였을 것 같다. 분명 겉으로 보기에는 영웅이 될 만한 인물 같다. 그러나 사무엘을 앞에 두고 사무엘을 찾고 있는 모습을 보았을 때 한숨이 나왔을 것 같다. 사울이 사무엘을 알아보지 못한다는 것은 그만큼 그가 지금까지 제사를 제대로 드리지 않았다는 것을 의미한다. 사울의 집이 있는 기브아와 사무엘의 집이 있는 라마는 거리가 가깝다. 그런데 사울은 신앙적인 것에 무관심하였고 예배도 제대로 드리지 않는 사람이었던 것이다.

9:19 너는 내 앞서 산당으로 올라가라 너희가 오늘 나와 함께 먹을 것이요. 사무엘은 사울을 제사의 자리로 먼저 초대하였다.

9:20 사울이 나귀를 찾으러 왔는데 갑자기 제사에 참석하라 하니 어리둥절하였을

27 성읍 끝에 이르매 사무엘이 사울에게 이르되 사환에게 우리를 앞서게 하라 하니라 사환이 앞서가므로 또 이르되 너는 이제 잠깐 서 있으라 내가 하나님의 말씀을 네게 들려 주리라 하더라

When they arrived at the edge of the town, Samuel said to Saul, "Tell the servant to go on ahead of us." The servant left, and Samuel continued, "Stay here a minute, and I will tell you what God has said."

성경, 이해하며 읽기 **사무엘상**

것이다. 좋은 마음이 아니었을 것이다. 그래서 사무엘은 말한다. **사흘 전에 잃은 네 암나귀들을 염려하지 말라 찾았느니라.** 사실 지금 암나귀가 문제가 아니다. 사울은 암나귀를 생각하고 있고 사무엘은 국가를 생각하고 있었다. 그릇이 달랐다.

9:21 나는 이스라엘 지파의 가장 작은 지파 베냐민...베냐민 지파 모든 가족 중에 가장 미약하지 아니하니이까. 베냐민은 사사기 시대에 다른 지파와의 싸움으로 인하여 매우 작은 지파가 되었다. 그러나 지금 그것이 문제가 아니다. 사실 가장 문제는 사울의 믿음이 없다는 것이다. 예배도 제대로 하지 않는 사람이었다. 그런데 사울은 '작은'것 타령만 하고 있다.

9:24 너를 위하여 이것을 두고 이 때를 기다리게 하였느니라. 사무엘은 왕을 세우라는 하나님의 말씀에 따라 준비하고 기다리고 있었다. 사무엘은 조용히 사울을 이끌었다. 어찌 보면 자신의 후계자이다. 자신은 마지막 사사요 사울은 첫 왕이 된다. 그런데 왕이 되어야 할 사울의 모습에 자질이 보이지 않았다. 그의 마음은 여러 생각이 들었을 것이다.

9:25 지붕에서 담화하고. 선선한 바람이 부는 지붕에서 밤 하늘을 보면서 대화를 하였다. 많은 이야기를 하였을 것이다.

9:26 동틀 때쯤이라...사무엘이 함께 밖으로 나가서. 사무엘은 계속 사울과 함께 하며 대화를 시도하였다. 지도자의 자질에 대해 말하였을까? 하나님을 믿는 믿음에 대해 말하였을까? 국가의 경영에 대해 말하였을까? 사무엘은 계속 대화를 시도하였다. 사울의 부족한 모습이 보였기 때문일 것이다. 어쩌면 제사 드리고 사람들이 모여 있을 때에 기름을 붓는 것이 나을 것 같다. 그런데 사무엘이 계속 망설인 것 같다. 믿음 없는 사울을 왕으로 세우기 전 고뇌하는 사무엘의 모습 같다.

1 이에 사무엘이 기름병을 가져다가 사울의 머리에 붓고 입맞추며 이르되 여호와께서 네게 기름을 부으사 그의 기업의 지도자로 삼지 아니하셨느냐

Then Samuel took a jar of olive oil and poured it on Saul's head, kissed him, and said, "The LORD anoints you as ruler of his people Israel. You will rule his people and protect them from all their enemies. And this is the proof to you that the LORD has chosen you to be the ruler of his people:

2 네가 오늘 나를 떠나가다가 베냐민 경계 셀사에 있는 라헬의 묘실 곁에서 두 사람을 만나리니 그들이 네게 이르기를 네가 찾으러 갔던 암나귀들을 찾은지라 네 아버지가 암나귀들의 염려는 놓았으나 너희로 말미암아 걱정하여 이르되 내 아들을 위하여 어찌하리요 하더라 할 것이요

when you leave me today, you will meet two men near Rachel's tomb at Zelzah in the territory of Benjamin. They will tell you that the donkeys you were looking for have been found, so that your father isn't worried any more about them but about you, and he keeps asking, 'What shall I do about my son?'

3 네가 거기서 더 나아가서 다볼 상수리나무에 이르면 거기서 하나님을 뵈오려고 벧엘로 올라가는 세 사람을 만나리니 한 사람은 염소 새끼 셋을 이끌었고 한 사람은 떡 세 덩이를 가졌고 한 사람은 포도주 한 가죽부대를 가진 자라

You will go on from there until you come to the sacred tree at Tabor, where you will meet three men on their way to offer a sacrifice to God at Bethel. One of them will be leading three young goats, another one will be carrying three loaves of bread, and the third one will have a leather bag full of wine.

4 그들이 네게 문안하고 떡 두 덩이를 주겠고 너는 그의 손에서 받으리라

They will greet you and offer you two of the loaves, which you are to accept.

5 그 후에 네가 하나님의 산에 이르리니 그 곳에는 블레셋 사람들의 영문이 있느니라 네가 그리로 가서 그 성읍으로 들어갈 때에 선지자의 무리가 산당에서부터 비파와 소고와 저와 수금을 앞세우고 예언하며 내려오는 것을 만날 것이요

Then you will go to the Hill of God in Gibeah, where there is a Philistine camp. At the entrance to the town you will meet a group of prophets coming down from the altar on the hill, playing harps, drums, flutes, and lyres. They will be dancing and shouting.

6 네게는 여호와의 영이 크게 임하리니 너도 그들과 함께 예언을 하고 변하여 새 사람이 되리라

Suddenly the spirit of the LORD will take control of you, and you will join in their religious dancing and shouting and will become a different person.

10장

10:1 여호와께서 네게 기름을 부으사. 사무엘은 이른 아침에 사울과 함께 가면서 사울의 종조차도 앞서 가게 하고 사울에게 왕으로 임명하는 기름을 부었다. 아직은 비밀스러웠다. 그러나 두 가지만은 확실해야 했다. 사울은 하나님께서 자신을 왕으로 세우셨음을 확신해야 했다.

10:2 라헬의 묘실 곁에서 두 사람을 만나리니. 사무엘은 하나님께서 사울을 왕으로 세우셨음을 사울이 확신할 수 있도록 3가지 징표를 주었다. 첫번째는 사울이 라헬의 묘실 곁에서 두 사람을 만날 것이고 그들이 무엇을 말할지를 말해주었다.

10:3 벧엘로 올라가는 세 사람을 만나리니. 두 번째 징표는 그가 벧엘로 제사하러 올라가는 세 사람을 만날 것이라고 말한다. 그들이 떡 두 덩이를 줄 것이다. 사무엘의 말이 실제로 일어나면 사무엘의 기름부음이 확실하다는 징표이다.

10:5 하나님의 산에 이르리니...선지자의 무리가 산당에서부터...내려오는 것을 만날 것이요. 세 번째 징표이다. 사울의 집이 있는 기브아에 이르렀을 때 산당에서 내려오는 무리를 만날 것이다

10:6 네게는 여호와의 영이 크게 임하리니. 사울에게 성령이 임할 것이다. 구약에서 성령이 임하는 것은 어떤 일을 새롭게 위임할 때이다.

10:7 이 징조가 네게 임하거든 너는 기회를 따라 행하라. 사울에게 일어난 일을 받아들이라는 말이다. 사울이 왕으로 세워지는 것을 확신할 수 있도록 여러 일이 준비되었다. 확신이 중요하였기 때문일 것이다.

7 이 징조가 네게 임하거든 너는 기회를 따라 행하라 하나님이 너와 함께 하시느니라

When these things happen, do whatever God leads you to do.

8 너는 나보다 앞서 길갈로 내려가라 내가 네게로 내려가서 번제와 화목제를 드리리니 내가 네게 가서 네가 행할 것을 가르칠 때까지 칠 일 동안 기다리라

You will go ahead of me to Gilgal, where I will meet you and offer burnt sacrifices and fellowship sacrifices. Wait there seven days until I come and tell you what to do."

9 그가 사무엘에게서 떠나려고 몸을 돌이킬 때에 하나님이 새 마음을 주셨고 그 날 그 징조도 다 응하니라

When Saul turned to leave Samuel, God gave Saul a new nature. And everything Samuel had told him happened that day.

10 그들이 산에 이를 때에 선지자의 무리가 그를 영접하고 하나님의 영이 사울에게 크게 임하므로 그가 그들 중에서 예언을 하니

When Saul and his servant arrived at Gibeah, a group of prophets met him. Suddenly the spirit of God took control of him, and he joined in their ecstatic dancing and shouting.

11 전에 사울을 알던 모든 사람들이 사울이 선지자들과 함께 예언함을 보고 서로 이르되 기스의 아들에게 무슨 일이 일어났느냐 사울도 선지자들 중에 있느냐 하고

People who had known him before saw him doing this and asked one another, "What has happened to the son of Kish? Has Saul become a prophet?"

12 그 곳의 어떤 사람은 말하여 이르되 그들의 아버지가 누구냐 한지라 그러므로 속담이 되어 이르되 사울도 선지자들 중에 있느냐 하더라

A man who lived there asked, "How about these other prophets—who do you think their fathers are?" This is how the saying originated, "Has even Saul become a prophet?"

13 사울이 예언하기를 마치고 산당으로 가니라

When Saul finished his ecstatic dancing and shouting, he went to the altar on the hill.

우리가 살아가는 삶에서도 확신이 필요하다. 3가지 확신을 권하고 싶다. 1. 인생의 목적이 무엇인지 확신이 필요하다. 만약 인생의 목적에 대해 확신을 가지지 못하면 의미 있는 발걸음을 내딛지 못하게 될 것이다. 2. 구원의 확신이 필요하다. 구원의 확신이 있어야 당당한 삶을 살 수 있다. 기뻐하는 삶을 살 수 있다. 3. 소명의 확신이 필요하다. 하나님께서 나에게 주신 소명이 무엇인지를 알아야 한다. 소명의 확신이 있어야 외부의 환경에 스트레스 받지 않고 힘있게 길을 걸어갈 수 있다. 우리의 확신도 사울이 왕직에 대한 확신을 가지는 것만큼이나 중요하다.

10:8 길갈로 내려가라 내가 네게로 내려가서 번제와 화목제를 드리리니. 사울은 그곳에서 사무엘과 함께 예배하며 다시금 하나님 앞에서 자신의 길에 대한 고백이 필요하였다. 사울이 지금 왕에 세워지는 놀라운 일을 경험하는 일들은 주로 예배의 자리였다. 이미 라마에서 예배를 드렸고, 벧엘로 올라가는 사람을 만났으며, 기브아 산당에서 내려오는 선지자들을 만났다. 길갈로 가서 제사를 드린다. 당시의 중요한 산당에 다 갔다.

10:11 사울도 선지자들 중에 있느냐. 사울은 이전에 믿음에 관심이 없었다. 사무엘의 얼굴도 모를 정도였다. 그러나 이제 예언까지 하였다. 그의 가장 큰 약점이었던 믿음의 부분이 조금은 상쇄되고 있다.

10:13 산당으로 가니라. 기브아 산당에 올라가서 그곳에서 제사하였다. 하나님 앞에서 묻고 또 물으며 제사하였을 것이다.

10:16 사울이...사무엘이 말하던 나라의 일은 말하지 아니하니라. 사울은 산당에서 만난 숙부의 질문에 자신이 왕으로 기름부음 받은 사실을 말하지 않았다. 아직은 모든 일이 조심스러운 상황이다. 두렵고 떨리는 상황이다. 아직은 오직 하나님 앞

14 사울의 숙부가 사울과 그의 사환에게 이르되 너희가 어디로 갔더냐 사울이 이르되 암나귀들을 찾다가 찾지 못하므로 사무엘에게 갔었나이다 하니

Saul's uncle saw him and the servant, and he asked them, "Where have you been?" "Looking for the donkeys," Saul answered. "When we couldn't find them, we went to see Samuel."

15 사울의 숙부가 이르되 청하노니 사무엘이 너희에게 이른 말을 내게 말하라 하니라

"And what did he tell you?" Saul's uncle asked.

16 사울이 그의 숙부에게 말하되 그가 암나귀들을 찾았다고 우리에게 분명히 말하더이다 하고 사무엘이 말하던 나라의 일은 말하지 아니하니라

"He told us that the animals had been found," Saul answered—but he did not tell his uncle what Samuel had said about his becoming king.

17 사무엘이 백성을 미스바로 불러 여호와 앞에 모으고

Samuel called the people together for a religious gathering at Mizpah

18 이스라엘 자손에게 이르되 이스라엘 하나님 여호와께서 이같이 말씀하시기를 내가 이스라엘을 애굽에서 인도하여 내고 너희를 애굽인의 손과 너희를 압제하는 모든 나라의 손에서 건져내었느니라 하셨거늘

and said to them, "The LORD, the God of Israel, says, 'I brought you out of Egypt and rescued you from the Egyptians and all the other peoples who were oppressing you.

19 너희는 너희를 모든 재난과 고통 중에서 친히 구원하여 내신 너희의 하나님을 오늘 버리고 이르기를 우리 위에 왕을 세우라 하는도다 그런즉 이제 너희의 지파대로 천 명씩 여호와 앞에 나아오라 하고

I am your God, the one who rescues you from all your troubles and difficulties, but today you have rejected me and have asked me to give you a king. Very well, then, gather yourselves before the LORD by tribes and by clans.' "

20 사무엘이 이에 이스라엘 모든 지파를 가까이 오게 하였더니 베냐민 지파가 뽑혔고

Then Samuel made each tribe come forward, and the LORD picked the tribe of Benjamin.

에서 자신의 위치를 확인하며 엎드렸다.

10:17 백성을 미스바로 불러. 사무엘은 모든 여건이 조성되고 이제 공식적으로 사울을 왕으로 뽑는 과정이 필요하겠다고 생각하였다. 이전에 사무엘이 사사로 뽑힐 때도 미스바에 모였었다. 이제 왕을 뽑기 위해 미스바에 온 이스라엘을 불렀다.

10:18 내가 이스라엘을 애굽에서 인도하여 내고. 하나님께서 왕으로 이스라엘을 인도하셨음을 이야기한다.

10:19 구원하여 내신 너희의 하나님을 오늘 버리고...왕을 세우라 하는도다. 이쯤 되면 이스라엘 백성이 회개 기도하는 것이 옳을 것 같다. '버리고'라고 말씀하셨는데도 불구하고 그들은 잠잠히 듣기만 하였다. 하나님께서 왕 제도에 대해 정확히 말씀해 주셨다. 그것이 무엇을 의미하는지 말씀하셨다. 그러나 여전히 이스라엘 백성이 원하기에 그들에게 왕을 주시겠다 말씀하셨다. 지금 하나님의 마음에 그들이 마음을 기울이지 않고 있다.

10:21 사울이 뽑혔으나. 아마 제비뽑기에 의해 뽑혔을 것이다.

10:22 그가 짐보따리들 사이에 숨었느니라. 사울은 자신이 왕에 뽑히는 것으로 좁혀 들어왔을 때 미리 숨은 것으로 보인다. 그가 왜 숨었을까? 사람들에 대한 두려움 때문이었을 것이다. 하나님께서 그를 세우셨으면 하나님 앞에서 두려워해야 하는데 그렇지 않았다. 그는 사람 앞에서 두려워하였다. 이것은 이후에도 그의 특성으로 남아 있다. 하나님을 두려워하는 것이 아니라 사람을 두려워하는 사람이 되는 것은 신앙인의 자세가 아니다.

21 베냐민 지파를 그들의 가족별로 가까이 오게 하였더니 마드리의 가족이 뽑혔고 그 중에서 기스의 아들 사울이 뽑혔으나 그를 찾아도 찾지 못한지라

Then Samuel made the families of the tribe of Benjamin come forward, and the family of Matri was picked out. Then the men of the family of Matri came forward, and Saul son of Kish was picked out. They looked for him, but when they could not find him,

22 그러므로 그들이 또 여호와께 묻되 그 사람이 여기 왔나이까 여호와께서 대답하시되 그가 짐보따리들 사이에 숨었느니라 하셨더라

they asked the LORD, "Is there still someone else?" The LORD answered, "Saul is over there, hiding behind the supplies."

23 그들이 달려 가서 거기서 그를 데려오매 그가 백성 중에 서니 다른 사람보다 어깨 위만큼 컸더라

So they ran and brought Saul out to the people, and they could see that he was a head taller than anyone else.

24 사무엘이 모든 백성에게 이르되 너희는 여호와께서 택하신 자를 보느냐 모든 백성 중에 짝할 이가 없느니라 하니 모든 백성이 왕의 만세를 외쳐 부르니라

Samuel said to the people, "Here is the man the LORD has chosen! There is no one else among us like him." All the people shouted, "Long live the king!"

25 사무엘이 나라의 제도를 백성에게 말하고 책에 기록하여 여호와 앞에 두고 모든 백성을 각기 집으로 보내매

Samuel explained to the people the rights and duties of a king, and then wrote them in a book, which he deposited in a holy place. Then he sent everyone home.

26 사울도 기브아 자기 집으로 갈 때에 마음이 하나님께 감동된 유력한 자들과 함께 갔느니라

Saul also went back home to Gibeah. Some powerful men, whose hearts God had touched, went with him.

27 어떤 불량배는 이르되 이 사람이 어떻게 우리를 구원하겠느냐 하고 멸시하며 예물을 바치지 아니하였으나 그는 잠잠하였더라

But some worthless people said, "How can this fellow do us any good?" They despised Saul and did not bring him any gifts.

10:23 다른 사람보다 어깨 위만큼 컸더라. 이스라엘 백성들은 역시 사울의 외모를 보았다. 그래서 좋아하였다. 아파하시는 하나님과 기뻐하는 백성들의 얼굴이 겹쳐 보인다. 우리가 기뻐하는 순간에도 하나님께서 슬퍼하실 수 있다. 그런 경우가 많다. 그런데 사람들은 자신들이 기뻐하면 그것으로 만족한다. 그러나 사람들이 기뻐하는 그 순간에 하나님께서 슬퍼하시면 그 사람에게 결코 좋은 것이 아니다. 내 생각과 감정대로가 아니라 하나님의 생각과 감정이 무엇일지를 생각해야 한다. 하나님의 생각과 감정에 우리를 맞추어야 한다. 그것이 복된 길이다.

10:24 모든 백성이 왕의 만세를 외쳐 부르니라. 왕이 뽑히고 백성들은 기뻐하였다. 그들은 이제부터 라도 하나님의 뜻이 무엇인지에 관심을 가져야 할 것 같은데 여전히 자신들의 마음이 중요한 것 같다. 단지 자신들의 뜻대로 왕이 세워졌으니 좋아하기만 하였다.

10:27 어떤 불량배는 이르되 이 사람이 어떻게 우리를 구원하겠느냐. 그들은 또 자신들의 생각대로 판단하였다. 자신들이 왕을 요구하여 놓고 자신들의 생각에 맞지 않다고 하여 반대하였다. 사람들은 그렇게 자신들의 생각대로 하는 경우가 많다. 어떤 자리에 있든 그곳에서 하나님의 생각이 무엇인지를 살펴야 하는데 자신의 생각대로 행동한다. 우리는 늘 이런 사람들이 주변에 많다. 신앙인이라고 말하지만 실상은 자신의 생각대로 말하는 사람들이 많다. 그들의 멋대로의 생각에 영향을 받지 말아야 한다.

1 사무엘이 온 이스라엘에게 이르되 보라 너희가 내게 한 말을 내가 다 듣고 너희 위에 왕을 세웠더니

Then Samuel said to the people of Israel, "I have done what you asked me to do. I have given you a king to rule you,

2 이제 왕이 너희 앞에 출입하느니라 보라 나는 늙어 머리가 희어졌고 내 아들들도 너희와 함께 있느니라 내가 어려서부터 오늘까지 너희 앞에 출입하였거니와

and now you have him to lead you. As for me, I am old and grey, and my sons are with you. I have been your leader from my youth until now.

3 내가 여기 있나니 여호와 앞과 그의 기름 부음을 받은 자 앞에서 내게 대하여 증언하라 내가 누구의 소를 빼앗았느냐 누구의 나귀를 빼앗았느냐 누구를 속였느냐 누구를 압제하였느냐 내 눈을 흐리게 하는 뇌물을 누구의 손에서 받았느냐 그리하였으면 내가 그것을 너희에게 갚으리라 하니

Here I am. If I have done anything wrong, accuse me now in the presence of the LORD and the king he has chosen. Have I taken anybody's cow or anybody's donkey? Have I cheated or oppressed anyone? Have I accepted a bribe from anyone? If I have done any of these things, I will pay back what I have taken."

4 그들이 이르되 당신이 우리를 속이지 아니하였고 압제하지 아니하였고 누구의 손에서든지 아무것도 빼앗은 것이 없나이다 하니라

The people answered, "No, you have not cheated us or oppressed us; you have not taken anything from anyone."

5 사무엘이 백성에게 이르되 너희가 내 손에서 아무것도 찾아낸 것이 없음을 여호와께서 너희에게 대하여 증언하시며 그의 기름 부음을 받은 자도 오늘 증언하느니라 하니 그들이 이르되 그가 증언하시나이다 하니라

Samuel replied, "The LORD and the king he has chosen are witnesses today that you have found me to be completely innocent." "Yes, the LORD is our witness," they answered.

6 사무엘이 백성에게 이르되 모세와 아론을 세우시며 너희 조상들을 애굽 땅에서 인도하여 내신 이는 여호와이시니

Samuel continued, "The LORD is the one who chose Moses and Aaron and who brought your ancestors out of Egypt.

11장

11:1 **암몬은 요단강 동쪽 얍복강 아래에 있는 나라이다.** 암몬이 그들의 북쪽에 있는 이스라엘의 길르앗 야베스를 공격하였다. 야베스는 므낫세 지파에 속한 도시이다. 사사시대의 사건으로 사울이 속한 베냐민 지파와는 매우 인연이 깊은 도시이다. 야베스는 자신들이 약하였기 때문에 암몬과 조공을 드리는 약정 맺기를 원하였다.

11:2 **너희 오른 눈을 다 빼야 너희와 언약하리라.** 오른 눈을 빼는 것은 모욕이라는 측면과 더불어 전투력을 상실하게 하기 위한 목적도 가지고 있을 것이다. 그러나 그것을 당하는 사람편에 있어서는 매우 어려운 일이다. 야베스는 모두 죽임을 당하든지 아니면 한 쪽 눈 없이 살아야 하는 절대절명의 순간에 이르렀다.

11:3 **우리가 이스라엘 온 지역에 전령들을 보내게 하라.** 사사 시대 때에 사사는 주로 지역적이었다. 그런데 왕정 시대를 맞이하는 신호탄처럼 야베스는 다른 지파의 도움을 구하고자 하였다.

11:6 **하나님의 영에게 크게 감동되매.** 야베스 소식을 듣고 사람들이 모두 두려워하며 절망하고 있을 때 사울은 하나님의 영으로 감동되어 암몬 사람들에게 분노하였다.

11:7 **겨리. 소 두 마리가 끄는 쟁기. 각을 뜨고...이스라엘 모든 지역에 두루 보내어.** 이것은 대단한 결심과 압박용이다. **여호와의 두려움이 백성에게 임하매 그들이 한 사람 같이 나온지라.** 이스라엘 모든 백성이 한 마음이 되어 암몬과 전쟁하기 위해 모였다.

7 그런즉 가만히 서 있으라 여호와께서 너희와 너희 조상들에게 행하신 모든 공의로운 일에 대하여 내가 여호와 앞에서 너희와 담론하리라

Now stand where you are, and I will accuse you before the LORD by reminding you of all the mighty actions the LORD did to save you and your ancestors.

8 야곱이 애굽에 들어간 후 너희 조상들이 여호와께 부르짖으매 여호와께서 모세와 아론을 보내사 그 두 사람으로 너희 조상들을 애굽에서 인도해 내어 이 곳에 살게 하셨으나

When Jacob and his family went to Egypt and the Egyptians oppressed them, your ancestors cried to the LORD for help, and he sent Moses an Aaron, who brought them out of Egypt and settled them in this land.

9 그들이 그들의 하나님 여호와를 잊은지라 여호와께서 그들을 하솔 군사령관 시스라의 손과 블레셋 사람들의 손과 모압 왕의 손에 넘기셨더니 그들이 저희를 치매

But the people forgot the LORD their God, and so he let the Philistines and the king of Moab and Sisera, commander of the army of the city of Hazor, fight against your ancestors and conquer them.

10 백성이 여호와께 부르짖어 이르되 우리가 여호와를 버리고 바알들과 아스다롯을 섬김으로 범죄하였나이다 그러하오나 이제 우리를 원수들의 손에서 건져내소서 그리하시면 우리가 주를 섬기겠나이다 하매

Then they cried to the LORD for help and said, 'We have sinned, because we turned away from you, LORD, and worshipped the idols of Baal and Astarte. Rescue us from our enemies, and we will worship you!'

11 여호와께서 여룹바알과 베단과 입다와 나 사무엘을 보내사 너희를 너희 사방 원수의 손에서 건져내사 너희에게 안전하게 살게 하셨거늘

And the LORD sent Gideon, Barak, Jephthah, and finally me. Each of us rescued you from your enemies, and you lived in safety.

12 너희가 암몬 자손의 왕 나하스가 너희를 치러 옴을 보고 너희의 하나님 여호와께서는 너희의 왕이 되심에도 불구하고 너희가 내게 이르기를 아니라 우리를 다스릴 왕이 있어야 하겠다 하였도다

But when you saw that King Nahash of Ammon was about to attack you, you rejected the LORD as your king and said to me, 'We want a king to rule us.'

11:11 새벽. 오전 2시-6시를 말한다. 베섹에서 야베스까지는 25km정도 된다. 하루 종일 달려가서 새벽에 기습 공격하는 지혜를 발휘하였다. 하나님의 인도하심 가운데 사울은 전쟁에서 승리하였다. 그의 승리는 어려움에 처한 이스라엘을 구원하였다는 면에 있어 탁월하였다. 그러나 그것보다 더 큰 것은 하나님의 인도하심 가운데 하나님과 함께 승리하였다는 측면에서 아름다운 승리였다.

11:12 사울이 어찌 우리를 다스리겠느냐 한 자가 누구니이까...우리가 죽이겠나이다. 승리에 들뜬 마음과 새로운 왕에게 잘 보이고자 하는 마음에 사울 왕을 반대하였던 사람을 죽이고자 하는 사람들이 있었다. 승리하였을 때 나타나는 전형적인 안 좋은 모습이다.

11:13 이 날에는 사람을 죽이지 못하리니 여호와께서 오늘 이스라엘 중에 구원을 베푸셨음이니라. 사울은 반대했던 사람이 아니라 자신들을 구원하신 하나님께 집중하였다. 이것은 사울이 매우 잘 한 행동이다. 반대했던 사람을 생각하면 괘씸할 수 있다. 그러나 승리를 주신 하나님을 생각하면 감사하고 찬양하는 것이 더 맞다. 우리는 승리의 날에 하나님께 집중해야 한다. 승리하여도 하나님께 집중하지 못하면 아름다운 승리가 되지 못한다. 하나님께 집중해야 하나님께서 주신 승리의 아름다운 열매를 맺게 된다.

11:14 길갈로 가서 나라를 새롭게 하자. 길갈은 그들에게 특별한 도시이다. 야베스에서 가깝다.

11:15 여호와 앞에서 사울을 왕으로 삼고...여호와 앞에 화목제를 드리고. 이전에 미스바에서 정치적으로 왕으로 세웠다면 이번에는 길갈에서 종교적으로 왕으로 세우는 임직식을 하였다. 사울이 왕으로 세워지는 모든 것의 확증이다. 모든 백성이

13 이제 너희가 구한 왕, 너희가 택한 왕을 보라 여호와께서 너희 위에 왕을 세우셨느니라

"Now here is the king you chose; you asked for him, and now the LORD has given him to you.

14 너희가 만일 여호와를 경외하여 그를 섬기며 그의 목소리를 듣고 여호와의 명령을 거역하지 아니하며 또 너희와 너희를 다스리는 왕이 너희의 하나님 여호와를 따르면 좋겠지마는

All will go well with you if you honour the LORD your God, serve him, listen to him, and obey his commands, and if you and your king follow him.

15 너희가 만일 여호와의 목소리를 듣지 아니하고 여호와의 명령을 거역하면 여호와의 손이 너희의 조상들을 치신 것 같이 너희를 치실 것이라

But if you do not listen to the LORD but disobey his commands, he will be against you and your king.

함께 기뻐하며 사울을 왕으로 세웠다. 사울이 전쟁에서 승리하고 왕으로 확증되었다. 사울은 여러가지로 부족한 상태이다. 그러나 부족해도 하나님께서 그를 인도하셨고 부족해도 그는 하나님을 바라봄으로 전쟁에서 승리할 수 있었다. 그래서 그의 이 승리는 아름다운 승리가 되었다. 사울이 가장 부족했던 이 때의 전쟁은 어쩌면 사울의 생애에서 가장 아름다운 승리가 된다. 가장 부족했지만 가장 아름다울 수 있었다. 그러나 이후에 그가 힘이 더 강해졌을 때 그는 이 아름다움을 놓치게 된다.

1 사무엘이 온 이스라엘에게 이르되 보라 너희가 내게 한 말을 내가 다 듣고 너희 위에 왕을 세웠더니

Then Samuel said to the people of Israel, "I have done what you asked me to do. I have given you a king to rule you,

2 이제 왕이 너희 앞에 출입하느니라 보라 나는 늙어 머리가 희어졌고 내 아들들도 너희와 함께 있느니라 내가 어려서부터 오늘까지 너희 앞에 출입하였거니와

and now you have him to lead you. As for me, I am old and grey, and my sons are with you. I have been your leader from my youth until now.

3 내가 여기 있나니 여호와 앞과 그의 기름 부음을 받은 자 앞에서 내게 대하여 증언하라 내가 누구의 소를 빼앗았느냐 누구의 나귀를 빼앗았느냐 누구를 속였느냐 누구를 압제하였느냐 내 눈을 흐리게 하는 뇌물을 누구의 손에서 받았느냐 그리하였으면 내가 그것을 너희에게 갚으리라 하니

Here I am. If I have done anything wrong, accuse me now in the presence of the LORD and the king he has chosen. Have I taken anybody's cow or anybody's donkey? Have I cheated or oppressed anyone? Have I accepted a bribe from anyone? If I have done any of these things, I will pay back what I have taken."

4 그들이 이르되 당신이 우리를 속이지 아니하였고 압제하지 아니하였고 누구의 손에서든지 아무것도 빼앗은 것이 없나이다 하니라

The people answered, "No, you have not cheated us or oppressed us; you have not taken anything from anyone."

5 사무엘이 백성에게 이르되 너희가 내 손에서 아무것도 찾아낸 것이 없음을 여호와께서 너희에게 대하여 증언하시며 그의 기름 부음을 받은 자도 오늘 증언하느니라 하니 그들이 이르되 그가 증언하시나이다 하니라

Samuel replied, "The LORD and the king he has chosen are witnesses today that you have found me to be completely innocent." "Yes, the LORD is our witness," they answered.

6 사무엘이 백성에게 이르되 모세와 아론을 세우시며 너희 조상들을 애굽 땅에서 인도하여 내신 이는 여호와이시니

Samuel continued, "The LORD is the one who chose Moses and Aaron and who brought your ancestors out of Egypt.

12장

12:1-25은 사무엘의 마지막 말이다.

12:2 이제 왕이 너희 앞에 출입하느니라...내가...출입하였거니와. 지금까지 사무엘이 사람들 앞에 사사로 섰지만 이제 사울이 왕으로 설 것이다. 그래서 그것에 대한 정리를 한다.

12:3 여호와 앞...증언하라 내가 누구의 소를 빼앗았느냐. 사무엘은 사사로 살아왔다. 힘을 가지고 있었다. 힘이 있다는 것은 많은 것을 할 수 있다는 것을 의미한다. 그러나 사무엘은 그 힘을 사용하여 다른 사람을 압제하였는지 물었다. 사무엘은 '여호와 앞에서' 살았다. 사람들만 생각하면 힘없는 사람들을 압제하여도 그들은 반박하지 못한다. 그러나 하나님 앞에서 살면 힘없는 사람이라고 함부로 대하지 못한다. 하나님께서 보시기 때문이다.

12:4 당신이 우리를 속이지 아니하였고. 사무엘은 하나님 앞에서 살았기 때문에 죄 없는 삶을 살았다. 사무엘은 사사로서의 기간을 돌아보며 당당할 수 있었다.

12:8 너희 조상들을 애굽에서 인도해 내어 이 곳에 살게 하셨으니. 하나님께서 그들을 애굽의 땅에서 인도하여 내셨다. 그것을 명심해야 했다. 그런데 그들이 그것을 명심하지 않았다.

12:9 그들이 그들의 하나님 여호와를 잊은지라. 하나님께서 그들을 구원하셨음을 진짜 잊었을까? 출애굽을 모르는 사람은 없을 것이다. 그런데 그들이 하나님의 인도하심의 은혜를 놓치고 있었다. 그들의 삶에서 그것을 기억하지 않았다. 적용하

7 그런즉 가만히 서 있으라 여호와께서 너희와 너희 조상들에게 행하신 모든 공의로운 일에 대하여 내가 여호와 앞에서 너희와 담론하리라

Now stand where you are, and I will accuse you before the LORD by reminding you of all the mighty actions the LORD did to save you and your ancestors.

8 야곱이 애굽에 들어간 후 너희 조상들이 여호와께 부르짖으매 여호와께서 모세와 아론을 보내사 그 두 사람으로 너희 조상들을 애굽에서 인도해 내어 이 곳에 살게 하셨으나

When Jacob and his family went to Egypt and the Egyptians oppressed them, your ancestors cried to the LORD for help, and he sent Moses an Aaron, who brought them out of Egypt and settled them in this land.

9 그들이 그들의 하나님 여호와를 잊은지라 여호와께서 그들을 하솔 군사령관 시스라의 손과 블레셋 사람들의 손과 모압 왕의 손에 넘기셨더니 그들이 저희를 치매

But the people forgot the LORD their God, and so he let the Philistines and the king of Moab and Sisera, commander of the army of the city of Hazor, fight against your ancestors and conquer them.

10 백성이 여호와께 부르짖어 이르되 우리가 여호와를 버리고 바알들과 아스다롯을 섬김으로 범죄하였나이다 그러하오나 이제 우리를 원수들의 손에서 건져내소서 그리하시면 우리가 주를 섬기겠나이다 하매

Then they cried to the LORD for help and said, 'We have sinned, because we turned away from you, LORD, and worshipped the idols of Baal and Astarte. Rescue us from our enemies, and we will worship you!'

11 여호와께서 여룹바알과 베단과 입다와 나 사무엘을 보내사 너희를 너희 사방 원수의 손에서 건져내사 너희에게 안전하게 살게 하셨거늘

And the LORD sent Gideon, Barak, Jephthah, and finally me. Each of us rescued you from your enemies, and you lived in safety.

12 너희가 암몬 자손의 왕 나하스가 너희를 치러 옴을 보고 너희의 하나님 여호와께서는 너희의 왕이 되심에도 불구하고 너희가 내게 이르기를 아니라 우리를 다스릴 왕이 있어야 하겠다 하였도다

But when you saw that King Nahash of Ammon was about to attack you, you rejected the LORD as your king and said to me, 'We want a king to rule us.'

지 않았다. 모르는 사람과 같았다. **여호와께서 그들을 하솔의 군사령관 시스라의 손과 블레셋 사람들의 손과 모압 왕의 손에 넘기셨더니.** 하나님의 은혜를 잊은 사람들에게는 하늘의 내리침이 있다. 하늘의 내리침의 모양은 다양하다. 그러나 분명히 있다. 명심해야 할 것은 그러한 내리침은 심판이기도 하지만 또한 회초리로서 돌이키라는 호소라는 사실이다.

12:14 여호와를 경외하여 그를 섬기며. 왕이 세워졌지만 왕이 아니라 여호와를 경외하고 섬겨야 한다. 외적인 것이 어떻게 변하든 마찬가지다. 그곳에서 중요한 것은 창조주 하나님을 경외하는 것이다. 어떤 문화라 할지라도 오직 창조주 하나님을 경외해야 한다. **그의 목소리를 듣고 여호와의 명령을 거역하지 아니하며.** '그의 목소리를 듣고'는 이 당시에 말씀이 주로 읽는 것이 아니라 듣는 것이었음을 반영한다. 오늘날은 주로 읽는 것이다. 그래서 먼저 그의 말씀을 읽어야 한다. 말씀을 읽지 않으면 하나님의 뜻을 알 수 없다. 말씀을 읽어야 하고, 읽을 때 창조주 하나님의 목소리를 들어야 한다. 그런데 사람들이 말씀을 읽지 않는다. 그것은 하나님을 무시하기 때문이다. 배운 것이 짧아서가 아니다. 시간이 없어서도 아니다. 창조주 하나님을 인정하지 않기 때문이다. 말씀을 읽어 우리를 향한 하나님의 뜻과 마음을 알아야 한다. **여호와의 명령을 거역하지 아니하며.** 말씀을 읽고 들어 하나님의 뜻을 알았으면 그 명령에 순종해야 한다. 하나님의 뜻을 알고 나서도 따르지 않는 것은 완전 강심장이다. 지옥 심장이다. 하나님의 뜻을 알았으면 따를지 말지를 정하는 것이 아니라 무조건 따라야 한다. 선택은 오직 한 가지이다. 창조주 하나님께서 말씀하신 것인데 어찌 그 앞에서 저울질하고 있을 수 있겠는가? 하나님의 뜻을 알지 못해서 문제지 알기만 하면 바로 순종해야 한다.

12:15 너희가 만일 여호와의 목소리를 듣지 아니하고 여호와의 명령을 거역하면 여호와의 손이...너희를 치실 것이요. 하나님의 목소리를 듣지 못하고 있다가 하나님의

13 이제 너희가 구한 왕, 너희가 택한 왕을 보라 여호와께서 너희 위에 왕을 세우셨느니라

"Now here is the king you chose; you asked for him, and now the LORD has given him to you.

14 너희가 만일 여호와를 경외하여 그를 섬기며 그의 목소리를 듣고 여호와의 명령을 거역하지 아니하며 또 너희와 너희를 다스리는 왕이 너희의 하나님 여호와를 따르면 좋겠지마는

All will go well with you if you honour the LORD your God, serve him, listen to him, and obey his commands, and if you and your king follow him.

15 너희가 만일 여호와의 목소리를 듣지 아니하고 여호와의 명령을 거역하면 여호와의 손이 너희의 조상들을 치신 것 같이 너희를 치실 것이라

But if you do not listen to the LORD but disobey his commands, he will be against you and your king.

16 너희는 이제 가만히 서서 여호와께서 너희 목전에서 행하시는 이 큰 일을 보라

So then, stand where you are, and you will see the great thing which the LORD is going to do.

17 오늘은 밀 베는 때가 아니냐 내가 여호와께 아뢰리니 여호와께서 우레와 비를 보내사 너희가 왕을 구한 일 곧 여호와의 목전에서 범한 죄악이 큼을 너희에게 밝히 알게 하시리라

It's the dry season, isn't it? But I will pray, and the LORD will send thunder and rain. When this happens, you will realize that you committed a great sin against the LORD when you asked him for a king."

18 이에 사무엘이 여호와께 아뢰매 여호와께서 그 날에 우레와 비를 보내시니 모든 백성이 여호와와 사무엘을 크게 두려워하니라

So Samuel prayed, and on that same day the LORD sent thunder and rain. Then all the people became afraid of the LORD and of Samuel,

19 모든 백성이 사무엘에게 이르되 당신의 종들을 위하여 당신의 하나님 여호와께 기도하여 우리가 죽지 않게 하소서 우리가 우리의 모든 죄에 왕을 구하는 악을 더하였나이다

and they said to Samuel, "Please, sir, pray to the LORD your God for us, so that we won't die. We now realize that, besides all our other sins, we have sinned by asking for a king."

손이 그를 칠 때 그때 깨달을 것이다. 하나님의 손이 있음을. 하나님께서 창조주이시고 심판자가 되심을 깨달을 것이다.

12:17 밀 베는 때...우레와 비를 보내사. '밀 베는 때'는 5월 말을 의미한다. 이 때는 건기로서 우레가 없고 비가 오지 않는 때이다. 이 때 비가 온다는 것은 하나님의 특별한 뜻을 나타내는 것이다. 또한 이 때 우레와 비가 오면 밀 수확에 치명적이다. 재앙이다. 한 해의 농사가 망치는 것이다. **너희가 왕을 구한 일 곧 여호와의 목전에서 범한 죄악이 큼을 너희에게 밝히 알게 하시리라.** 이스라엘이 왕을 구한 것은 애굽과 바벨론 제국에서 왕이 의미하는 것을 생각하면 분명히 죄이다. 왕이신 하나님을 버리는 죄다.

12:18 우레와 비를 보내시니...두려워하니라. 사무엘이 말할 때 그들은 잘못을 이해하였지만 제대로 느끼지는 못하였을 것이다. 실제로 우레와 비가 내렸을 때 크게 두려워하였다.

12:19 우리의 모든 죄에 왕을 구하는 악을 더하였나이다. 이스라엘은 자신들의 죄를 인정하였다. 이방인들에게는 왕을 구하는 것이 전혀 문제가 되지 않았지만 그들에게는 문제가 된다는 것을 알았다. 아마 이전에는 사무엘이 말할 때마다 크게 신경 쓰지 않았을 것이다.

12:20 오직 너희의 마음을 다하여 여호와를 섬기라. 우리의 마음을 다해야 하나님의 마음을 알 수 있다. 왕 제도의 시작은 분명히 잘못이었다. 그런데도 불구하고 하나님께서 왕 제도를 허락하신 것은 그들이 미워서가 아니다. 그들이 그토록 원하니 허락하신 것이다. 그러나 포기하지 않으신다. 그래서 왕 제도는 허락하지만 그 제도를 가지고 잘 사용하도록 이끌어 가실 것이다. **두려워하지 말라.** 왕 제도로 하

20 사무엘이 백성에게 이르되 두려워하지 말라 너희가 과연 이 모든 악을 행하였으나 여호와를 따르는 데에서 돌아서지 말고 오직 너희의 마음을 다하여 여호와를 섬기라

"Don't be afraid," Samuel answered. "Even though you have done such an evil thing, do not turn away from the LORD, but serve him with all your heart.

21 돌아서서 유익하게도 못하며 구원하지도 못하는 헛된 것을 따르지 말라 그들은 헛되니라

Don't go after false gods; they cannot help you or save you, for they are not real.

22 여호와께서는 너희를 자기 백성으로 삼으신 것을 기뻐하셨으므로 여호와께서는 그의 크신 이름을 위해서라도 자기 백성을 버리지 아니하실 것이요

The LORD has made a solemn promise, and he will not abandon you, for he has decided to make you his own people.

23 나는 너희를 위하여 기도하기를 쉬는 죄를 여호와 앞에 결단코 범하지 아니하고 선하고 의로운 길을 너희에게 가르칠 것인즉

As for me, the LORD forbid that I should sin against him by no longer praying for you. Instead, I will teach you what is good and right for you to do.

24 너희는 여호와께서 너희를 위하여 행하신 그 큰 일을 생각하여 오직 그를 경외하며 너희의 마음을 다하여 진실히 섬기라

Obey the LORD and serve him faithfully with all your heart. Remember the great things he has done for you.

25 만일 너희가 여전히 악을 행하면 너희와 너희 왕이 다 멸망하리라

But if you continue to sin, you and your king will be destroyed."

나님을 거절한 것에 대해 하나님께서 책망하셨으나 왕 제도를 다시 새롭게 하실 것이니 왕 제도 자체로 인하여 두려워하지 말라고 말하신다. **돌아서지 말고.** 하나님께서 미워하심으로 왕 제도를 주신 것이 아니라 사랑하심으로 주신 것이니 하나님으로부터 피하지 말라고 말씀하신다.

12:22 여호와께서 너희를 자기 백성으로 삼으신 것을 기뻐하셨으므로. 하나님께서 이스라엘 백성을 자신의 백성으로 삼으시고 기뻐하신다. 중요한 것은 왕제도가 아니다. 하나님의 백성이다. 이제부터라도 다시 하나님의 백성으로의 길을 걸으면 된다. 늘 그렇다. 하나님은 우리가 다시 하나님께 가까이 갈 때 기뻐 받으신다. 우리가 하나님의 백성이기 때문이다. 부모가 그 자녀를 기뻐하는 것과 같다. 아니 그것보다 훨씬 더 큰 사랑이다.

12:23 나는 너희를 위하여 기도하기를 쉬는 죄를 여호와 앞에 결단코 범하지 아니하고. 사무엘은 선지자로서 백성들을 위해 계속 기도할 것이다. 다시 걷는 길이 결코 쉽지 않다는 것을 알기에 그 길을 잘 걸어갈 수 있도록 기도할 것이다. 길고 긴 시간을 계속 기도할 것이다. **의로운 길을 너희에게 가르칠 것인즉.** 사무엘은 하나님의 뜻을 계속 가르칠 것이다. 말씀을 가르칠 것이다. 그 길을 가야 하나님께 가까이 가는 것이기 때문이다.

12:24 여호와께서 너희를 위하여 행하신 그 큰 일을 생각하여. 하나님은 늘 그 백성을 사랑하셨다. 그러기에 이제 그 백성이 그 마음을 따라 살아야 한다. **너희의 마음을 다하여 진실히 섬기라.** 하나님을 경외하며 하나님의 마음에 따라 우리도 사랑하며 사는 것이 중요하다.

1 사무엘이 온 이스라엘에게 이르되 보라 너희가 내게 한 말을 내가 다 듣고 너희 위에 왕을 세웠더니

2 이스라엘 사람 삼천 명을 택하여 그 중에서 이천 명은 자기와 함께 믹마스와 벧엘 산에 있게 하고 일천 명은 요나단과 함께 베냐민 기브아에 있게 하고 남은 백성은 각기 장막으로 보내니라

Saul picked 3,000 men, keeping 2,000 of them with him in Michmash and in the hill country of Bethel and sending 1,000 with his son Jonathan to Gibeah, in the territory of the tribe of Benjamin. The rest of the men Saul sent home.

3 요나단이 게바에 있는 블레셋 사람의 수비대를 치매 블레셋 사람이 이를 들은지라 사울이 온 땅에 나팔을 불어 이르되 히브리 사람들은 들으라 하니

Jonathan killed the Philistine commander in Geba, and all the Philistines heard about it. Then Saul sent messengers to call the Hebrews to war by blowing a trumpet throughout the whole country.

4 온 이스라엘이 사울이 블레셋 사람들의 수비대를 친 것과 이스라엘이 블레셋 사람들의 미움을 받게 되었다 함을 듣고 그 백성이 길갈로 모여 사울을 따르니라

All the Israelites were told that Saul had killed the Philistine commander and that the Philistines hated them. So the people answered the call to join Saul at Gilgal.

5 블레셋 사람들이 이스라엘과 싸우려고 모였는데 병거가 삼만이요 마병이 육천 명이요 백성은 해변의 모래 같이 많더라 그들이 올라와 벧아웬 동쪽 믹마스에 진 치매

The Philistines assembled to fight the Israelites; they had 30,000 war chariots, 6,000 horsemen, and as many soldiers as there are grains of sand on the seashore. They went to Michmash, east of Bethaven, and camped there.

6 이스라엘 사람들이 위급함을 보고 절박하여 굴과 수풀과 바위 틈과 은밀한 곳과 웅덩이에 숨으며

Then they launched a strong attack against the Israelites, putting them in a desperate situation. Some of the Israelites hid in caves and holes or among the rocks or in pits and wells;

7 어떤 히브리 사람들은 요단을 건너 갓과 길르앗 땅으로 가되 사울은 아직 길갈에 있고 그를 따른 모든 백성은 떨더라

others crossed the River Jordan into the territories of Gad and Gilead. Saul was still at Gilgal, and the people with him were trembling with fear.

13장

13:1-15:35은 사울의 통치에 대한 이야기이다.

13:3 게바에 있는 블레셋 사람의 수비대. '게바'는 이스라엘의 한 복판에 있는 군사적 요충지이다. 그곳에 블레셋의 수비대가 있었다는 것은 이스라엘이 블레셋의 영향권 아래 있었다는 것을 의미한다. 요나단은 그곳을 공격하여 블레셋의 세력을 완전히 몰아내고자 하였다.

13:5 블레셋 사람들이 이스라엘과 싸우려고 모였는데...해변의 모래 같이 많더라. 블레셋의 거대한 군대가 몰려왔다. 많아도 너무 많았다. 블레셋은 초장에 기세를 잡으려고 많은 군사를 동원했다. 이스라엘 한복판인 믹마스까지 단숨에 올라왔다. 이스라엘의 중심 지역에 블레셋 군대가 있고 이스라엘 군대는 변두리인 길갈에 모여 있는 형국이 되었다.

13:7 어떤 히브리 사람들은 요단을 건너...모든 백성은 떨더라. 많아도 너무 많은 블레셋의 군사와 최첨단 무기를 보고 이스라엘 백성들이 두려워하였다. 요단강을 건너 도망가는 사람도 생겼다. 길갈에 모인 이스라엘 군사들은 모두 두려움으로 떨었다.

13:8 정한 기한대로. 아마 이전에 사무엘이 사울에게 소식을 전한 것으로 보인다. 그것은 하나님의 뜻이라는 이름으로 전해졌던 것이 분명하다. '하나님께서 말씀하시기를 며칠에 길갈로 가서 제사를 드리라 하시니 그때까지 기다리십시오' 정도의 메시지를 사람을 통해 보냈고 사울과 백성들은 그것을 기다리고 있었던 것으로 보인다. 본래 '기다림'이란 고되고 힘든 일이다. 특히 하루 길도 안 되는

8 사울은 사무엘이 정한 기한대로 이레 동안을 기다렸으나 사무엘이 길갈로 오지 아니하매 백성이 사울에게서 흩어지는지라

He waited seven days for Samuel, as Samuel had instructed him to do, but Samuel still had not come to Gilgal. The people began to desert Saul,

9 사울이 이르되 번제와 화목제물을 이리로 가져오라 하여 번제를 드렸더니

so he said to them, "Bring me the burnt sacrifices and the fellowship sacrifices." He offered a burnt sacrifice,

10 번제 드리기를 마치자 사무엘이 온지라 사울이 나가 맞으며 문안하매

and just as he was finishing, Samuel arrived. Saul went out to meet him and welcome him,

11 사무엘이 이르되 왕이 행하신 것이 무엇이냐 하니 사울이 이르되 백성은 내게서 흩어지고 당신은 정한 날 안에 오지 아니하고 블레셋 사람은 믹마스에 모였음을 내가 보았으므로

but Samuel said, "What have you done?" Saul answered, "The people were deserting me, and you had not come when you said you would; besides that, the Philistines are gathering at Michmash.

12 이에 내가 이르기를 블레셋 사람들이 나를 치러 길갈로 내려오겠거늘 내가 여호와께 은혜를 간구하지 못하였다 하고 부득이하여 번제를 드렸나이다 하니라

So I thought, 'The Philistines are going to attack me here in Gilgal, and I have not tried to win the LORD's favour.' So I felt I had to offer a sacrifice."

13 사무엘이 사울에게 이르되 왕이 망령되이 행하였도다 왕이 왕의 하나님 여호와께서 왕에게 내리신 명령을 지키지 아니하였도다 그리하였더라면 여호와께서 이스라엘 위에 왕의 나라를 영원히 세우셨을 것이거늘

"That was a foolish thing to do," Samuel answered. "You have not obeyed the command the LORD your God gave you. If you had obeyed, he would have let you and your descendants rule over Israel for ever.

14 지금은 왕의 나라가 길지 못할 것이라 여호와께서 왕에게 명령하신 바를 왕이 지키지 아니하였으므로 여호와께서 그의 마음에 맞는 사람을 구하여 여호와께서 그를 그의 백성의 지도자로 삼으셨느니라 하고

But now your rule will not continue. Because you have disobeyed him, the LORD will find the kind of man he wants and make him ruler of his people."

18km정도 떨어진 곳에 블레셋의 대군이 모여 있는 것을 알고 있을 때는 더욱더 그러하다. 언제 블레셋이 몰려올지 모르는 상황이다. **이레 동안을 기다렸으나.** 가까운 거리에 무서운 블레셋 군대가 있는데 7일이나 기다린 것은 매우 많이 기다렸다 할 수 있 다. 기다리면서 '하나님은 왜, 사무엘은 왜 7일간이나 기다리게 하는가?'라고 불평이 많았을 것이다. 약속한 7일이 되었는데도 사무엘이 나타나지 않았다. **백성이 사울에게서 흩어지는지라.** 군사들이 길갈에서 떠나기 시작하였다.

13:9-10 약속한 7일째가 되었는데 사무엘이 나타나지 않자 사울은 번제를 드렸다. **번제 드리기를 마치자 사무엘이 온지라.** 히브리어는 '보라 사무엘이 왔다'라고 말하며 사무엘을 강조한 문장이다. 번제를 드리고 화목제를 드리는데 번제 드리기를 마치자마자 기막힌 타이밍에 사무엘이 온 것을 두고 하는 말이다. 시간적으로는 아주 미세한 차이였다. 번제를 드리기 전 아주 조금만 일찍 사무엘이 왔다면 좋았을 것 같다. 사무엘이 오기 전 번제 드리는 것을 조금만 더 기다렸으면 좋았을 것 같다. 사무엘이 조금 일찍 왔어야 하는 것이 아니라 사울이 번제를 조금만 더 늦게 드렸어야 했다. 7일째가 되었을 때 그 날은 이른 아침부터 시간이 매우 더디게 갔을 것이다. 전쟁의 순간이 임박한 것처럼 느낄 것이다. 빨리 제사를 드려야 하는 압박감을 느꼈을 것이다. 그러나 그것은 느낌일 뿐이다. 그러한 감정에 눌리지 말고 하나님께서 사무엘을 통해 말씀하신 그 때를 기다려야 했다. 그런데 미세한 시간 차이로 그것을 놓쳤다. 번제를 드리자마자 사무엘이 왔을 때 사울은 얼마나 놀랐을까?

13:11 백성은 내게서 흩어지고 당신은 정한 날에 오지 아니하고 블레셋 사람은 믹마스에 모였음을 내가 보았으므로. 사울에게는 당시 상황이 엄청난 압박이었을 것이다. 그런데 정확히 알아야 한다. 사무엘은 정한 날이 지났는데 오지 않은 것이 아니었다. 그 날이 정한 날이었다. 정한 날에 온 것이다. 사울이 약속을 어긴 것이다.

15 사무엘이 일어나 길갈에서 떠나 베냐민 기브아로 올라가니라 사울이 자기와 함께 한 백성의 수를 세어 보니 육백 명 가량이라

Samuel left Gilgal and went on his way. The rest of the people followed Saul as he went to join his soldiers. They went from Gilgal to Gibeah in the territory of Benjamin. Saul inspected his troops, about 600 men.

16 사울과 그의 아들 요나단과 그들과 함께 한 백성은 베냐민 게바에 있고 블레셋 사람들은 믹마스에 진 쳤더니

Saul, his son Jonathan, and their men camped in Geba in the territory of Benjamin; the Philistine camp was at Michmash.

17 노략꾼들이 세 대로 블레셋 사람들의 진영에서 나와서 한 대는 오브라 길을 따라서 수알 땅에 이르렀고

The Philistine soldiers went out on raids from their camp in three groups: one group went towards Ophrah in the territory of Shual,

18 한 대는 벧호론 길로 향하였고 한 대는 광야쪽으로 스보임 골짜기가 내려다 보이는 지역 길로 향하였더라

another went towards Beth Horon, and the other one went to the border overlooking the Valley of Zeboim and the wilderness.

19 그 때에 이스라엘 온 땅에 철공이 없었으니 이는 블레셋 사람들이 말하기를 히브리 사람이 칼이나 창을 만들까 두렵다 하였음이라

There were no blacksmiths in Israel because the Philistines were determined to keep the Hebrews from making swords and spears.

20 온 이스라엘 사람들이 각기 보습이나 삽이나 도끼나 괭이를 벼리려면 블레셋 사람들에게로 내려갔었는데

(The Israelites had to go to the Philistines to get their ploughs, hoes, axes, and sickles sharpened;

21 곧 그들이 괭이나 삽이나 쇠스랑이나 도끼나 쇠채찍이 무딜 때에 그리하였으므로

the charge was one small coin for sharpening axes and for repairing ox goads, and two coins for sharpening ploughs or hoes.)

22 싸우는 날에 사울과 요나단과 함께 한 백성의 손에는 칼이나 창이 없고 오직 사울과 그의 아들 요나단에게만 있었더라

And so on the day of battle none of the Israelite soldiers except Saul and his son Jonathan had swords or spears.

23 블레셋 사람들의 부대가 나와서 믹마스 어귀에 이르렀더라

The Philistines sent a group of soldiers to defend the pass of Michmash.

성경, 이해하며 읽기 **사무엘상**

전쟁이라는 엄중한 현실과 백성이 흩어지는 혼란스러운 상황이라면 지도자인 사울은 믿음으로 더욱더 굳건하게 섰어야 했다. 백성들을 믿음으로 가르쳤어야 했다.

13:12 블레셋 사람들이 나를 치러 길갈로 내려오겠거늘 내가 여호와께 은혜를 간구하지 못하였다 하고 부득이하여 번제를 드렸나이다. 믿음이 있어 보이는 말이다. 전쟁 전에 어떻게 하든 제사를 드리려 한다고 생각했다. 그러나 이것은 믿음이 없는 모습이다. 하나님께서 분명히 사무엘을 통해 말씀하시기를 '기다리라' 하셨다. 그런데 온전히 신뢰하지 못하고 하나님의 말씀이 아니라 상황을 따른 것이다. 그래서 백성들의 마음을 붙잡고 불안한 자신의 마음이라도 붙잡기 위해 멋대로 제사를 드린 것이다. 제사보다 신뢰하는 마음이 더 낫다. 여기에서 사울의 죄는 제사장도 아니면서 제사를 드린 것보다 하나님을 온전히 신뢰하지 못하고 우왕좌왕하는 모습이 더 크다. 하나님의 말씀에도 불구하고 기다리지 못하고 자신의 생각대로 한 것이 문제였다.

13:13 여호와께서 왕에게 내리신 명령을 지키지 아니하였도다. 사울이 명심해야 할 것은 블레셋이라는 거대한 적과 군사가 아니라 '하나님께서 무엇을 하시는가'였다. 하나님께서 말씀하시는 것에 관심을 가져야 했다. 사울이 죽고 사는 것은 블레셋의 군대가 아니라 하나님께 달린 문제였다. **그리하였더라면 여호와께서 이스라엘 위에 왕의 나라를 영원히 세우셨을 것이거늘.** 블레셋과의 전쟁은 사울 개인적으로도 중요하였다. 만약 그가 하나님의 명령을 잘 지켰다면 그의 나라가 영원히 세워졌을 것이다. 사무엘을 통해 기다리라 하신 말씀을 제대로 지키는 것이 중요하였다. 그러나 그는 지금까지 그리고 이제 결정적으로 하나님의 말씀을 마음에 품지 않고 그의 눈에 보이는 블레셋만 생각하고 있었다. 그래서 그의 나라는 영원할 수 없다.

13:14 왕의 나라가 길지 못할 것이라...여호와께서 그의 마음에 맞는 사람을 구하여...그의 백성의 지도자로 삼으셨느니라. 사울은 지금 블레셋만 보고 있으나 하나님께서는 그의 나라의 앞으로의 긴 시간에 대해 말씀하신다. 그리고 다음 왕에 대해서 이야기하셨다. 이 사건은 사울의 통치 2년 혹은 10년 정도 된 시점(1절의 해석에 따라 다양한 해석이 가능하다)일 것이다. 그의 모든 통치를 가늠할 수 있는 중요한 순간에 그는 준비되지 못한 왕이라는 것이 드러났다.

13:15 사울이 자기와 함께 한 백성의 수를 세어 보니 육백 명 가량이라. 600명의 군대로 마병 6000명의 군대와 싸워야 했다. 마병만 10배인 적군과 싸워야 하는 상태이다. 사울은 군사의 수에 제일 신경 쓰였을 것이다.

13:17 노략꾼들이 세 대로...블레셋 사람들의 진영에서 나와서. 블레셋의 군대는 이스라엘이 그들의 상대가 되지 않는다는 것을 알았다. 그들은 전쟁의 상대이기 보다는 '노략꾼'이었다. 그들은 싸우는 것이 아니라 파괴하며 다녔다. 힘이 강하였기 때문에 성 안에서 방어하지 않았다. 성에서 나와 여러 방향으로 노략질하러 갔다.

13:19 이스라엘 온 땅에 철공이 없었으니. 블레셋은 철기 문화였고 이스라엘은 청동기 문화였다. 동양은 빨라야 주전 4세기, 우리 나라는 1세기에 가서야 철기 문화가 들어왔지만 블레셋은 가장 먼저 철기 문화를 가진 사람들이었다. 주전 11세기인 이 당시 그들은 철기 문화를 가지고 있었다. 이스라엘은 가장 필요한 철기 농기구를 그들을 통해 매우 비싸게 보급받았다. 그런데 그 기술을 가르쳐 주지 않았다. 기술을 가르쳐 주면 이스라엘이 철기 무기를 만들 것이기 때문이다.

13:22 백성의 손에는 칼이나 창이 없고 오직 사울과 그의 아들 요나단에게만 있었더라.

왕과 왕자만 철기 무기를 가지고 있었고 다른 군사들은 돌과 청동기 무기를 가지고 있었다. 숫자도 적은데 무기도 형편없었다.

1 하루는 사울의 아들 요나단이 자기의 무기를 든 소년에게 이르되 우리가 건너편 블레셋 사람들의 부대로 건너가자 하고 그의 아버지에게는 아뢰지 아니하였더라

One day Jonathan said to the young man who carried his weapons, "Let's go across to the Philistine camp." But Jonathan did not tell his father Saul,

2 사울이 기브아 변두리 미그론에 있는 석류나무 아래에 머물렀고 함께 한 백성은 육백 명 가량이며

who was camping under a pomegranate tree in Migron, not far from Gibeah; he had about 600 men with him.

3 아히야는 에봇을 입고 거기 있었으니 그는 이가봇의 형제 아히둡의 아들이요 비느하스의 손자요 실로에서 여호와의 제사장이 되었던 엘리의 증손이었더라 백성은 요나단이 간 줄을 알지 못하니라

(The priest carrying the ephod was Ahijah, the son of Ichabod's brother Ahitub, who was the son of Phinehas and grandson of Eli, the priest of the LORD in Shiloh.) The men did not know that Jonathan had left.

4 요나단이 블레셋 사람들에게로 건너가려 하는 어귀 사이 이쪽에는 험한 바위가 있고 저쪽에도 험한 바위가 있는데 하나의 이름은 보세스요 하나의 이름은 세네라

In the pass of Michmash, which Jonathan had to go through to get over to the Philistine camp, there were two large jagged rocks, one on each side of the pass: one was called Bozez and the other Seneh.

5 한 바위는 북쪽에서 믹마스 앞에 일어섰고 하나는 남쪽에서 게바 앞에 일어섰더라

One was on the north side of the pass, facing Michmash, and the other was on the south side, facing Geba.

6 요나단이 자기의 무기를 든 소년에게 이르되 우리가 이 할례 받지 않은 자들에게로 건너가자 여호와께서 우리를 위하여 일하실까 하노라 여호와의 구원은 사람이 많고 적음에 달리지 아니하였느니라

Jonathan said to the young man, "Let's cross over to the camp of those heathen Philistines. Maybe the LORD will help us; if he does, nothing can keep him from giving us the victory, no matter how few of us there are."

14장

14:1 우리가 건너편 블레셋 사람들의 부대로 건너가자. 요나단이 자신의 무기를 든 소년에게 말하였다. 그는 전쟁이 길어지면서 이스라엘 군의 사기가 떨어지는 것을 보았다. 그래서 타개책을 찾았다.

14:4 이쪽에는 험한 바위가 있고 저쪽에도 험한 바위가 있는데. 요나단이 블레셋 진영으로 건너가고자 하였다. 그 가운데 큰 장애물이 있었다. 요나단이 블레셋 진영에 이르기 위해서는 험한 바위를 두 번 지나야 했다. 결코 쉽지 않았다. 바위를 타며 내려가고 올라가다 전쟁을 하기도 전에 떨어져 죽을 수도 있었다. 블레셋 진영에 도착하기도 전에 힘이 다 빠질 것이다. 그러나 요나단은 그러한 장애물을 두려워하지 않았다.

14:6 여호와께서 우리를 위하여 일하실까 하노라 여호와의 구원은 사람이 많고 적음에 달리지 아니하였느니라. 요나단이 전쟁에 나선 이유는 '하나님'께 있었다. 사람들이 생각할 때는 블레셋 사람이 많아서 싸우지 못했다. 그러나 요나단은 하나님께서 함께 하시면 이길 수 있다고 생각하였다. 하나님께서 함께 하시면 병사의 많고 적음이 문제가 되지 않는다고 생각하였다.

14:10 그들이...우리에게로 올라오라 하면...여호와께서 그들을 우리 손에 넘기셨음이니. 요나단은 무데뽀로 공격하지는 않았다. 그가 판단할 수 있는 최소한의 기준을 두었다. 블레셋 병사들이 험한 바위를 내려올 가능성보다는 올라오라고 할 가능성이 높다. 요나단은 피할 이유보다는 공격할 이유를 찾고 있는 것 같다. 쉬워서 그런 것은 아니다. 요나단은 그가 할 수 있는 최선의 방법으로 하나님의 뜻을 찾았다. 용감하게 찾았다.

7 무기를 든 자가 그에게 이르되 당신의 마음에 있는 대로 다 행하여 앞서 가소서 내가 당신과 마음을 같이 하여 따르리이다

The young man answered, "Whatever you want to do, I'm with you."

8 요나단이 이르되 보라 우리가 그 사람들에게로 건너가서 그들에게 보이리니

"All right," Jonathan said. "We will go across and let the Philistines see us.

9 그들이 만일 우리에게 이르기를 우리가 너희에게로 가기를 기다리라 하면 우리는 우리가 있는 곳에 가만히 서서 그들에게로 올라가지 말 것이요

If they tell us to wait for them to come to us, then we will stay where we are.

10 그들이 만일 말하기를 우리에게로 올라오라 하면 우리가 올라갈 것은 여호와께서 그들을 우리 손에 넘기셨음이니 이것이 우리에게 표징이 되리라 하고

But if they tell us to go to them, then we will, because that will be the sign that the LORD has given us victory over them."

11 둘이 다 블레셋 사람들에게 보이매 블레셋 사람이 이르되 보라 히브리 사람이 그들이 숨었던 구멍에서 나온다 하고

So they let the Philistines see them, and the Philistines said, "Look! Some Hebrews are coming out of the holes they have been hiding in!"

12 그 부대 사람들이 요나단과 그의 무기를 든 자에게 이르되 우리에게로 올라오라 너희에게 보여 줄 것이 있느니라 한지라 요나단이 자기의 무기를 든 자에게 이르되 나를 따라 올라오라 여호와께서 그들을 이스라엘의 손에 넘기셨느니라 하고

Then they called out to Jonathan and the young man, "Come on up here! We have something to tell you!" Jonathan said to the young man, "Follow me. The LORD has given Israel victory over them."

13 요나단이 손 발로 기어 올라갔고 그 무기를 든 자도 따랐더라 블레셋 사람들이 요나단 앞에서 엎드러지매 무기를 든 자가 따라가며 죽였으니

Jonathan climbed up out of the pass on his hands and knees, and the young man followed him. Jonathan attacked the Philistines and knocked them down, and the young man killed them.

14 요나단과 그 무기를 든 자가 반나절 갈이 땅 안에서 처음으로 쳐죽인 자가 이십 명 가량이라

In that first slaughter Jonathan and the young man killed about twenty men in an area of about a quarter of a hectare.

14:12 나를 따라 올라오라 여호와께서 그들을 이스라엘의 손에 넘기셨느니라. 요나단은 끝까지 여호와의 이름으로 전쟁을 진행하고 있다. 여호와의 이름으로 싸웠다.

14:14 반나절 갈이 땅 안에서. 이것의 히브리어는 '두 마리의 소가 반나절 갈 수 있는 땅 면적(1/2 에이커)'이라는 뜻이다. 600평 정도 된다. 험한 바위를 올라가면서 600평 정도를 지나면서 블레셋 사람 20명을 죽인 것이다.

수많은 블레셋 군사 중에 20명을 죽였다는 것은 표시도 나지 않을 정도로 미미한 숫자이다. 그러나 이 승리가 결국 이스라엘의 승리로 이어진다. 결국 요나단이 하나님을 신뢰하며 전쟁에 나간 것이 이스라엘 군이 블레셋 군을 이기는 가장 결정적 이유가 되었다.

14:16 블레셋 사람들이 무너져 이리 저리 흩어지더라. 사울이 진영에서 멀리 블레셋 진영을 보니 블레셋 진영에 분명히 무슨 일이 일어난 것 같았다. 알아보니 아들 요나단이 단 둘이 들어가 적지에 들어가 싸우고 있는 것으로 보였다.

14:18 하나님의 궤를 이리로 가져오라. '하나님의 궤'를 칠십인역에서는 '에봇'으로 번역한다. 아마 에봇이 맞을 것 같다. 하나님의 궤는 늘 성막 안에 있었으며 언약궤를 빼앗길 때 빼고는 다른 곳으로 옮긴 적이 없기 때문이다. 전통적으로 하나님의 뜻을 알기 위해 에봇을 사용한 것처럼 이번에도 에봇을 사용하여 묻고자 하였을 것이다.

14:19 블레셋 사람들의 진영에 소동이 점점 더한지라 사울이 제사장에게 이르되 네 손을 거두라. 제사장이 하나님의 뜻을 에봇을 통해 알아보고 있을 때 블레셋 진영이 더욱더 소란스러워졌다. 그것을 보고 사울은 '빨리 전쟁에 나서야겠다'고 생각하

15 들에 있는 진영과 모든 백성들이 공포에 떨었고 부대와 노략꾼들도 떨었으며 땅도 진동하였으니 이는 큰 떨림이었더라

All the Philistines in the countryside were terrified; the raiders and the soldiers in the camp trembled with fear; the earth shook, and there was great panic.

16 베냐민 기브아에 있는 사울의 파수꾼이 바라본즉 허다한 블레셋 사람들이 무너져 이리 저리 흩어지더라

Saul's men on watch at Gibeah in the territory of Benjamin saw the Philistines running in confusion.

17 사울이 자기와 함께 한 백성에게 이르되 우리에게서 누가 나갔는지 점호하여 보라 하여 점호한즉 요나단과 그의 무기를 든 자가 없어졌더라

So Saul said to his men, "Count the soldiers and find out who is missing." They did so and found that Jonathan and the young man who carried his weapons were missing.

18 사울이 아히야에게 이르되 하나님의 궤를 이리로 가져오라 하니 그 때에 하나님의 궤가 이스라엘 자손과 함께 있음이니라

"Bring the ephod here," Saul said to Ahijah the priest. (On that day Ahijah was carrying it in front of the people of Israel.)

19 사울이 제사장에게 말할 때에 블레셋 사람들의 진영에 소동이 점점 더한지라 사울이 제사장에게 이르되 네 손을 거두라 하고

As Saul was speaking to the priest, the confusion in the Philistine camp got worse and worse, so Saul said to him, "There's no time to consult the LORD!"

20 사울과 그와 함께 한 모든 백성이 모여 전장에 가서 본즉 블레셋 사람들이 각각 칼로 자기의 동무들을 치므로 크게 혼란하였더라

Then he and his men marched into battle against the Philistines, who were fighting each other in complete confusion.

21 전에 블레셋 사람들과 함께 하던 히브리 사람이 사방에서 블레셋 사람들과 함께 진영에 들어왔더니 그들이 돌이켜 사울과 요나단과 함께 한 이스라엘 사람들과 합하였고

Some Hebrews, who had been on the Philistine side and had gone with them to the camp, changed sides again and joined Saul and Jonathan.

22 에브라임 산지에 숨었던 이스라엘 모든 사람도 블레셋 사람들이 도망함을 듣고 싸우러 나와서 그들을 추격하였더라

Others, who had been hiding in the hills of Ephraim, heard that the Philistines were running away, so they also joined in and attacked the Philistines,

였다. 그래서 제사장이 하나님의 뜻을 묻는 것을 멈추게 하였다.

사울은 하나님의 뜻을 아는 것보다 전쟁에서 이기는 것이 중요하였다. 블레셋 진영에서 혼란이 있을 때 그곳에 들어가는 것이 두려워 제사장을 통해 하나님의 뜻을 알려고 하였다. 그러나 블레셋 진영이 더 혼란스러운 것으로 보이자 하나님의 뜻을 알아보는 것조차 멈추고 진격하였다.

14:20 블레셋 사람들이 각각 칼로 자기의 동무들을 치므로 크게 혼란하였더라. 요나단과 그의 무기 든 사람만 블레셋과 싸운 것이 아니라 블레셋 안에서 서로 싸우는 일이 벌어졌다. 이전에 블레셋에 협조하던 이스라엘 사람들이 칼을 요나단에게 향하지 않고 블레셋 사람에게 향하였기 때문이다.

14:22 에브라임 산지에 숨었던 이스라엘 모든 사람도 블레셋 사람들이 도망함을 듣고 싸우러 나와. 전쟁이 진행되면서 더 많은 병사가 이스라엘 군에 합류하였다. 도망가고 숨었던 사람들까지 함께 나와 블레셋과 싸웠다. 결국 전쟁은 상상할 수 없었던 결과가 나왔다. 이스라엘이 이겼다.

14:23 여호와께서 그 날에 이스라엘을 구원하시므로. 전쟁에서 이기게 하신 분은 하나님이시다. 사울은 여러가지로 부족하였다. 그런 부족함에도 불구하고 하나님께서 전쟁에 승리하게 하셨다.

사울이 착각하면 안 된다. 자신이 잘하여 전쟁에서 이긴 것이라고 착각하지 말아야 한다. 그런데 착각할 것이다. 오늘날 사람들도 승리하면 착각을 많이 한다. 승리하면 자신이 옳다고 생각한다. 사울이 아니라 요나단 때문에 승리한 것이다. 요나단의 믿음과 이스라엘 백성을 향한 하나님의 긍휼하심이 전쟁에 승리하게 된 이유다. 그런데 사울이 자신 때문이라고 착각하고 자신의 교만을 더욱더 세우게 된다. 오늘날 사람들도 자신 때문에 승리한 것이 아님에도 불구하고 착각하면서

23 여호와께서 그 날에 이스라엘을 구원하시므로 전쟁이 벧아웬을 지나니라

fighting all the way beyond Bethaven. The LORD saved Israel that day.

24 이 날에 이스라엘 백성들이 피곤하였으니 이는 사울이 백성에게 맹세시켜 경계하여 이르기를 저녁 곧 내가 내 원수에게 보복하는 때까지 아무 음식물이든지 먹는 사람은 저주를 받을지어다 하였음이라 그러므로 모든 백성이 음식물을 맛보지 못하고

The Israelites were weak with hunger that day, because Saul, with a solemn oath, had given the order: "A curse be on anyone who eats any food today before I take revenge on my enemies." So nobody had eaten anything all day.

25 그들이 다 수풀에 들어간즉 땅에 꿀이 있더라

They all came into a wooded area and found honey everywhere.

26 백성이 수풀로 들어갈 때에 꿀이 흐르는 것을 보고도 그들이 맹세를 두려워하여 손을 그 입에 대는 자가 없었으나

The woods were full of honey, but no one ate any of it because they were all afraid of Saul's curse.

27 요나단은 그의 아버지가 백성에게 맹세하여 명령할 때에 듣지 못하였으므로 손에 가진 지팡이 끝을 내밀어 벌집의 꿀을 찍고 그의 손을 돌려 입에 대매 눈이 밝아졌더라

But Jonathan had not heard his father threaten the people with a curse; so he reached out with the stick he was carrying, dipped it in a honeycomb, and ate some honey. At once he felt much better.

28 그 때에 백성 중 한 사람이 말하여 이르되 당신의 부친이 백성에게 맹세하여 엄히 말씀하시기를 오늘 음식물을 먹는 사람은 저주를 받을지어다 하셨나이다 그러므로 백성이 피곤하였나이다 하니

But one of the men said, "We are all weak with hunger, but your father threatened us and said, 'A curse be on anyone who eats any food today.' "

29 요나단이 이르되 내 아버지께서 이 땅을 곤란하게 하셨도다 보라 내가 이 꿀 조금을 맛보고도 내 눈이 이렇게 밝아졌거든

Jonathan answered, "What a terrible thing my father has done to our people! See how much better I feel because I ate some honey!

30 하물며 백성이 오늘 그 대적에게서 탈취하여 얻은 것을 임의로 먹었더라면 블레셋 사람을 살륙함이 더욱 많지 아니하였겠느냐

How much better it would have been today if our people had eaten the food they took when they defeated the enemy. Just think how many more Philistines they would have killed!"

승리에 도취된 사람이 많다.

14:24 이 날에 이스라엘 백성들이 피곤하였으니 이는 사울이 백성에게 맹세시켜...아무 음식물이든지 먹는 사람은 저주를 받을지어다 하였음이라. 이스라엘이 이기고 있었다. 그런데 병사들이 매우 피곤하였다. 사울이 음식 먹는 것을 금지하였기 때문에 아무 것도 먹지 못하고 전쟁하였기 때문이다.

사울은 왜 음식을 금지하였을까? 금지시킨 이유가 나오지 않는다. 추측만 할 수 있다. 중요한 전쟁이니 먹는데 신경 쓰지 말고 전쟁에만 집중하도록 하기 위함 일 수 있다. 그러나 그렇다면 오판이다. 어떻게 싸우는 군사가 먹지 않고 싸울 수 있을까? 아마 그것은 하나의 대의명분일 뿐인 것 같다. 사실은 이 전쟁의 승리가 요나단의 용기와 하나님의 은혜 때문이었는데 '요나단과 하나님께 주의가 쏠리는 것을 막고 자신의 역할이 더 드러나도록 하기 위함'인 것으로 보인다. 하나님의 인도하심이 아니라 자신의 전략과 전술이 더 중요한 승리 요인이었다고 자랑하고 싶었던 것 같다. 먹지 못하고 싸우는 병사들도 은혜 주신 하나님보다는 '먹지 마라'고 엄하게 말한 사울의 명령만 생각났을 것이다.

14:27 꿀을…입에...눈이 밝아졌더라. 요나단은 꿀을 먹고 힘이 생겼다. 전쟁은 당연히 그렇게 힘을 보충하며 싸워야 한다.

14:29 내 아버지께서 이 땅을 곤란하게 하셨도다. 요나단이 다른 사람을 통해 아버지의 맹세에 대해 듣고 말하였다. 사울이 마치 하나님을 향해 열심인 것 같으나 사실은 이스라엘 백성을 매우 곤란하게 하는 것이었다.

14:32 탈취한 물건에 달려가서...피째 먹었더니. 맹세의 기간이 지나자 그들은 탈취한 짐승들을 잡아 게걸스럽게 먹었다. 짐승을 먹을 때 피를 빼야 한다는 것을 너

31 그 날에 백성이 믹마스에서부터 아얄론에 이르기까지 블레셋 사람들을 쳤으므로 그들이 심히 피곤한지라

That day the Israelites defeated the Philistines, fighting all the way from Michmash to Aijalon. By this time the Israelites were very weak with hunger,

32 백성이 이에 탈취한 물건에 달려가서 양과 소와 송아지들을 끌어다가 그것을 땅에서 잡아 피째 먹었더니

and so they rushed over to what they had captured from the enemy, took sheep and cattle, slaughtered them on the spot, and ate the meat with the blood still in it.

33 무리가 사울에게 전하여 이르되 보소서 백성이 고기를 피째 먹어 여호와께 범죄하였나이다 사울이 이르되 너희가 믿음 없이 행하였도다 이제 큰 돌을 내게로 굴려 오라 하고

Saul was told, "Look, the people are sinning against the LORD by eating meat with the blood in it." "You are traitors!" Saul cried out. "Roll a big stone over here to me."

34 또 사울이 이르되 너희는 백성 중에 흩어져 다니며 그들에게 이르기를 사람은 각기 소와 양을 이리로 끌어다가 여기서 잡아 먹되 피째로 먹어 여호와께 범죄하지 말라 하라 하매 그 밤에 모든 백성이 각각 자기의 소를 끌어다가 거기서 잡으니라

Then he gave another order: "Go among the people and tell them all to bring their cattle and sheep here. They are to slaughter them and eat them here; they must not sin against the LORD by eating meat with blood in it." So that night they all brought their cattle and slaughtered them there.

35 사울이 여호와를 위하여 제단을 쌓았으니 이는 그가 여호와를 위하여 처음 쌓은 제단이었더라

Saul built an altar to the LORD, the first one that he built.

36 사울이 이르되 우리가 밤에 블레셋 사람들을 추격하여 동틀 때까지 그들 중에서 탈취하고 한 사람도 남기지 말자 무리가 이르되 왕의 생각에 좋은 대로 하소서 할 때에 제사장이 이르되 이리로 와서 하나님께로 나아가사이다 하매

Saul said to his men, "Let's go down and attack the Philistines in the night, plunder them until dawn, and kill them all." "Do whatever you think best," they answered. But the priest said, "Let's consult God first."

무 잘 알고 있었지만 그들은 동물의 피를 다 빼고 먹기에는 너무 지쳤고 배가 고 팠다. 그래서 피를 대충 빼서 먹었기 때문에 피째 먹게 되었다. 그들은 결국 사울의 명령을 지키느라 하나님의 명령을 어긴 것이 되었다.

14:33 무리가 사울에게 전하여...백성이 고기를 피째 먹어 여호와께 범죄하였나이다.
사울은 그들이 고기를 피째 먹지 않도록 하기 위해 '큰 돌을 내게로 굴려 오라'고 말한다. 고기를 그 위에서 잡아서 피가 더 잘 빠지도록 하기 위함이다.
사울은 이후에 자신의 맹세를 어긴 요나단을 죽이려 한다. 그런데 여기에서 하나님의 말씀을 어긴 군사들에게는 죄를 묻지 않고 있다. 사울은 하나님의 명령을 어긴 사람에 대해서는 가볍게 여기고 자신의 명령을 어긴 사람에게는 무겁게 생각했다. 그가 하나님보다 더 앞서 있다.

14:35 여호와를 위하여 제단을 쌓았으니. 그가 전쟁에서 승리하고 감사하는 제단인 것 같다. 그러나 그의 이 행동조차도 사실 잘못된 행동이다. "너는 삼가서 네게 보이는 아무 곳에서나 번제를 드리지 말고" (신 12:13) 가나안 정착 전 족장 시대에는 그들이 가는 곳마다 제단을 쌓는 것이 옳은 일이었다. 그러나 가나안 정착 이후에는 '아무 곳에서나 번제를 드리지 말고'라는 말씀에 따라 정해진 장소가 있었다. 그런데 사울은 그것을 어기고 있다. 그는 제사하는 일에서조차 하나님보다 자신이 앞서고 있다.

14:36 밤에 블레셋 사람들을 추격하여 동틀 때까지 그들 중에서 탈취하고 한 사람도 남기지 말자. 그는 이기고 있는 그때 더욱 확실하게 승기를 잡아야 한다고 생각하였다. 그러나 사실 블레셋을 계속 추격하는 것은 위험한 일이다. **제사장이 이르되 이리로 와서 하나님께로 나아가사이다.** 제사장은 하나님의 뜻을 묻자고 제안하였다. 결국 하나님의 뜻을 물었다.

37 사울이 하나님께 묻자오되 내가 블레셋 사람들을 추격하리이까 주께서 그들을 이스라엘의 손에 넘기시겠나이까 하되 그 날에 대답하지 아니하시는지라

So Saul asked God, "Shall I attack the Philistines? Will you give us victory?" But God did not answer that day.

38 사울이 이르되 너희 군대의 지휘관들아 다 이리로 오라 오늘 이 죄가 누구에게 있나 알아보자

Then Saul said to the leaders of the people, "Come here and find out what sin was committed today.

39 이스라엘을 구원하신 여호와께서 살아 계심을 두고 맹세하노니 내 아들 요나단에게 있다 할지라도 반드시 죽으리라 하되 모든 백성 중 한 사람도 대답하지 아니하매

I promise by the living LORD, who gives Israel victory, that the guilty one will be put to death, even if he is my son Jonathan." But no one said anything.

40 이에 그가 온 이스라엘에게 이르되 너희는 저쪽에 있으라 나와 내 아들 요나단은 이쪽에 있으리라 백성이 사울에게 말하되 왕의 생각에 좋은 대로 하소서 하니라

Then Saul said to them, "All of you stand over there, and Jonathan and I will stand over here." "Do whatever you think best," they answered.

41 이에 사울이 이스라엘의 하나님 여호와께 아뢰되 원하건대 실상을 보이소서 하였더니 요나단과 사울이 뽑히고 백성은 면한지라

Saul said to the LORD, the God of Israel, "LORD, why have you not answered me today? LORD, God of Israel, answer me by the sacred stones. If the guilt is Jonathan's or mine, answer by the Urim; but if it belongs to your people Israel, answer by the Thummim." The answer indicated Jonathan and Saul; and the people were cleared.

42 사울이 이르되 나와 내 아들 요나단 사이에 뽑으라 하였더니 요나단이 뽑히니라

Then Saul said, "Decide between my son Jonathan and me." And Jonathan was indicated.

43 사울이 요나단에게 이르되 네가 행한 것을 내게 말하라 요나단이 말하여 이르되 내가 다만 내 손에 가진 지팡이 끝으로 꿀을 조금 맛보았을 뿐이오나 내가 죽을 수밖에 없나이다

Then Saul asked Jonathan, "What have you done?" Jonathan answered, "I ate a little honey with the stick I was holding. Here I am—I am ready to die."

14:37 내가 블레셋 사람들을 추격하리이까 주께서 그들을 이스라엘의 손에 넘기시겠나이까. 하나님의 뜻을 묻는 방식이 정확하지 않다. 묻는 자가 내용을 묻고 답은 제사장의 에봇에 있는 우림과 둠밈으로 세 가지 '그렇다, 아니다, 무응답'의 항목이 있었던 같다. '대답하지 아니하시는지라'는 '무응답'으로 나왔다는 것을 의미한다.

14:38 죄가 누구에게 있나 알아보자. 무응답을 사울은 이스라엘에 죄가 있기 때문이라 생각하였다. 이번에는 방식을 바꾸었다.

14:39 여호와께서 살아계심을 두고 맹세하노니 내 아들 요나단에게 있다 할지라도 반드시 죽으리라. 얼마나 엄하고 험악한 분위기가 되었을까? 그러나 이것은 너무 경솔한 맹세가 된다.

14:40 너희는 저쪽에 있으라 나와 내 아들 요나단은 이쪽에 있으리라. 제비뽑기처럼 어느 한 편이 뽑히는 방식이었다. 이것은 사생결단과 같은 선택 방식이다.

14:43 내가 죽을 수밖에 없나이다. 요나단이 자신의 죄를 고백하지만 사실 요나단은 죄가 없다. 그는 사울이 맹세하게 할 때 그곳에 없었기 때문에 맹세의 대상이 되지 않는다. 그기에 사울은 죄인을 바로 뽑은 것이 아니다.

14:44 요나단아 네가 반드시 죽으리라 그렇지 않으면 하나님이 내게 벌을 내리시고. 그는 하나님의 이름으로 반드시 요나단을 죽이겠다고 말하고 있다. 자신의 감정대로 하나님의 이름을 사용하고 있다.

14:45 여호와의 살아 계심을 두고 맹세하옵나니 그의 머리털 하나도 땅에 떨어지지 아니할 것은. 백성들은 요나단의 용기 때문에 전쟁에서 이긴 것을 너무 잘 알고 있었

44 사울이 이르되 요나단아 네가 반드시 죽으리라 그렇지 않으면 하나님이 내게 벌을 내리시고 또 내리시기를 원하노라 하니

Saul said to him, "May God strike me dead if you are not put to death!"

45 백성이 사울에게 말하되 이스라엘에 이 큰 구원을 이룬 요나단이 죽겠나이까 결단코 그렇지 아니하니이다 여호와의 살아 계심을 두고 맹세하옵나니 그의 머리털 하나도 땅에 떨어지지 아니할 것은 그가 오늘 하나님과 동역하였음이니이다 하여 백성이 요나단을 구원하여 죽지 않게 하니라

But the people said to Saul, "Will Jonathan, who won this great victory for Israel, be put to death? No! We promise by the living LORD that he will not lose even a hair from his head. What he did today was done with God's help." So the people saved Jonathan from being put to death.

46 사울이 블레셋 사람들 추격하기를 그치고 올라가매 블레셋 사람들이 자기 곳으로 돌아가니라

After that, Saul stopped pursuing the Philistines, and they went back to their own territory.

47 사울이 이스라엘 왕위에 오른 후에 사방에 있는 모든 대적 곧 모압과 암몬 자손과 에돔과 소바의 왕들과 블레셋 사람들을 쳤는데 향하는 곳마다 이겼고

After Saul became king of Israel, he fought against all his enemies everywhere: the people of Moab, of Ammon, and of Edom, the kings of Zobah, and the Philistines. Wherever he fought he was victorious.

48 용감하게 아말렉 사람들을 치고 이스라엘을 그 약탈하는 자들의 손에서 건졌더라

He fought heroically and defeated even the people of Amalek. He saved the Israelites from all attacks.

49 사울의 아들은 요나단과 이스위와 말기수아요 그의 두 딸의 이름은 이러하니 맏딸의 이름은 메랍이요 작은 딸의 이름은 미갈이며

Saul's sons were Jonathan, Ishvi, and Malchishua. His elder daughter was named Merab, and the younger one Michal.

50 사울의 아내의 이름은 아히노암이니 아히마아스의 딸이요 그의 군사령관의 이름은 아브넬이니 사울의 숙부 넬의 아들이며

His wife was Ahinoam, the daughter of Ahimaaz; his army commander was his cousin Abner, the son of his uncle Ner.

다. 그래서 사울의 광기를 막아 섰다.

이 사건은 결국 하나님의 권위와 사울의 권위 모두 땅에 떨어지고 말았다. 사울이 하나님의 이름으로 맹세한 일을 실행할 수 없었기 때문이다. 블레셋과의 싸움에서 처음으로 이기는 엄청난 순간이었으나 결국은 하나님께도 영광이 되지 못하고 사울의 왕권에도 도움이 되지 못한채 사울의 공명심으로 부끄럽게 끝나고 말았다.

47절-52절은 갑자기 사울의 전 생애에 걸친 전쟁 이야기를 요약하고 있다.

14:47 사울이 왕위에 오른 후...향하는 곳마다 이겼고. 사울은 전쟁이라는 측면에 있어서는 매우 성공적이었다. 약하기만 했던 이스라엘이 주변국의 압제에서 벗어날 수 있게 되었다. 사울은 아들 요나단과 다윗이라는 훌륭한 장수가 있어 전쟁에서 더욱 승리할 수 있었을 것이다. 그의 승리는 그의 승리만이 아니라 이스라엘의 안위와 이후의 하나님의 계획이 맞물려 있다. 그래서 하나님께서 그가 승리하도록 하셨다. 그러나 전쟁에서의 승리가 그의 삶에서의 승리가 되지는 못하였다.

14:52 사울이 사는 날 동안에 불레셋 사람과 큰 싸움이 있었으므로. 블레셋이 가장 큰 주된 적이었다. 계속 전쟁이 이어졌다. **사울이 힘 센 사람이나 용감한 사람을 보면 그들을 불러모았더라.** 사울은 계속 전쟁을 대비해야 했다. 그래서 좋은 군사가 될 사람을 보면 고용하여 병사로 키웠다. 그는 늘 전쟁을 생각하며 살아야 했고 그렇게 살았다.

사울이 전쟁을 생각하면서 살아야 했다. 그러나 그에게 더욱더 중요한 것은 믿음의 싸움이다. 그러나 그는 그 부분에 있어서는 철저히 패배하게 된다. 그는 전쟁에 성공하였으나 신앙에 실패한 사람이 된다. 결국 실패한 왕이 된다.

51 사울의 아버지는 기스요 아브넬의 아버지는 넬이니 아비엘의 아들이었더라

Saul's father Kish and Abner's father Ner were sons of Abiel.

52 사울이 사는 날 동안에 블레셋 사람과 큰 싸움이 있었으므로 사울이 힘 센 사람이나 용감한 사람을 보면 그들을 불러모았더라

As long as he lived, Saul had to fight fiercely against the Philistines. So whenever he found a man who was strong or brave, he would enlist him in his army.

오늘날 사람들을 보면 자신이 원하는 어떤 일에 성공한 사람들이 있다. 남이 보기에도 분명히 업적이 될 수 있다. 그러나 그러한 일에 힘을 쏟다 보니 믿음을 위한 노력에 게으르게 되고 결국 믿음 밖에 있게 되는 사람들이 많다. 믿음을 생각할 겨를도 없이 인생이 지나간다. 믿음을 위해 살아야 할 거룩한 여정이 있는 걸 모르고 인생을 낭비하게 된다. 사울은 이스라엘의 왕이었음에도 불구하고 믿음의 여정을 걸어가지 못하였다. 오직 전쟁에만 신경을 다 썼다.

오늘 우리에게 주어진 일이 어떤 일이라 하여도 그것보다 더 중요한 것은 믿음의 일이다. 우리에게 인생이 주어진 것은 그것을 통해 믿음의 일을 이루도록 주어진 것이다. 그 일에 믿음이 빠지면 아무 의미도 없다. 그런데 사람들이 바쁘다고 믿음에 관심이 없이 살아간다. 결국 그가 열심히 하고 있는 일은 가장 중요한 것이 빠진 껍데기가 된다.

1 사무엘이 사울에게 이르되 여호와께서 나를 보내어 왕에게 기름을 부어 그의 백성 이스라엘 위에 왕으로 삼으셨은즉 이제 왕은 여호와의 말씀을 들으소서
Samuel said to Saul, "I am the one whom the LORD sent to anoint you king of his people Israel. Now listen to what the LORD Almighty says.

2 만군의 여호와께서 이같이 말씀하시기를 아말렉이 이스라엘에게 행한 일 곧 애굽에서 나올 때에 길에서 대적한 일로 내가 그들을 벌하노니
He is going to punish the people of Amalek because their ancestors opposed the Israelites when they were coming from Egypt.

3 지금 가서 아말렉을 쳐서 그들의 모든 소유를 남기지 말고 진멸하되 남녀와 소아와 젖 먹는 아이와 우양과 낙타와 나귀를 죽이라 하셨나이다 하니
Go and attack the Amalekites and completely destroy everything they have. Don't leave a thing; kill all the men, women, children, and babies; the cattle, sheep, camels, and donkeys."

4 사울이 백성을 소집하고 그들을 들라임에서 세어 보니 보병이 이십만 명이요 유다 사람이 만 명이라
Saul called his forces together and inspected them at Telem: there were 200,000 soldiers from Israel and 10,000 from Judah.

5 사울이 아말렉 성에 이르러 골짜기에 복병시키니라
Then he and his men went to the city of Amalek and waited in ambush in a dry riverbed.

6 사울이 겐 사람에게 이르되 아말렉 사람 중에서 떠나 가라 그들과 함께 너희를 멸하게 될까 하노라 이스라엘 모든 자손이 애굽에서 올라올 때에 너희가 그들을 선대하였느니라 이에 겐 사람이 아말렉 사람 중에서 떠나니라
He sent a warning to the Kenites, a people whose ancestors had been kind to the Israelites when they came from Egypt: "Go away and leave the Amalekites, so that I won't kill you along with them." So the Kenites left.

7 사울이 하윌라에서부터 애굽 앞 술에 이르기까지 아말렉 사람을 치고
Saul defeated the Amalekites, fighting all the way from Havilah to Shur, east of Egypt;

8 아말렉 사람의 왕 아각을 사로잡고 칼날로 그의 모든 백성을 진멸하였으되
he captured King Agag of Amalek alive and killed all the people.

15장

15:1 여호와께서...왕으로 삼으셨은즉 이제 왕은 여호와의 말씀을 들으소서. 하나님께서 사울을 왕으로 세우셨으니 하나님의 말씀을 들으라는 말이다. 우리가 하나님의 말씀을 기준으로 살아야 하는 것은 하나님께서 창조주이시고 우리는 피조물이기 때문이다. 창조하신 목적이 있다. 그러나 우리는 그것을 피부로 느끼지 못할 때가 많다. 하나님께서 사울을 왕으로 세우신 것은 사울이 직접 경험한 것이다. 그래서 그것을 기준으로 더욱더 하나님의 말씀을 들어야 한다고 말한다. 그것처럼 우리도 하나님께서 우리를 지금의 자리로 인도하신 것을 알아야 한다. 그것을 아는 사람은 감사함으로 하나님의 말씀을 따라 살 것이다. 어떤 사람은 하나님의 은혜로 병이 나았다. 그래서 그것 때문에 교회를 떠나지 않는다. 우리도 그렇게 조금 더 개인적인 하나님의 인도하심을 경험해야 한다. 그래야 하나님의 말씀을 조금 더 실제적인 기준으로 삼게 될 것이다.

15:2 아말렉이 이스라엘에게 행한 일 곧 애굽에서 나올 때에 길에서 대적한 일로 내가 그들을 벌하노니. 하나님께서 아말렉을 벌하기를 원하셨고 그 벌을 사울을 통해 행하고자 하셨다.

15:3 진멸하되 남녀와 소아와 젖 먹는 아이와 우양과 낙타와 나귀를 죽이라. 진멸은 '부분 진멸'과 '전체 진멸'이 있는데 이곳에서는 전체 진멸을 말한다. 가장 문제가 되는 것은 전쟁과 관련 없는 여인과 젖 먹는 아이까지 죽이는 것이다.
진멸은 교회를 공격하는 사람들이 가장 많이 사용하는 주제이다. 하나님의 잔인함이 드러났다는 것이다. 그런 하나님을 믿을 수 없다고 주장한다. 그러나 그러한 주장은 시대와 문화의 오류를 가지고 있다. 그 시대에는 전쟁에서 진멸이 많이 있었다. 그 시대의 문화를 오늘날의 입장에서 생각하기 때문에 이해가 되지 않는 것

사무엘상 15:1-35

9 사울과 백성이 아각과 그의 양과 소의 가장 좋은 것 또는 기름진 것과 어린 양과 모든 좋은 것을 남기고 진멸하기를 즐겨 아니하고 가치 없고 하찮은 것은 진멸하니라

But Saul and his men spared Agag's life and did not kill the best sheep and cattle, the best calves and lambs, or anything else that was good; they destroyed only what was useless or worthless.

10 여호와의 말씀이 사무엘에게 임하니라 이르시되

The LORD said to Samuel,

11 내가 사울을 왕으로 세운 것을 후회하노니 그가 돌이켜서 나를 따르지 아니하며 내 명령을 행하지 아니하였음이니라 하신지라 사무엘이 근심하여 온 밤을 여호와께 부르짖으니라

"I am sorry that I made Saul king; he has turned away from me and disobeyed my commands." Samuel was angry, and all night long he pleaded with the LORD.

12 사무엘이 사울을 만나려고 아침에 일찍이 일어났더니 어떤 사람이 사무엘에게 말하여 이르되 사울이 갈멜에 이르러 자기를 위하여 기념비를 세우고 발길을 돌려 길갈로 내려갔다 하는지라

Early the following morning he went off to find Saul. He heard that Saul had gone to the town of Carmel, where he had built a monument to himself, and then had gone on to Gilgal.

13 사무엘이 사울에게 이른즉 사울이 그에게 이르되 원하건대 당신은 여호와께 복을 받으소서 내가 여호와의 명령을 행하였나이다 하니

Samuel went up to Saul, who greeted him, saying, "The LORD bless you, Samuel! I have obeyed the LORD's command."

14 사무엘이 이르되 그러면 내 귀에 들려오는 이 양의 소리와 내게 들리는 소의 소리는 어찌 됨이니이까 하니라

Samuel asked, "Why, then, do I hear cattle mooing and sheep bleating?"

15 사울이 이르되 그것은 무리가 아말렉 사람에게서 끌어 온 것인데 백성이 당신의 하나님 여호와께 제사하려 하여 양들과 소들 중에서 가장 좋은 것을 남김이요 그 외의 것은 우리가 진멸하였나이다 하는지라

Saul answered, "My men took them from the Amalekites. They kept the best sheep and cattle to offer as a sacrifice to the LORD your God, and the rest we have destroyed completely."

이다. 그 시대의 사람들에게는 이것이 전혀 문제가 되지 않았다. 이곳에서 보아야 하는 것은 진멸이 아니라 진멸의 목적이다. 오늘날 하나님께서 말씀하신다면 어느 기독교 국가에도 결코 '진멸하라' 말씀하지 않으실 것이다. 문화가 다르기 때문이다.

진멸이 불편하게 다가오는 것은 우리의 이성과 양심 때문이다. 당연히 우리의 양심이 죄 없는 사람을 죽이는 것을 좋지 못하게 생각한다. 여기에서 이성과 양심은 하나님의 형상에서 온 것이다. 그러한 불편은 좋은 것이다. 그런데 이성과 양심은 죄로 훼손되었음을 알아야 한다. 그래서 바르게 판단하지 못한다. 진멸의 목적은 그들의 죄에 대한 형벌이다. 사실 사람들은 이미 죽은 자이다. 죄로 인하여 이미 죽은 것이다. 아직 살아 있어도 죽은 것이다. 그들이 죽는 것은 죽은 것의 실행일 뿐이다. 그들은 그들의 죄로 인하여 형벌을 조금 더 일찍 받는 것일 뿐이다. 그 형벌을 통해 다른 이들이 죄에 빠지지 않도록 하기 위함이다. '진멸하라'는 말씀은 당시 사울에게는 상식과 윤리에 있어 전혀 문제가 되지 않았을 것이다. 그런데 오늘날에는 사람들에게 문제가 된다. 판단 기준에 있어 이성과 양심은 늘 매우 중요한 기준이어야 한다. 그런데 그것마저 교만하면 안 된다. 그것조차도 하나님 아래에 있음을 알아야 한다.

15:6 겐 사람에게 이르되 아말렉 사람 중에서 떠나 가라...이스라엘 모든 자손이 애굽에서 올라올 때에 너희가...선대하였느니라. 사울은 출애굽할 때의 역사를 알았다. 그래서 모세의 장인이 속한 족속이기도 한 겐 족속이 아말렉과 함께 멸망당하지 않도록 피하도록 하였다. 아말렉 족속의 진멸은 출애굽 때의 사건이 발단이 되었다. 그때 하나님께서 분명히 말씀하셨다. "그러므로 네 하나님 여호와께서 네게 기업으로 주어 차지하게 하시는 땅에서 네 하나님 여호와께서 사방에 있는 모든 적군으로부터 네게 안식을 주실 때에 너는 천하에서 아말렉에 대한 기억을 지워버리라 너는 잊지 말지니라" (신 25:19) '너는 천하에서 아말렉에 대한 기억을

16 사무엘이 사울에게 이르되 가만히 계시옵소서 간 밤에 여호와께서 내게 이르신 것을 왕에게 말하리이다 하니 그가 이르되 말씀하소서

"Stop," Samuel ordered, "and I will tell you what the LORD said to me last night." "Tell me," Saul said.

17 사무엘이 이르되 왕이 스스로 작게 여길 그 때에 이스라엘 지파의 머리가 되지 아니하셨나이까 여호와께서 왕에게 기름을 부어 이스라엘 왕을 삼으시고

Samuel answered, "Even though you consider yourself of no importance, you are the leader of the tribes of Israel. The LORD anointed you king of Israel,

18 또 여호와께서 왕을 길로 보내시며 이르시기를 가서 죄인 아말렉 사람을 진멸하되 다 없어지기까지 치라 하셨거늘

and he sent you out with orders to destroy those wicked people of Amalek. He told you to fight until you had killed them all.

19 어찌하여 왕이 여호와의 목소리를 청종하지 아니하고 탈취하기에만 급하여 여호와께서 악하게 여기시는 일을 행하였나이까

Why, then, did you not obey him? Why did you rush to seize the loot, and so do what displeases the LORD?"

20 사울이 사무엘에게 이르되 나는 실로 여호와의 목소리를 청종하여 여호와께서 보내신 길로 가서 아말렉 왕 아각을 끌어 왔고 아말렉 사람들을 진멸하였으나

"I did obey the LORD," Saul replied. "I went out as he told me to, brought back King Agag, and killed all the Amalekites.

21 다만 백성이 그 마땅히 멸할 것 중에서 가장 좋은 것으로 길갈에서 당신의 하나님 여호와께 제사하려고 양과 소를 끌어 왔나이다 하는지라

But my men did not kill the best sheep and cattle that they captured; instead, they brought them here to Gilgal to offer as a sacrifice to the LORD your God."

22 사무엘이 이르되 여호와께서 번제와 다른 제사를 그의 목소리를 청종하는 것을 좋아하심 같이 좋아하시겠나이까 순종이 제사보다 낫고 듣는 것이 숫양의 기름보다 나으니

Samuel said, "Which does the LORD prefer: obedience or offerings and sacrifices? It is better to obey him than to sacrifice the best sheep to him.

지워버리라'고 말씀하셨다. 그런데도 진멸하지 않은 것이다.

15:9 아각과...모든 좋은 것을 남기고 진멸하기를 즐겨 아니하고 가치 없고 하찮은 것은 진멸하니라. 하나님께서 분명히 모든 것을 진멸하라 하였지만 사울은 아말렉의 왕과 성 안의 상태가 좋은 동물을 남겼다.

사울이 왜 그러한 것을 남겼을까? 왕을 살려 둔 것은 아마 '트로피'로 생각했기 때문일 것이다. 그가 아말렉 군대를 이겼다는 상징과도 같다. 고향에 돌아가 사람들이 다 보는 앞에서 죽이면 더 멋있어 보일 것이다. 짐승을 다 죽이는 것은 아까웠을 것이다. 군사들은 전쟁을 치르면 전리품이 있어야 한다. 전리품을 가져야 군사들의 사기도 더 오를 것이라 생각하였을 것이다. 그러면 사울의 인기가 올라갈 것이다.

15:11 내가 사울을 왕으로 세운 것을 후회하노니. 하나님께서 사울로 인하여 아주 크게 마음 아파하신다. 사울은 승리자가 아니라 실패자였다. **사무엘이 근심하여 온 밤을 여호와께 부르짖으니라.** '근심하여'는 '화나서'로 번역하는 것이 더 나을 것 같다. 아마 사울이 그렇게 행동한 것에 대해 매우 화가 난 것 같다. 화가 나면서도 사울을 긍휼히 여기는 마음에 밤새 슬퍼하며 기도하였다. 상황이 그렇게 매우 가슴 아픈 상황이었다.

15:12 사울이 갈멜에 이르러 자기를 위하여 기념비를 세우고. 사울은 자신이 지금 얼마나 큰 잘못을 저질렀는지 모르고 있었다. 자신의 업적을 기념하는 기념비를 세웠다. 사울이 하나님의 말씀을 따르지 않고 진멸하지 않음으로 인하여 상황은 장례식이 되었는데 여전히 잔치집으로 착각하고 있다.

15:13 내가 여호와의 명령을 행하였나이다. 사울은 자신이 여호와의 명령을 따라

23 이는 거역하는 것은 점치는 죄와 같고 완고한 것은 사신 우상에게 절하는 죄와 같음이라 왕이 여호와의 말씀을 버렸으므로 여호와께서도 왕을 버려 왕이 되지 못하게 하셨나이다 하니

Rebellion against him is as bad as witchcraft, and arrogance is as sinful as idolatry. Because you rejected the LORD's command, he has rejected you as king."

24 사울이 사무엘에게 이르되 내가 범죄하였나이다 내가 여호와의 명령과 당신의 말씀을 어긴 것은 내가 백성을 두려워하여 그들의 말을 청종하였음이니이다

"Yes, I have sinned," Saul replied. "I disobeyed the LORD's command and your instructions. I was afraid of my men and did what they wanted.

25 청하오니 지금 내 죄를 사하고 나와 함께 돌아가서 나로 하여금 여호와께 경배하게 하소서 하니

But now I beg you, forgive my sin and go back with me, so that I can worship the LORD."

26 사무엘이 사울에게 이르되 나는 왕과 함께 돌아가지 아니하리니 이는 왕이 여호와의 말씀을 버렸으므로 여호와께서 왕을 버려 이스라엘 왕이 되지 못하게 하셨음이니이다 하고

"I will not go back with you," Samuel answered. "You rejected the LORD's command, and he has rejected you as king of Israel."

27 사무엘이 가려고 돌아설 때에 사울이 그의 겉옷자락을 붙잡으매 찢어진지라

Then Samuel turned to leave, but Saul caught hold of his cloak, and it tore.

28 사무엘이 그에게 이르되 여호와께서 오늘 이스라엘 나라를 왕에게서 떼어 왕보다 나은 왕의 이웃에게 주셨나이다

Samuel said to him, "The LORD has torn the kingdom of Israel away from you today and given it to someone who is a better man than you.

29 이스라엘의 지존자는 거짓이나 변개함이 없으시니 그는 사람이 아니시므로 결코 변개하지 않으심이니이다 하니

Israel's majestic God does not lie or change his mind. He is not a human being—he does not change his mind."

전쟁을 잘 수행하였다고 말하였다. 자신의 잘못을 모르고 있다.

15:14 내게 들리는 소의 소리는 어찌 됨이니이까. '소의 소리가 들리는데 어찌 진멸하라는 하나님의 소리를 잘 수행했다고 말할 수 있느냐'는 말이다.

15:15 백성이 당신의 하나님 여호와께 제사하려 하여 양들과 소들 중에서 가장 좋은 것을 남김이요. '백성'이 남겼다고 말한다. 그는 자신이 남긴 것이 진멸에서 벗어난 것이라는 것을 알았기에 백성이 남겼다고 말하였다. 그리고 그렇게 남긴 것은 하나님께 제사하기 위해 남긴 것이라 말하였다. 그는 여전히 뻔뻔하였다. 오늘날 사람들도 하나님의 뜻이 아니라 자신의 뜻대로 행동하면서 이런저런 핑계를 대면서 뻔뻔하다. 자신이 마치 하나님의 뜻을 행한 것처럼 말한다. 그러나 소리의 출처를 분명히 해야 한다. 하나님께서 진멸하라고 말씀하신 것을 분명히 알고 있다. '진멸하라'는 것은 하나님의 소리이다. '진멸하지 말고 좋은 것을 남기라'는 소리는 자신의 소리이다. 소리의 출처를 분명히 해야 한다. 혼동하지 말아야 한다. 뻔뻔하지 말아야 한다.

15:19 어찌하여 왕이 여호와의 목소리를 청종하지 아니하고. 사울은 하나님의 목소리를 들어야 했다. 그런데 하나님의 목소리를 거절하였다. 자신의 목소리를 들었다. 사람들의 목소리를 들었다. **여호와께서 악하게 여기시는 일을 행하였나이까.** 하나님의 말씀을 알면서도 듣지 않고 순종하지 않는 것은 큰 죄다. 자신의 생각이 앞서는 것은 자신을 하나님보다 더 앞세우는 것으로서 커다란 죄다.

15:21 당신의 하나님 여호와께 제사하려고 양과 소를 끌어 왔나이다. 제사 드리려고 동물을 살려 끌고 왔는데 그것을 비난한다고 역설적으로 공격하고 있다. 사실 제사하려고 동물을 살린 것이 아니다. 전리품으로 가져온 것이 분명하다. 그러나 자

30 사울이 이르되 내가 범죄하였을지라도 이제 청하옵나니 내 백성의 장로들 앞과 이스라엘 앞에서 나를 높이사 나와 함께 돌아가서 내가 당신의 하나님 여호와께 경배하게 하소서 하더라

"I have sinned," Saul replied. "But at least show me respect in front of the leaders of my people and all Israel. Go back with me so that I can worship the LORD your God."

31 이에 사무엘이 돌이켜 사울을 따라가매 사울이 여호와께 경배하니라

So Samuel went back with him, and Saul worshipped the LORD.

32 사무엘이 이르되 너희는 아말렉 사람의 왕 아각을 내게로 끌어 오라 하였더니 아각이 즐거이 오며 이르되 진실로 사망의 괴로움이 지났도다 하니라

"Bring King Agag here to me," Samuel ordered. Agag came to him, trembling with fear, thinking to himself, "What a bitter thing it is to die!"

33 사무엘이 이르되 네 칼이 여인들에게 자식이 없게 한 것 같이 여인 중 네 어미에게 자식이 없으리라 하고 그가 길갈에서 여호와 앞에서 아각을 찍어 쪼개니라

Samuel said, "As your sword has made many mothers childless, so now will your mother become childless." And he cut Agag to pieces in front of the altar in Gilgal.

34 이에 사무엘은 라마로 가고 사울은 사울 기브아 자기의 집으로 올라가니라

Then Samuel went to Ramah, and King Saul went home to Gibeah.

35 사무엘이 죽는 날까지 사울을 다시 가서 보지 아니하였으니 이는 그가 사울을 위하여 슬퍼함이었고 여호와께서는 사울을 이스라엘 왕으로 삼으신 것을 후회하셨더라

As long as Samuel lived, he never again saw the king; but he grieved over him. The LORD was sorry that he had made Saul king of Israel.

신의 행동을 합리화하기 위해 제사라는 것을 끌어 다 말하고 있다.

15:22 사울이 제사를 가지고 자신의 거짓을 합리화하려 하자 제사의 본질에 대해 말함으로 대답한다. **여호와께서 번제와 다른 제사를 그의 목소리를 청종하는 것을 좋아하심 같이 좋아하시겠나이까.** 이 질문을 해야 한다. 진정 하나님께서 우리의 거짓 합리화를 좋아하실지를. 이 질문에 정직하게 대답할 수 있어야 한다. **순종이 제사보다 낫고.** 제사가 무엇인가? 하나님을 만남이다. 하나님의 뜻을 행하지 않으면서 만나는 것이 무슨 의미가 있을까? 하나님께서 동물의 피와 냄새를 좋아하시겠는가? 우리가 진정 하나님의 목소리를 최우선으로 두고 살아야 예배도 의미가 있고 아름다운 것이 된다.

오늘날 사람들이 예배하러 온다. 그런데 지난 한 주 동안 하나님의 뜻을 행하기 위해 힘을 쓰지 않고 온다면 '순종이 제사보다 낫다'는 말씀을 들어야 한다. 자신의 생각이 아니라 하나님의 생각을 따라 살기 위해 애쓰는 것이 없이 예배하는 것은 지금 사울의 모습과 같다. 하나님의 뜻을 행하기 위해 애쓰는 것이 없다면 예배는 아무 의미가 없다. 자신의 생각을 앞세움으로 자신이 신의 자리에 있었는데 주일에만 하나님을 창조주로 예배한다는 것은 엉터리다.

15:23 거역하는 것...완고한 것...여호와의 말씀을 버렸으므로. 22절에서는 '순종' ' 듣는 것'에 대해 말하였다. 모두 말씀에 대한 것이다. 말씀을 듣고 그 앞에 나의 생각을 내려놓아야 한다. 사람들이 자신의 생각을 가지고 말씀을 거역하며 완고 하다. 그것은 하나님을 거역하는 것이다. 버리는 것이다.

15:24 내가 범죄하였나이다...말씀을 어긴 것은 내가 백성을 두려워하여 그들의 말을 청종하였음이니이다. 사울은 자신이 범죄하였음을 자백하였다. 자신의 죄목에 대해서 구체적으로 정확히 자백하였다.

15:25 내 죄를 사하고 나와 함께 돌아가서. 사울은 자신의 죄를 용서해달라고 말한다. 그리고 그것보다 더 중요한 것은 기브아로 함께 돌아가서 예배하자고 말한다.

15:26 왕과 함께 돌아가지 아니하리니...여호와께서 왕을 버려 이스라엘 왕이 되지 못하게 하셨음이니이다. 사무엘은 아주 단호하였다. 하나님께서 사울을 이미 버렸기 때문에 자신은 사울과 함께 돌아가지 않을 것이라 말한다. 사무엘은 왜 이렇게 사울에게 냉정할까?

15:27 겉옷자락을 붙잡으매 찢어진지라. 사울은 죄 용서를 구하고 함께 돌아가자는 요청을 할 때 자신의 모든 힘을 다하여 간청하였다. 손이 아니라 아래 부분에 해당하는 겉옷자락을 잡았다는 것을 볼 때 아마 사무엘 앞에서 엎드린 것 같다. 왕이 그렇게 간청하는 것은 진짜 회개처럼 보인다. 그러나 사무엘은 그것이 가짜인 것을 간파하였다.

15:28 여호와께서 오늘 이스라엘의 나라를 왕에게서 떼어 왕보다 나은 왕의 이웃에게 주셨나이다. 옷이 찢어진 것에서 나라가 찢어지는 상징을 사용한 것이다. 사울이 말하는 2가지에서 중요한 것은 하나님 앞에서의 범죄에 대한 회개이어야 했다. 그러나 그는 여전히 왕 자리 보존과 명예를 더 생각하고 있었다. 그래서 그 왕위를 잃을 것을 말하고 있는 것이다.

15:29 이스라엘의 지존자는 거짓이나 변개함이 없으시니. 하나님께서 사울을 버리신 것을 결코 바꾸지 않으실 것이라는 말이다. 그러니 용서도 하지 않을 것이라 말한다. 참으로 그러할까?

성경, 이해하며 읽기 **사무엘상**

15:30 내가 범죄하였을지라도 이제 청하옵나니 내 백성의 장로들 앞과 이스라엘 앞에서 나를 높이사. 자신이 범죄하였음을 다시 말하면서 이번에는 요청을 한 가지로 줄였다. 죄 용서가 아니다. '함께 돌아가는 것'이다. 사람들 앞에서 '자신의 체면을 살려달라'는 말이다. 사울의 이 요청은 그가 '범죄하였다'고 말하는 것이 마음 속 깊은 곳에서 나오는 말이 아니라는 것을 말해준다. 그의 회개는 진정한 회개가 아니었다. 쉬운 회개였다. 말로 하는 쉬운 회개였다. 그는 범죄하기 전에도 백성들 앞에서 자신의 체면과 인기를 중요하게 여겼다. 그리고 지금 범죄하였다고 말하는 이 순간에도 여전히 백성들 앞에서의 자신의 명예를 더 중요하게 여기고 있다. 하나님께서 자신의 죄를 용서하지 않으시는 것은 괜찮지만 백성들 앞에서 체면 깎는 것은 하지 말라고 요청하고 있다. 참으로 가슴 아픈 모습이다.

15:35 사무엘이 죽는 날까지 사울을 다시 가서 보지 아니하였으니. 서로 얼굴을 보지 못하였다는 뜻이 아니라 사무엘이 사울을 만나기 위해 찾아가지 않았다는 말이다. 그러나 사무엘의 마음에는 사울을 위한 안타까움이 있었다. **그가 사울을 위하여 슬퍼함이었고.** 사무엘은 이제 안 보면 끝인 것 같으나 그렇지 않았다. 사울을 위하여 슬퍼하였다. 무엇을 위해 기도하였을까? 사울의 회개가 아니었을까? 사울의 영혼이 돌아오길 기도하였을 것이다. 그렇지 못한 것을 슬퍼하였을 것이다. **여호와께서는 사울을 이스라엘 왕으로 삼으신 것을 후회하셨더라.** 하나님께서도 슬퍼하신 것을 말한다. 사울이 끝내 회개하지 않았기 때문에 사울이 왕이 된 것이 오히려 화가 되었다. 그래서 하나님께서도 슬퍼하셨다.

1 여호와께서 사무엘에게 이르시되 내가 이미 사울을 버려 이스라엘 왕이 되지 못하게 하였거늘 네가 그를 위하여 언제까지 슬퍼하겠느냐 너는 뿔에 기름을 채워 가지고 가라 내가 너를 베들레헴 사람 이새에게로 보내리니 이는 내가 그의 아들 중에서 한 왕을 보았느니라 하시는지라

The LORD said to Samuel, "How long will you go on grieving over Saul? I have rejected him as king of Israel. But now get some olive oil and go to Bethlehem, to a man named Jesse, because I have chosen one of his sons to be king."

2 사무엘이 이르되 내가 어찌 갈 수 있으리이까 사울이 들으면 나를 죽이리이다 하니 여호와께서 이르시되 너는 암송아지를 끌고 가서 말하기를 내가 여호와께 제사를 드리러 왔다 하고

"How can I do that?" Samuel asked. "If Saul hears about it, he will kill me!" The LORD answered, "Take a calf with you and say that you are there to offer a sacrifice to the LORD.

3 이새를 제사에 청하라 내가 네게 행할 일을 가르치리니 내가 네게 알게 하는 자에게 나를 위하여 기름을 부을지니라

Invite Jesse to the sacrifice, and I will tell you what to do. You will anoint as king the man I tell you to."

4 사무엘이 여호와의 말씀대로 행하여 베들레헴에 이르매 성읍 장로들이 떨며 그를 영접하여 이르되 평강을 위하여 오시나이까

Samuel did what the LORD told him to do and went to Bethlehem, where the city leaders came trembling to meet him and asked, "Is this a peaceful visit, seer?"

5 이르되 평강을 위함이니라 내가 여호와께 제사하러 왔으니 스스로 성결하게 하고 와서 나와 함께 제사하자 하고 이새와 그의 아들들을 성결하게 하고 제사에 청하니라

"Yes," he answered. "I have come to offer a sacrifice to the LORD. Purify yourselves and come with me." He also told Jesse and his sons to purify themselves, and he invited them to the sacrifice.

6 그들이 오매 사무엘이 엘리압을 보고 마음에 이르기를 여호와의 기름 부으실 자가 과연 주님 앞에 있도다 하였더니

When they arrived, Samuel saw Jesse's son Eliab and said to himself, "This man standing here in the LORD's presence is surely the one he has chosen."

16장

16:1-23은 사울의 이야기에 다윗이 등장하는 내용이다.

16:1 내가 이미 사울을 버려...네가 그를 위하여 언제까지 슬퍼하겠느냐. 하나님께서 더이상 사울의 일로 인하여 슬퍼하며 주저앉아 있지 말아야 할 것을 말씀하셨다. **너는 뿔에 기름을 채워 가지고 가라.** 미래를 위해 움직이라고 말씀하는 것이다. **이새에게로 보내리니 내가 그의 아들 중에서 한 왕을 보았느니라.** 하나님께서 사무엘을 보내 이새의 아들에게 기름을 부음으로 미래를 준비하게 하셨다.

과거는 바꿀 수 없다. 어두운 과거로 인하여 슬픈 현실일 때가 있다. 그래서 오늘을 살아가는 것이 너무 힘들 때가 있다. 그러나 신앙인은 오늘의 슬픈 현실에 포기하면 안 된다. 신앙인의 가장 큰 특징은 '소망'이다. 하나님의 통치를 믿기에 내일을 소망할 수 있다. 그래서 신앙인은 오늘 아무리 힘들어도 내일을 생각하며 준비해야 한다. 베들레헴의 이새의 아들은 사무엘이 전혀 생각하지도 못한 대안이다. 베들레헴은 매우 작은 마을이었다. 사무엘이 다니던 도시가 아니다. 이새의 이름도 처음 들어보았을 것이다. 전혀 알지 못하던 것이다. 그러나 바로 그곳에 내일의 희망이 있었다.

16:2 사울이 들으면 나를 죽이리이다. 사무엘이 어찌 행동하기 참 어려운 시기였다. **너는 암송아지를 끌로 가서 말하기를 내가 여호와께 제사를 드리러 왔다 하고.** 이것은 아마 '미제 살인 사건에 대한 속죄'제사를 의미할 것이다. 사무엘이 할 수 있는 것이 있었다. 제사드리는 것은 그의 주특기이다. 그가 제사드리는 것은 매우 잘 하는 일이고 누구도 뭐라 하지 않을 것이다. 우리의 미래도 어떤 다른 것에 있지 않다. 오늘 내가 할 수 없는 어떤 것을 하는 것이 아니라 할 수 있는 것을 하면 된다. 할 수 있는 것에 해답이 있다.

7 여호와께서 사무엘에게 이르시되 그의 용모와 키를 보지 말라 내가 이미 그를 버렸노라 내가 보는 것은 사람과 같지 아니하니 사람은 외모를 보거니와 나 여호와는 중심을 보느니라 하시더라

But the LORD said to him, "Pay no attention to how tall and handsome he is. I have rejected him, because I do not judge as people judge. They look at the outward appearance, but I look at the heart."

8 이새가 아비나답을 불러 사무엘 앞을 지나가게 하매 사무엘이 이르되 이도 여호와께서 택하지 아니하셨느니라 하니

Then Jesse called his son Abinadab and brought him to Samuel. But Samuel said, "No, the LORD hasn't chosen him either."

9 이새가 삼마로 지나게 하매 사무엘이 이르되 이도 여호와께서 택하지 아니하셨느니라 하니라

Jesse then brought Shammah. "No, the LORD hasn't chosen him either," Samuel said.

10 이새가 그의 아들 일곱을 다 사무엘 앞으로 지나가게 하나 사무엘이 이새에게 이르되 여호와께서 이들을 택하지 아니하셨느니라 하고

In this way Jesse brought seven of his sons to Samuel. And Samuel said to him, "No, the LORD hasn't chosen any of these."

11 또 사무엘이 이새에게 이르되 네 아들들이 다 여기 있느냐 이새가 이르되 아직 막내가 남았는데 그는 양을 지키나이다 사무엘이 이새에게 이르되 사람을 보내어 그를 데려오라 그가 여기 오기까지는 우리가 식사 자리에 앉지 아니하겠노라

Then he asked him, "Have you any more sons?" Jesse answered, "There is still the youngest, but he is out taking care of the sheep." "Tell him to come here," Samuel said. "We won't offer the sacrifice until he comes."

12 이에 사람을 보내어 그를 데려오매 그의 빛이 붉고 눈이 빼어나고 얼굴이 아름답더라 여호와께서 이르시되 이가 그니 일어나 기름을 부으라 하시는지라

So Jesse sent for him. He was a handsome, healthy young man, and his eyes sparkled. The LORD said to Samuel, "This is the one—anoint him!"

16:3 내가 네게 행할 일을 가르치리니. 지금 사무엘은 몰라도 된다. 하나님께서 필요 한 때에 말씀하여 주실 것이다. 오늘 우리가 알아야 미래를 준비할 수 있는 것이 아니다. 모르고 가도 그때 필요하면 하나님께서 선한 길로 인도하실 것이다. 나는 내가 지금까지 걸어온 길에서 알고 온 길이 거의 없다. 길을 가다 보니 하나님께서 길을 가르쳐 주셨다. 산 너머에 있는 길은 산에 오르기 전까지는 알지 못한다. 그곳에 가야 다음 길이 보인다. 또 저 앞에 있는 또 다른 산 너머의 길도 마찬가지다. 그 산 정상에 올라야 다음 길이 보인다. 우리는 그렇게 어느 시점에 이르러야 다음 길이 보인다. 그러니 모른다고 주저 앉아 있으면 안 된다.

16:5 나와 함께 제사하자 하고 이새와 그의 아들들을 성결하게 하고 제사에 청하니라. 사람들에게 제사에 참가할 수 있도록 정결하게 하라고 명령하였는데 이새와 그의 아들들은 직접 정결하게 하였다. 그것은 그들의 정결례를 감독하였다는 의미일 수도 있고 아니면 그가 그들에게 그 자리에서 정결예식을 하였다는 말일 수도 있다.

16:6 그들이 오매. 이 이야기를 묘사하는 동화를 보면 대부분 이새의 집에서 벌어지는 일로 묘사를 한다. 그러나 그것은 틀렸다. 이것은 이새의 집이 아니라 공공의 장소인 것으로 보인다. **엘리압을 보고...여호와의 기름 부으실 자가 과연 주님 앞에 있도다.** 사무엘은 엘리압을 보고 마음에 들었다. 엘리압의 외모와 풍채가 훌륭했던 것 같다.

16:7 그의 용모와 키를 보지 말라 내가 이미 그를 버렸노라. 사울의 경우를 두고 하는 말씀이다. 사울은 용모와 키가 탁월했었다. 그러나 참된 왕은 그런 외모가 중요한 것이 아니다. **사람은 외모를 보거니와 나 여호와는 중심을 보느니라.** '중심(레바브)'은 대부분 영어 성경은 '마음(heart)'으로 번역한다. 신약(헬라어)은 '마음'이 '감

13 사무엘이 기름 뿔병을 가져다가 그의 형제 중에서 그에게 부었더니 이 날 이후로 다윗이 여호와의 영에게 크게 감동되니라 사무엘이 떠나서 라마로 가니라

Samuel took the olive oil and anointed David in front of his brothers. Immediately the spirit of the LORD took control of David and was with him from that day on. Then Samuel returned to Ramah.

14 여호와의 영이 사울에게서 떠나고 여호와께서 부리시는 악령이 그를 번뇌하게 한지라

The LORD's spirit left Saul, and an evil spirit sent by the LORD tormented him.

15 사울의 신하들이 그에게 이르되 보소서 하나님께서 부리시는 악령이 왕을 번뇌하게 하온즉

His servants said to him, "We know that an evil spirit sent by God is tormenting you.

16 원하건대 우리 주께서는 당신 앞에서 모시는 신하들에게 명령하여 수금을 잘 타는 사람을 구하게 하소서 하나님께서 부리시는 악령이 왕에게 이를 때에 그가 손으로 타면 왕이 나으시리이다 하는지라

So give us the order, sir, and we will look for a man who knows how to play the harp. Then when the evil spirit comes on you, the man can play his harp, and you will be all right again."

17 사울이 신하에게 이르되 나를 위하여 잘 타는 사람을 구하여 내게로 데려오라 하니

Saul ordered them, "Find me a man who plays well and bring him to me."

18 소년 중 한 사람이 대답하여 이르되 내가 베들레헴 사람 이새의 아들을 본즉 수금을 탈 줄 알고 용기와 무용과 구변이 있는 준수한 자라 여호와께서 그와 함께 계시더이다 하더라Then he asked him, "Have you any more sons?" Jesse One of his attendants said, "Jesse, of the town of Bethlehem, has a son who is a good musician. He is also a brave and handsome man, a good soldier, and an able speaker. The LORD is with him."

19 사울이 이에 전령들을 이새에게 보내어 이르되 양 치는 네 아들 다윗을 내게로 보내라 하매

So Saul sent messengers to Jesse to say, "Send me your son David, the one who takes care of the sheep."

성경, 이해하며 읽기 **사무엘상**

정'적인 측면을 말한다. 그런데 구약(히브리어)은 '마음'이 지정의 모든 측면을 담고 있다. 히브리어에서 '마음'은 '육체적 정신적 중심'을 의미한다. '인격'이라고 번역해도 될 것 같다. 지식, 감정, 의지적 요소의 한 가지 또는 모든 요소의 중심을 말할 때 이 단어를 사용한다. 겉모습은 지식이나 감정 또는 의지적인 어떤 것도 담아내지 못한다. 사람들은 사람의 내면적인 것을 보지 못하기 때문에 보이는 외면적인 것을 가지고 판단한다. 그러나 그러한 것은 늘 제한적이라는 것을 알아야 한다.

16:12 그의 빛이 붉고 눈이 빼어나고 얼굴이 아름답더라. 다윗 역시 겉모습이 훌륭하였다는 것을 볼 수 있다. 단지 아마 아직 다 크지는 않아서 형들보다 키가 작았던 것 같다. 그러나 그의 용모에 드러난 것보다 그의 마음이 훌륭하였다. **여호와께서 이르시되 이가 그니 일어나 기름을 부으라.** 다윗의 용모는 훌륭하였지만 그것이 아니라 진짜 훌륭한 그의 마음을 보고 기름을 부었다.

16:14 여호와의 영이 사울에게서 떠나고. 먼저 이것을 바르게 이해하기 위해서는 여기에서의 '성령의 임재'가 무엇을 의미하는지를 잘 구분해야 한다. 오늘날 '성령이 임하였다'는 것은 구원을 의미할 때가 많다. 그런데 사울의 경우는 '사역의 임재'이다. 오늘날 성령이 떠나는 일은 없다. 진정한 믿음에 성령의 임재는 결코 떠나시는 일이 없다. 그러나 구약의 사역의 임재는 언제든지 떠나신다. 그래서 오늘 본문에서 '영이 떠났다'는 것은 이제 하나님께서 사울에게 왕의 사역을 주신 것을 취소하셨다는 것을 의미한다. 이제부터는 성령의 힘으로 왕의 역할을 감당하는 것이 아니다. **여호와께서 부리시는 악령이 그를 번뇌하게 한지라.** 하나님께서 악령을 부리실까? 오해가 있을 수 있다. 여기에서 말하는 '악령'은 두 가지 가능성이 있다. 하나는 타락한 천사인 악령이 있고 두 번째는 하나님의 심판을 수행하는 역할(악한 역할?)을 하는 천사일 수 있다. 그러나 타락한 천사로 보는 것이 맞을

20 이새가 떡과 한 가죽부대의 포도주와 염소 새끼를 나귀에 실리고 그의 아들 다윗을 시켜 사울에게 보내니

Jesse sent David to Saul with a young goat, a donkey loaded with bread, and a leather bag full of wine.

21 다윗이 사울에게 이르러 그 앞에 모셔 서매 사울이 그를 크게 사랑하여 자기의 무기를 드는 자로 삼고

David came to Saul and entered his service. Saul liked him very much and chose him as the man to carry his weapons.

22 또 사울이 이새에게 사람을 보내어 이르되 원하건대 다윗을 내 앞에 모셔 서게 하라 그가 내게 은총을 얻었느니라 하니라

Then Saul sent a message to Jesse: "I like David. Let him stay here in my service."

23 하나님께서 부리시는 악령이 사울에게 이를 때에 다윗이 수금을 들고 와서 손으로 탄즉 사울이 상쾌하여 낫고 악령이 그에게서 떠나더라

From then on, whenever the evil spirit sent by God came on Saul, David would get his harp and play it. The evil spirit would leave, and Saul would feel better and be all right again.

것 같다. 그렇다면 하나님께서 악령을 부리신다는 것은 무엇을 의미할까? 그것은 악령이 하나님의 주권 아래 있음을 의미하는 것 같다. 악령은 사울을 괴롭히는 것을 좋아서 하였고 하나님은 그것을 허용하신 것이다.

16:16 수금을 잘 타는 사람을 구하게 하소서. 사울은 이스라엘의 왕이었다. 겉모습은 위엄 있었다. 그러나 속모습은 악령에 의해 괴롭힘을 당하는 나약한 한 사람이었다. 그는 나약함에 대해 하나님 앞에 엎드리지 않았다. 그것이 가장 큰 문제이다. 그는 수금을 잘 타는 사람이 아니라 제사장 앞에 서야 했다. 하나님 앞에 서야 했다.

16:18 이새의 아들을 본즉 수금을 탈 줄 알고. '수금을 탄다'는 것은 다윗이 평소에 악기에 관심을 가지고 있었다는 것을 의미한다. 나는 혼자 찬송을 하고 싶어 기타를 배웠었다. 이 당시에 노래는 주로 찬양과 관련되어 있다. 다윗은 아마 하나님을 더 찬양하고 싶어 수금을 배웠을 것이다. 그가 수금을 탄다는 것은 곧 찬양을 한다는 것과 같은 말일 것이다. **무용과 구변이 있는 준수한 자.** 다윗은 힘을 가지고 있었고 말을 잘 하였다. 예술과 더불어 문무를 갖추고 있었다. 더욱더 중요한 것이 있다. **여호와께서 그와 함께 계시더이다.** 다윗은 하나님과 동행하는 사람이었다. 영적인 사람이었다.

16:20 떡과 한 가죽부대의 포도주와 염소 새끼를 나귀에 실리고. 이것은 왕에게 주는 선물이거나 다윗 자신이 먹고 살아야 할 양식일 것이다. 왕에게 드리는 선물치고는 너무 빈약하다. 아마 다윗이 먹고 살 양식을 보낸 것으로 보인다. 다윗은 그렇게 자신이 먹고 살아야 할 양식을 가지고 미지의 세계 왕궁으로 떠났다. 미지의 세계이나 하나님께서 부르시는 자리였다. 그에게 놀라운 세상이 열리는 순간이다. 미지의 세계로 가는 것을 두려워하지 마라. 특별히 젊은 시절이라면 더욱더 그러

하다. 우리가 걸어야 하는 길은 거의 다 미지의 세계이다. 우리는 모른다. 그러나 하나님은 아신다. 하나님께서 그 길을 인도하신다. 그러기에 하나님의 뜻이 무엇인지 구분하는 것이 중요한 것이지 미지의 세계라고 두려워할 필요는 없다.

16:21 자기의 무기를 드는 자로 삼고. 일종의 비서요 경호 요원이다. 가장 측근의 사람이 되는 것이다. 다윗은 자신을 경호하며 또한 언제든지 수금을 타는 자로 다윗을 세웠다.

16:23 악령이 사울에게 이를 때에. 사울은 악령에 시달렸다. **다윗이 수금을 들고 와서 손으로 탄즉 사울이 상쾌하여.** 다윗은 수금을 타면서 찬양하였을 것이다. 그러면 악령이 물러갔다. 악령에 시달리는 사울과 성령이 충만하여 하나님을 찬양하는 다윗이 대조되고 있다. 겉으로는 사울이 훨씬 더 위대하고 다윗은 보잘것없다. 그러나 실제로는 사울은 불쌍하고 다윗은 영화롭다. 오늘 우리는 어디에 속한 사람인가?

1 블레셋 사람들이 그들의 군대를 모으고 싸우고자 하여 유다에 속한 소고에 모여 소고와 아세가 사이의 에베스담밈에 진 치매

The Philistines gathered for battle in Socoh, a town in Judah; they camped at a place called Ephes Dammim, between Socoh and Azekah.

2 사울과 이스라엘 사람들이 모여서 엘라 골짜기에 진 치고 블레셋 사람들을 대하여 전열을 벌였으니

Saul and the Israelites assembled and camped in the Valley of Elah, where they got ready to fight the Philistines.

3 블레셋 사람들은 이쪽 산에 섰고 이스라엘은 저쪽 산에 섰고 그 사이에는 골짜기가 있었더라

The Philistines lined up on one hill and the Israelites on another, with a valley between them.

4 블레셋 사람들의 진영에서 싸움을 돋우는 자가 왔는데 그의 이름은 골리앗이요 가드 사람이라 그의 키는 여섯 규빗 한 뼘이요

A man named Goliath, from the city of Gath, came out from the Philistine camp to challenge the Israelites. He was nearly 3 metres tall

5 머리에는 놋 투구를 썼고 몸에는 비늘 갑옷을 입었으니 그 갑옷의 무게가 놋 오천 세겔이며

and wore bronze armour that weighed about 57 kilogrammes and a bronze helmet.

6 그의 다리에는 놋 각반을 쳤고 어깨 사이에는 놋 단창을 메었으니

His legs were also protected by bronze armour, and he carried a bronze javelin slung over his shoulder.

7 그 창 자루는 베틀 채 같고 창 날은 철 육백 세겔이며 방패 든 자가 앞서 행하더라

His spear was as thick as the bar on a weaver's loom, and its iron head weighed about 7 kilogrammes. A soldier walked in front of him carrying his shield.

8 그가 서서 이스라엘 군대를 향하여 외쳐 이르되 너희가 어찌하여 나와서 전열을 벌였느냐 나는 블레셋 사람이 아니며 너희는 사울의 신복이 아니냐 너희는 한 사람을 택하여 내게로 내려보내라

Goliath stood and shouted at the Israelites, "What are you doing there, lined up for battle? I am a Philistine, you slaves of Saul! Choose one of your men to fight me.

17장

17:1-58은 다윗과 골리앗의 이야기이다.

17:4 싸움을 돋우는 자가 왔는데. 블레셋과 이스라엘의 군사력은 이제 비슷했다. 그래서 블레셋은 심리전을 나섰다. **그의 키는 여섯 규빗 한 뼘.** 규빗은 44cm이고 한 뼘은 규빗의 절반 길이이다. 그러면 골리앗의 키는 286cm이다. 매우 큰 키로서 거인 수준이었다.

17:5 놋 투구...비늘 갑옷. 골리앗의 외모에 이어 그의 갑옷에 대해 말한다. 이전에 이스라엘에 철로 된 무기가 2개 밖에 없었던 상황을 생각해 보면 골리앗의 갑옷은 대단히 인상적인 전쟁 무기였을 것이다. **갑옷의 무게가 놋 오천 세겔이라.** 1세겔을 11.5g로 여기면 갑옷 무게는 57.5kg이다. 매우 무거운 갑옷이지만 그래서 어떤 화살이나 칼이나 돌로부터 그를 보호할 수 있을 것이다. 갑옷이 번쩍 번쩍 빛났을 것이다. 마치 로봇과 같았을 것이다.

17:6 다리에는 놋 각반. '각반'은 다리 정강이 부분을 보호하는 갑옷이다. **어깨 사이에는 놋 단창을 메었으니.** 뒷부분 어깨 사이 곧 뒤로 단창을 매고 있다는 뜻이다.

17:7 창 자루는 베틀 채 같고 창 날은 육백 세겔이며. 창은 멀리 더 정확히 날아가도록 만들어졌고 6.9kg 무게였다. **방패 든 자가 앞서 행하더라.** 몸 전신을 감출 수 있는 큰 방패를 든 사람이 혹 먼 곳에서 날아오는 것에서 골리앗을 방어해주기 위해 방패를 들고 앞에서 움직였다. 모든 것이 완벽했다.
갑자기 골리앗의 외적인 모습을 과하게 자세히 설명하고 있다. 그의 키와 무기까지 매우 자세하다. 전혀 필요 없을 것 같은데 자세히 말한다. 어쩌면 이것은 당시

9 그가 나와 싸워서 나를 죽이면 우리가 너희의 종이 되겠고 만일 내가 이겨 그를 죽이면 너희가 우리의 종이 되어 우리를 섬길 것이니라

If he wins and kills me, we will be your slaves; but if I win and kill him, you will be our slaves.

10 그 블레셋 사람이 또 이르되 내가 오늘 이스라엘의 군대를 모욕하였으니 사람을 보내어 나와 더불어 싸우게 하라 한지라

Here and now I challenge the Israelite army. I dare you to pick someone to fight me!"

11 사울과 온 이스라엘이 블레셋 사람의 이 말을 듣고 놀라 크게 두려워하니라

When Saul and his men heard this, they were terrified.

12 다윗은 유다 베들레헴 에브랏 사람 이새라 하는 사람의 아들이었는데 이새는 사울 당시 사람 중에 나이가 많아 늙은 사람으로서 여덟 아들이 있는 중

David was the son of Jesse, who was an Ephrathite from Bethlehem in Judah. Jesse had eight sons, and at the time Saul was king, he was already a very old man.

13 그 장성한 세 아들은 사울을 따라 싸움에 나갔으니 싸움에 나간 세 아들의 이름은 장자 엘리압이요 그 다음은 아비나답이요 셋째는 삼마며

His three eldest sons had gone with Saul to war. The eldest was Eliab, the next was Abinadab, and the third was Shammah.

14 다윗은 막내라 장성한 세 사람은 사울을 따랐고

David was the youngest son, and while the three eldest brothers stayed with Saul,

15 다윗은 사울에게로 왕래하며 베들레헴에서 그의 아버지의 양을 칠 때에

David would go back to Bethlehem from time to time, to take care of his father's sheep.

16 그 블레셋 사람이 사십 일을 조석으로 나와서 몸을 나타내었더라

Goliath challenged the Israelites every morning and evening for 40 days.

17 이새가 그의 아들 다윗에게 이르되 지금 네 형들을 위하여 이 볶은 곡식 한 에바와 이 떡 열 덩이를 가지고 진영으로 속히 가서 네 형들에게 주고

One day Jesse said to David, "Take ten kilogrammes of this roasted grain and these ten loaves of bread, and hurry with them to your brothers in the camp.

18 이 치즈 열 덩이를 가져다가 그들의 천부장에게 주고 네 형들의 안부를 살피고 증표를 가져오라

And take these ten cheeses to the commanding officer. Find out how your brothers are getting on and bring back something to show that you saw them and that they are well.

사람들이 과하게 그것에 집중하고 있다는 것을 묘사하고 있는 것 같다. 아니 사실은 이스라엘 사람들은 오늘 본문이 묘사하고 있는 것보다 훨씬 더 많이 무기에 집중하고 있었을 것이다. 아마 그것이 전부처럼 보였을 것이다. 이스라엘 사람들은 지금 하나님을 보지 않고 골리앗의 외모에 마음을 빼앗겼다. 그의 큰 키와 훌륭한 그의 무기는 사람들의 마음을 빼앗기에 충분하고 넘쳤다.

17:8 너희는 한 사람을 택하여 내게로 내려보내라. 자신은 블레셋을 대표하고 나왔으니 이스라엘에서도 그들을 대표하여 군사를 보내라는 말이다. 자신이 이길 수 있다는 자신감이 충만하다.

17:10 내가 오늘 이스라엘의 군대를 모욕하였으니. 이렇게 모욕하는데도 겁쟁이처럼 숨어 있을 것이냐고 모욕하는 것이다. 그러한 모욕을 들었으면서도 싸우려 나오지 않는다는 것은 겁쟁이이다. 이스라엘의 사기는 더욱더 떨어질 수밖에 없을 것이다.

17:11 사울과 온 이스라엘이...크게 두려워하니라. 사울과 이스라엘 사람들이 모두 겁을 먹고 두려워하였다. 골리앗의 풍채는 확실히 두려움을 주는 모습이었다. 그러나 이것이 진정 골리앗이 강하기 때문에 이스라엘이 나가지 못하는 것일까? 아니다. 그들은 골리앗 때문이 아니라 그들 안에 있는 '두려움' 때문에 나가지 못하고 있었다.

17:13 장성한 세 아들은 사울을 따라 싸움에 나갔으니. 이새의 아들 중 위로 3명은 전쟁터에 나갔다. 그리고 아래로 5명은 전쟁터에 나가지 못했다. 보통 20살이 기준인데 이새의 아들은 3명이나 전쟁에 참여하였기 때문에 나머지 아들은 참여하지 않은 것으로 보인다. 다윗은 나이가 20세 미만이었던 것으로 보인다. '사울의

19 그 때에 사울과 그들과 이스라엘 모든 사람들은 엘라 골짜기에서 블레셋 사람들과 싸우는 중이더라

King Saul, your brothers, and all the other Israelites are in the Valley of Elah fighting the Philistines."

20 다윗이 아침에 일찍이 일어나서 양을 양 지키는 자에게 맡기고 이새가 명령한 대로 가지고 가서 진영에 이른즉 마침 군대가 전장에 나와서 싸우려고 고함치며,

David got up early the next morning, left someone else in charge of the sheep, took the food, and went as Jesse had told him to. He arrived at the camp just as the Israelites were going out to their battle line, shouting the war cry.

21 이스라엘과 블레셋 사람들이 전열을 벌이고 양군이 서로 대치하였더라

The Philistine and the Israelite armies took up positions for battle, facing each other.

22 다윗이 자기의 짐을 짐 지키는 자의 손에 맡기고 군대로 달려가서 형들에게 문안하고

David left the food with the officer in charge of the supplies, ran to the battle line, went to his brothers, and asked how they were getting on.

23 그들과 함께 말할 때에 마침 블레셋 사람의 싸움 돋우는 가드 사람 골리앗이라 하는 자가 그 전열에서 나와서 전과 같은 말을 하매 다윗이 들으니라

As he was talking to them, Goliath came forward and challenged the Israelites as he had done before. And David heard him.

24 이스라엘 모든 사람이 그 사람을 보고 심히 두려워하여 그 앞에서 도망하며

When the Israelites saw Goliath, they ran away in terror.

25 이스라엘 사람들이 이르되 너희가 이 올라 온 사람을 보았느냐 참으로 이스라엘을 모욕하러 왔도다 그를 죽이는 사람은 왕이 많은 재물로 부하게 하고 그의 딸을 그에게 주고 그 아버지의 집을 이스라엘 중에서 세금을 면제하게 하시리라

"Look at him!" they said to each other. "Listen to his challenge! King Saul has promised to give a big reward to the man who kills him; the king will also give him his daughter to marry and will not require his father's family to pay taxes."

무기 드는 자'이었음에도 불구하고 사울을 따라 전쟁터에 나가지 못하였다.

17:14 다윗은 막내라. 다윗은 네째 형도 전쟁에 나가지 않았으니 다윗의 순서는 아직 멀었다. '막내'라는 단어는 '작은' 또는 '어린'이라는 뜻이다. 다윗은 아직 어리고 소년에 불과하였다. 반면에 '장성한 세 사람'이라고 말할 때 '장성한'은 '큰' '위대한'으로 가장 많이 사용하는 단어다. 형들은 장성하였고 힘이 셌다. 다윗은 전쟁에 참여할 자격이 안 되었다. 순번을 타기에는 아직 한참 남았다.

17:17 진영으로 속히 가서 네 형들에게 주고. 이 당시 군량미를 가족이 댔던 것 같다. 그래서 전쟁터에 나간 형들이 먹을 식량을 나르는 심부름을 맡았다.

17:18 증표를 가져오라. '형들이 건강하다'는 증표이기 보다는 아마 '군량미를 제공했다'는 증표일 것 같다. 다윗은 군량미를 나르고 형들의 안부를 확인하고 군량미를 제공하였다는 증표를 가지고 와야 할 책임을 가지고 전쟁터로 향하였다.

17:21 양 군대는 강한 사람들로 가득하였다. 그들은 서로 팽팽하게 대치하고 있었다. 그 속에 다윗이 들어간들 무슨 표시가 나겠는가? 그러나 진짜 자질이 있는 사람인 다윗이 들어감으로 전쟁이 바뀐다.

17:22 짐을 짐 지키는 자의 손에 맡기고. 자신이 가지고 온 군량미와 천부장에게 줄 선물을 보급 장교에게 맡겼다. 그리고 이제 형들의 안부를 확인해야 하는 차례가 되었다. 그래서 형들이 있는 전쟁터로 달려갔다.

17:23 골리앗은 지난 40일 동안 이렇게 행동하였고 말하였다. 지난 40일 동안 군사 자격을 갖춘 이스라엘 백성 누구도 골리앗과 싸우지 못하였다. 이제 40번째

26 다윗이 곁에 서 있는 사람들에게 말하여 이르되 이 블레셋 사람을 죽여 이스라엘의 치욕을 제거하는 사람에게는 어떠한 대우를 하겠느냐 이 할례 받지 않은 블레셋 사람이 누구이기에 살아 계시는 하나님의 군대를 모욕하겠느냐
David asked the men who were near him, "What will the man get who kills this Philistine and frees Israel from this disgrace? After all, who is this heathen Philistine to defy the army of the living God?"

27 백성이 전과 같이 말하여 이르되 그를 죽이는 사람에게는 이러이러하게 하시리라 하니라
They told him what would be done for the man who killed Goliath.

28 큰형 엘리압이 다윗이 사람들에게 하는 말을 들은지라 그가 다윗에게 노를 발하여 이르되 네가 어찌하여 이리로 내려왔느냐 들에 있는 양들을 누구에게 맡겼느냐 나는 네 교만과 네 마음의 완악함을 아노니 네가 전쟁을 구경하러 왔도다
Eliab, David's eldest brother, heard David talking to the men. He was angry with David and said, "What are you doing here? Who is taking care of those sheep of yours out there in the wilderness? You cheeky brat, you! You just came to watch the fighting!"

29 다윗이 이르되 내가 무엇을 하였나이까 어찌 이유가 없으리이까 하고
"Now what have I done?" David asked. "Can't I even ask a question?"

30 돌아서서 다른 사람을 향하여 전과 같이 말하매 백성이 전과 같이 대답하니라
He turned to another man and asked him the same question, and every time he asked, he got the same answer.

31 어떤 사람이 다윗이 한 말을 듣고 그것을 사울에게 전하였으므로 사울이 다윗을 부른지라
Some men heard what David had said, and they told Saul, who sent for him.

32 다윗이 사울에게 말하되 그로 말미암아 사람이 낙담하지 말 것이라 주의 종이 가서 저 블레셋 사람과 싸우리이다 하니
David said to Saul, "Your Majesty, no one should be afraid of this Philistine! I will go and fight him."

33 사울이 다윗에게 이르되 네가 가서 저 블레셋 사람과 싸울 수 없으리니 너는 소년이요 그는 어려서부터 용사임이니라
"No," answered Saul. "How could you fight him? You're just a boy, and he has been a soldier all his life!"

그의 무례한 말을 다윗이 들었다.

17:24 이스라엘 모든 사람이…심히 두려워하여. 다윗은 하나님을 모독하는 골리앗의 말에 이스라엘 어떤 사람도 나서지 못하고 있는 상황을 보았다. 그들이 두려워하고 있는 것을 보았다.

17:25 골리앗으로 인하여 고생하던 사울은 포상을 내걸었다. 세 가지로서 재물, 왕의 사위, 집안 세금 면제이다. 골리앗을 이기면 자신이 부자가 되고, 나라의 영웅이 되며, 집안을 일으켜 세우는 사람이 될 것이다. 그러나 누구도 나서지 않았다. 그들은 싸울 수 있는 자격은 있었으나 싸워서 이길 자질이 없었기 때문이다. 사울이 내 놓은 자리는 참으로 탐스러운 것이었으나 그들은 그것을 차지할 자질이 없었다.

사람들은 주로 자격에 관심이 많다. 그러나 중요한 순간에는 자격이 아니라 자질이 드러난다. 군사가 아무리 많아도 골리앗과 싸워 이길 자질을 갖춘 사람이 없으면 아무 필요가 없다. 다윗은 일개 병사도 될 자격이 없었다. 그러나 골리앗을 이길 수 있는 자질을 가지고 있었다. 그가 자질을 갖추고 있었기 때문에 결국 자격이 없음에도 불구하고 골리앗과의 싸움에 나설 수 있었다. 싸움에 이김으로 한꺼번에 모든 자격을 얻게 된다.

17:26 이스라엘의 치욕을 제거하는 사람에게는 어떠한 대우를 하겠느냐. 그는 골리앗을 이길 경우 얻는 대우에 대해서도 관심이 있었다. 그러나 그의 더 큰 관심은 '이스라엘의 치욕'이었다. **블레셋 사람이 누구이기에 살아 계시는 하나님의 군대를 모욕하겠느냐.** 같은 단어가 반복하여 나타난다. '모욕'과 '치욕'은 히브리어로는 같은 단어다. 다윗은 하나님을 향한 믿음을 가지고 있었다. 살아 계시는 하나님에 대한 믿음이다. 하나님의 이름이 모욕당하지 않아야 한다는 믿음이다. 그리고 이후의

34 다윗이 사울에게 말하되 주의 종이 아버지의 양을 지킬 때에 사자나 곰이 와서 양 떼에서 새끼를 물어가면

"Your Majesty," David said, "I take care of my father's sheep. Whenever a lion or a bear carries off a lamb,

35 백성이 전과 같이 말하여 이르되 그를 죽이는 사람에게는 이러이러하게 하시리라 하니라 내가 따라가서 그것을 치고 그 입에서 새끼를 건져내었고 그것이 일어나 나를 해하고자 하면 내가 그 수염을 잡고 그것을 쳐죽였나이다

I go after it, attack it, and rescue the lamb. And if the lion or bear turns on me, I grab it by the throat and beat it to death.

36 주의 종이 사자와 곰도 쳤은즉 살아 계시는 하나님의 군대를 모욕한 이 할례 받지 않은 블레셋 사람이리이까 그가 그 짐승의 하나와 같이 되리이다

I have killed lions and bears, and I will do the same to this heathen Philistine, who has defied the army of the living God.

37 또 다윗이 이르되 여호와께서 나를 사자의 발톱과 곰의 발톱에서 건져내셨은즉 나를 이 블레셋 사람의 손에서도 건져내시리이다 사울이 다윗에게 이르되 가라 여호와께서 너와 함께 계시기를 원하노라

The LORD has saved me from lions and bears; he will save me from this Philistine." "All right," Saul answered. "Go, and the LORD be with you."

38 이에 사울이 자기 군복을 다윗에게 입히고 놋 투구를 그의 머리에 씌우고 또 그에게 갑옷을 입히매

He turned to another man and asked him the same question, and every time he asked, he got the same answer. He gave his own armour to David for him to wear: a bronze helmet, which he put on David's head, and a coat of armour.

39 다윗이 칼을 군복 위에 차고는 익숙하지 못하므로 시험적으로 걸어 보다가 사울에게 말하되 익숙하지 못하니 이것을 입고 가지 못하겠나이다 하고 곧 벗고

David strapped Saul's sword over the armour and tried to walk, but he couldn't, because he wasn't used to wearing them. "I can't fight with all this," he said to Saul. "I'm not used to it." So he took it all off.

40 손에 막대기를 가지고 시내에서 매끄러운 돌 다섯을 골라서 자기 목자의 제구 곧 주머니에 넣고 손에 물매를 가지고 블레셋 사람에게로 나아가니라

"Your He took his shepherd's stick and then picked up five smooth stones from the stream and put them in his bag. With his sling ready, he went out to meet Goliath.

전쟁을 보면 그는 골리앗과 싸워 이길 자질도 가지고 있었다. 그는 싸울 믿음과 기술 등 모든 자질이 준비된 사람이었다. 자질이 준비된 사람이 되어야 한다. 자격은 '일정한 신분이나 지위'이다. 자질은 '일에 대한 능력이나 실력'이다. 사람들은 대우받는 것을 좋아하기 때문에 실제 능력보다는 지위에 관심이 더 많다. 그러나 신앙인은 자격보다 자질에 더 많은 관심을 기울여야 한다. 준비된 사람이 되어 하나님께서 쓰시고자 하실 때 언제든지 사용될 수 있어야 한다.

17:28 다윗에게 노를 발하여. 다윗이 한 말을 들은 형 엘리압은 화를 내며 말하였다. 엘리압은 동생 다윗의 말에 왜 그렇게 화를 내고 있을까? 걱정되어 그랬을까? **네가 어찌하여 이리로 내려왔느냐.** 다윗은 형들의 안부를 살피기 위해 왔는데 형은 다윗의 안부나 아버지의 안부가 아니라 동생 다윗을 향한 반감부터 드러내고 있다. **들에 있는 양들을 누구에게 맡겼느냐.** 히브리어는 '소수의 양들'이다. 다윗을 들에 있는 소수의 양이나 돌보는 양치기로 깎아내리기 위한 어법으로 보인다. 네가 있어야 하는 하찮은 자리를 떠나 왜 어른들의 중요한 일에 끼어들고 있느냐는 나무람이다. **네 교만과 네 마음의 완악함을 아노니 네가 전쟁을 구경하러 왔도다.** 엘리압은 동생 다윗의 속마음을 다 볼 수 있다는 듯이 말한다. 교만하고 건방 떨고 있다고 말한다. 비난하고 있다. 다윗의 마음은 보이지도 않을 뿐만 아니라 그런 마음이 결코 아니었다. 그러나 형 엘리압은 무턱대고 비난하고 있다. 무엇이 문제였을까? 아마 엘리압은 평상시 다윗에 대해 시기심을 가지고 있었던 것 같다. '다윗이 왕궁을 드나드는 것'이 장남으로서 자존심 상하였던 것 같다. '다윗의 뛰어남과 나라에 대한 관심'을 시기하고 건방지다고 생각한 것 같다. 무엇보다 엘리압은 다윗에 초점을 맞추고 있다. 그것이 잘못된 판단이지만 그것보다 더 잘못된 것은 그가 다윗이라는 한 사람에게만 초점을 맞추고 있다는 사실이다.

17:29 매우 억울하였을 것이다. 아버지가 보내서 심부름으로 온 것이다. 양들을

41 블레셋 사람이 방패 든 사람을 앞세우고 다윗에게로 점점 가까이 나아가니라

The Philistine started walking towards David, with his shield-bearer walking in front of him. He kept coming closer,

42 그 블레셋 사람이 둘러보다가 다윗을 보고 업신여기니 이는 그가 젊고 붉고 용모가 아름다움이라

and when he got a good look at David, he was filled with scorn for him because he was just a nice, good-looking boy.

43 블레셋 사람이 다윗에게 이르되 네가 나를 개로 여기고 막대기를 가지고 내게 나아왔느냐 하고 그의 신들의 이름으로 다윗을 저주하고

He said to David, "What's that stick for? Do you think I'm a dog?" And he called down curses from his god on David.

44 그 블레셋 사람이 또 다윗에게 이르되 내게로 오라 내가 네 살을 공중의 새들과 들짐승들에게 주리라 하는지라

"Come on," he challenged David, "and I will give your body to the birds and animals to eat."

45 다윗이 블레셋 사람에게 이르되 너는 칼과 창과 단창으로 내게 나아 오거니와 나는 만군의 여호와의 이름 곧 네가 모욕하는 이스라엘 군대의 하나님의 이름으로 네게 나아가노라

David answered, "You are coming against me with sword, spear, and javelin, but I come against you in the name of the LORD Almighty, the God of the Israelite armies, which you have defied.

46 오늘 여호와께서 너를 내 손에 넘기시리니 내가 너를 쳐서 네 목을 베고 블레셋 군대의 시체를 오늘 공중의 새와 땅의 들짐승에게 주어 온 땅으로 이스라엘에 하나님이 계신 줄 알게 하겠고

This very day the LORD will put you in my power; I will defeat you and cut off your head. And I will give the bodies of the Philistine soldiers to the birds and animals to eat. Then the whole world will know that Israel has a God,

47 또 여호와의 구원하심이 칼과 창에 있지 아니함을 이 무리에게 알게 하리라 전쟁은 여호와께 속한 것인즉 그가 너희를 우리 손에 넘기시리라

"and everyone here will see that the LORD does not need swords or spears to save his people. He is victorious in battle, and he will put all of you in our power."

누구에게 맡겼는지는 엘리압이 상관할 일이 아니다. 더구나 다윗의 마음을 읽을 수 있는 것처럼 말하는 것은 더욱더 아니다. 그러나 그러한 것에 대해 전혀 대답하지 않았다. **내가 무엇을 하였나이까 어찌 이유가 없으리이까.** '어찌 이유가 없으리이까'는 해석이 다양한데 직역하면 '이것은 말 아닙니까?'이다. 다윗은 엘리압이 자신에게 한 말에 대해 대꾸하지 않고 지금 그가 하려고 하는 것에 대답하였다. 그는 지금 무엇을 한 것이 아니라 단지 말만 하였을 뿐이다. 그는 그러한 것을 할 자격이 없다는 것을 알았다. 그것을 선택할 수 있는 조건이 안 된다. 그는 단지 '사울이 그렇게 선택해 준다면' 그렇게 하겠다고 말하고 있을 뿐이다. 다윗은 지금 어떤 것도 자신의 위치를 벗어나지 않았다. 그것에 대해 말하고 있다. 다윗은 지금 골리앗과 싸울 자격이 없다. 그는 군사가 아니기 때문이다. 그러나 이스라엘 군대와 하나님의 이름이 모욕 받는 것을 더 이상 보고 있을 수 없어 자신이 싸울 수 있다고 말한 것이다. 그런데도 비난을 듣고 있다.

17:30 다윗은 형 엘리압의 말도 안 되는 분노에 좌절하지 않았다. 길게 대꾸하지도 않았다. **돌아서서 다른 사람을 향하여 전과 같이 말하매.** 그는 다시 자신이 골리앗과 싸울 수 있다고 말하였다. 거짓의 시기에 분노하거나 좌절하지 말아야 한다. 신앙인은 묵묵히 진리의 길을 가는 사람이다.

17:31 **사울이 다윗을 부른지라.** 자신이 아꼈던 무기 드는 사람 다윗, 그러나 아직은 어려서 집에 보냈던 다윗을 전장에서 만났다.

17:32 **그로 말미암아 사람이 낙담하지 말 것이라 주의 종이 가서 저 블레셋 사람과 싸우리이다.** 얼마나 담대한 말인가? 소년 다윗이 왕 사울에게 참으로 담대하게 말하고 있다. 이것은 그가 하나님을 보고 있기 때문일 것이다.

48 블레셋 사람이 일어나 다윗에게로 마주 가까이 올 때에 다윗이 블레셋 사람을 향하여 빨리 달리며

Goliath started walking towards David again, and David ran quickly towards the Philistine battle line to fight him.

49 손을 주머니에 넣어 돌을 가지고 물매로 던져 블레셋 사람의 이마를 치매 돌이 그의 이마에 박히니 땅에 엎드러지니라

He put his hand into his bag and took out a stone, which he slung at Goliath. It hit him on the forehead and broke his skull, and Goliath fell face downwards on the ground.

50 다윗이 이같이 물매와 돌로 블레셋 사람을 이기고 그를 쳐죽였으나 자기 손에는 칼이 없었더라

And so, without a sword, David defeated and killed Goliath with a sling and a stone!

51 다윗이 달려가서 블레셋 사람을 밟고 그의 칼을 그 칼 집에서 빼내어 그 칼로 그를 죽이고 그의 머리를 베니 블레셋 사람들이 자기 용사의 죽음을 보고 도망하는지라

He ran to him, stood over him, took Goliath's sword out of its sheath, and cut off his head and killed him. When the Philistines saw that their hero was dead, they ran away.

52 이스라엘과 유다 사람들이 일어나서 소리 지르며 블레셋 사람들을 쫓아 가이와 에그론 성문까지 이르렀고 블레셋 사람들의 부상자들은 사아라임 가는 길에서부터 가드와 에그론까지 엎드러졌더라

The men of Israel and Judah shouted and ran after them, pursuing them all the way to Gath and to the gates of Ekron. The Philistines fell wounded all along the road that leads to Shaaraim, as far as Gath and Ekron.

53 이스라엘 자손이 블레셋 사람들을 쫓다가 돌아와서 그들의 진영을 노략하였고

When the Israelites came back from pursuing the Philistines, they looted their camp.

54 다윗은 그 블레셋 사람의 머리를 예루살렘으로 가져가고 갑주는 자기 장막에 두니라

David picked up Goliath's head and took it to Jerusalem, but he kept Goliath's weapons in his own tent.

17:33 싸울 수 없으리니 너는 소년이요 그는 어려서부터 용사임이니라. 싸움의 훈련이 전혀 안 된 다윗과 늘 싸움 연습을 한 골리앗이 싸움 상대가 되지 않을 것이 분명해 보였다. 엘리압은 다윗이 싸울 자격이 없다 하며 비난하였지만 사울은 자격 문제는 자신이 군사의 대표로서 싸울 자격(지위)을 주면 되겠지만 자질(능력)이 부족함을 말하였다.

17:36 종이 사자와 곰도 쳤은즉 살아 계시는 하나님의 군대를 모욕한 이 할례 받지 않은 블레셋 사람이리이까. 자격 문제를 말하는 엘리압에게 다윗은 소극적이었지만 자질 문제를 말하는 사울에게는 길게 대답하였다. 다윗은 자신이 사자와 곰과 싸워 이겼다고 말하였다. 이 말에 사울도 깜짝 놀랐을 것이다. 사자와 곰을 이겼다는 것은 대단한 일이다. **할례 받지 않은 블레셋 사람.** 사실 블레셋 사람들은 그리스에서 온 사람들로 매우 지적이고 선진문명인 철기를 사용하는 뛰어난 사람들이다. 자유를 사랑하는 우수한 사람들이다. 그러나 다윗이 보기에는 '하나님의 군대를 모욕'한 것 때문에 '짐승의 하나와 같이' 보였다. 그는 사자나 곰을 이긴 것처럼 그들을 이길 것이라 말하였다.

17:37 여호와께서...나를 이 블레셋 사람의 손에서도 건져내시리이다. 다윗에게도 골리앗은 무서운 상대일 것이다. 그는 싸움 경력도 없다. 그러나 그가 확신한 것은 하나님의 이름은 모욕당하면 안 된다는 것이었고 자신을 사자와 곰에서 지켜 주신 하나님께서 골리앗의 손에서도 지켜 주실 것이라는 확신이었다.

17:40 사울은 감격하고 또한 염려스러워 자신의 갑옷과 무기로 무장하라 하였다. 그러나 다윗은 그러한 무기가 아니라 자신의 무기인 '막대기와 물매와 돌'을 가지고 나갔다. 다윗은 허세로 골리앗과 싸우겠다고 말하는 것이 아니다. 허세라면 사울의 갑옷을 입었을 것이다. 허세는 그러한 외적인 것을 좋아한다. 그러나 그는

55 사울은 다윗이 블레셋 사람을 향하여 나아감을 보고 군사령관 아브넬에게 묻되 아브넬아 이 소년이 누구의 아들이냐 아브넬이 이르되 왕이여 왕의 사심으로 맹세하옵나니 내가 알지 못하나이다 하매

When Saul saw David going out to fight Goliath, he asked Abner, the commander of his army, "Abner, whose son is he?" "I have no idea, Your Majesty," Abner answered.

56 왕이 이르되 너는 이 청년이 누구의 아들인가 물어보라 하였더니

"Then go and find out," Saul ordered.

57 다윗이 그 블레셋 사람을 죽이고 돌아올 때에 그 블레셋 사람의 머리가 그의 손에 있는 채 아브넬이 그를 사울 앞으로 인도하니

So when David returned to camp after killing Goliath, Abner took him to Saul. David was still carrying Goliath's head.

58 사울이 그에게 묻되 소년이여 누구의 아들이냐 하니 다윗이 대답하되 나는 주의 종 베들레헴 사람 이새의 아들이니이다 하니라

Saul asked him, "Young man, whose son are you?" "I am the son of your servant Jesse from Bethlehem," David answered.

실제적인 사람이었다. 그는 실제로 싸워 이기기 위해 나갔다. 그가 자신 있는 것을 가지고 나갔다. 그는 사람들이 생각하는 힘으로서 무기가 아니라 그가 의지하는 하나님을 바라보며 나갔다. 그것이 진정한 실제였다.

17:42 다윗을 보고 업신여기니. 골리앗과 다윗의 첫 만남이다. 골리앗은 지난 40일 동안 이스라엘에서 대표가 나오지 않았는데 대표가 나와 자신과 싸우려 한다는 사실에 나름대로 긴장하였을 것이다. 그런데 자신의 상대인 다윗을 가까이에서 보고 안심과 헛웃음이 나온 것 같다. 다윗의 모습은 결코 용사의 모습이 아니었다. 척 보아도 앳된 모습이었다. 거대하고 훌륭한 모든 군사 장비를 갖춘 골리앗과 막대기를 든 다윗의 첫 만남은 그렇게 엄청난 차이와 대조가 있었다.

17:43 네가 나를 개로 여기고 막대기를 가지고 내게 나아왔느냐. 다윗의 막대기는 개를 쫓는 데나 사용될 수 있는 것처럼 보였다. 골리앗의 조롱은 실제 싸움 전에 하는 기세 싸움과 같은 것이다. 골리앗은 전쟁의 무기에서 비교도 되지 않는 다윗을 보고 마음껏 조롱하였다. 기세등등하였다.

17:44 내가 네 살을 공중의 새들과 들짐승들에게 주리라. 사람들은 모두 그의 말이 타당하다 생각하였을 것이다. 그러나 다윗이 맞서 대답하였다.

17:45 너는 칼과 창과 단창으로 내게 나아 오거니와. 골리앗은 자신이 칼과 창을 가지고 있기 때문에 다윗을 이길 수 있다고 생각하였다. 그는 지금까지 칼과 창을 가진 자 곧 힘을 가진 이가 승리하는 것을 보아왔다. 지금도 그는 자신의 힘으로 다윗을 이길 수 있다고 생각하였다. 골리앗은 지금까지 그렇게 살아왔다.

17:46 여호와께서 너를 내 손에 넘기시리니...네 목을 베고 블레셋 군대의 시체를 오늘

공중의 새와 땅의 들짐승에게 주어. 골리앗의 말에 응대하면서 다윗은 '골리앗의 목을 베는 것'과 '블레셋 군대'까지 그렇게 하겠다고 말하였다. 다윗은 더 구체적이고 대상을 더 확대하고 확신하였다. 전쟁은 하나님께 속한 것이기 때문이다. 그가 하나님을 의지하고 있기 때문이다.

17:47 전쟁은 여호와께 속한 것인즉. 다윗은 세상의 보이는 힘이 아니라 보이지 않는 힘을 더 믿고 의지하였다. 전쟁은 세상의 힘이 아니라 오직 하나님의 힘에 의해 바뀔 것이다. 세상의 힘이 아무리 강하다 하여도 하나님 앞에서는 전혀 큰 힘이 아니다. 전쟁은 오직 하나님의 뜻에 의해 승패가 결정된다. 전쟁이 하나님께 속한 것임을 사람들은 알지 못한다. 믿음이 없기 때문이다. 그러나 골리앗이 다윗에게 패할 때 '보게' 될 것이다. 경험하여 알게 될 것이다. 그것을 위해 다윗이 골리앗 앞에 섰다. 오늘날도 하나님께서 믿음의 사람들을 통해 그것을 보게 하신다. 우리도 다윗처럼 그런 거룩한 도구가 되어야 한다.

17:48 블레셋 사람이...가까이 올 때에 다윗이...빨리 달리며. 말 싸움이 끝나고 몸으로 싸우는 전투가 시작되었다. 대조가 반복하여 나온다. 골리앗은 많은 갑옷과 무기로 인하여 느리게 앞으로 나갔다. 다윗은 갑옷을 입지 않고 무거운 무기를 가지고 있지 않았기 때문에 골리앗에게 빠르게 달려갔다.

17:49 골리앗의 무기는 근거리용이다. 반면 다윗의 물매는 원거리에서도 공격할 수 있는 것이었다. 골리앗은 갑옷으로 온 몸을 가리고 있었지만 미간 바로 위의 이마는 노출되어 있었다. 다윗은 움직이면서도 그의 이마를 정확하게 맞출 수 있는 능력을 가지고 있었다. **땅에 엎드러지니라.** 세상의 거대한 힘이 다윗의 돌 하나에 그렇게 힘 없이 무너졌다. 그가 무너질 때 그가 가진 힘은 그를 전혀 구원할 수 없었다. 세상의 힘은 그렇게 그를 배신하였다. 하나님의 힘은 결코 배신하지 않는

다. 신실하신 분이기 때문이다. 혹 세상의 힘에 의해 무너져 죽는다 할지라도 그는 영원한 나라에 들어갈 것이다. 하나님께서 만물의 주인이시요 영원한 나라의 주인이기 때문이다. 그러나 세상의 힘은 무너지면 그것으로 끝이다. 골리앗이 죽었을 때 그가 가진 훌륭한 갑옷이나 칼이 그를 이후에 구원할 수 있겠는가? 결코 그렇지 않다. 오직 전쟁과 영원한 모든 것을 다스리시는 하나님만이 사람을 구원한다. 전쟁에서 구원하시고 영혼도 구원하신다.

17:51 다윗이 달려가서 블레셋 사람을 밟고. 골리앗은 결국 다윗의 물매에 쓰러졌다. 힘은 무너질 때가 있다. 세상에 있던 어느 힘이든지 보라. 무너지지 않은 힘이 없다. 아무리 강하여도 무너진다. 아무리 강한 육체를 가지고 있어도 결국 모두 힘 없는 노인이 되고 시체가 된다.

성경 본문은 '골리앗'을 계속 '블레셋 사람'이라고 말하고 있다는 것을 눈치챘는가? 골리앗을 말할 때 그가 처음 나타날 때와 다윗이 처음 그를 볼 때만 그의 이름을 사용하고 나머지는 모두 '블레셋 사람'이라고 말한다. 그를 자주 언급하는데 그때마다 그를 블레셋 사람이라고 말한다. 반면에 다윗은 계속 다윗이라고 이름을 말한다. 골리앗이 힘이 세고 세상에서 유명한 것 같지만 실상은 그의 이름이 불릴 가치도 없는 것을 말하고 있는 것 같다. 그는 영웅이 아니라 이름도 부를 필요도 없는 한 사람에 불과하다. **그의 칼을 그 칼 집에서 빼내어 그 칼로 그를 죽이고 그의 머리를 베니.** 다윗은 칼이 없었다. 그래서 골리앗의 칼을 꺼내어 그의 목을 베었다. 골리앗은 자신의 칼로 자신의 목을 베였다. 그가 그토록 자랑하고 의지하였던 칼은 결국 자신의 목을 베는데 사용되었다.

세상의 힘이 그렇다. 세상의 힘은 결코 한 주인을 섬기지 않는다. 세상의 힘은 늘 움직인다. 순식간에 배신한다. 골리앗의 칼이 골리앗을 주인으로 섬기다가 배신하고 다윗의 손에 들려진 것과 같다. 자신이 가지고 있는 힘이 결국 자신에게 칼을 겨눌 때가 있을 것이다.

17:54 다윗은 그 블레셋 사람의 머리를 예루살렘으로 가져가고. 다윗이 왜 골리앗의 잘린 머리를 예루살렘에 가지고 갔는지는 분명하지 않다. 당시 예루살렘은 여부스 족속이 살고 있었다. 그러기에 그들을 향한 경고일 수도 있다. 그리고 그것은 이후에 다곤 신전에서 다곤 머리 부분이 언약궤 앞에 엎드린 것처럼 이후의 예루살렘 성전 앞에 엎드린 세상의 힘을 상징하는 것으로 발전한 것으로 보인다. **갑주는 자기 장막에 두니라.** '갑주'는 개역개정은 '갑옷'으로 번역한 것인데 히브리어는 그것보다는 '갑옷과 무기'까지 포함한 단어이다. 중요한 것은 골리앗의 칼이다. '자기 장막'은 다윗의 장막을 의미한다. 이 전쟁의 승리로 다윗은 개인 장막을 갖게 되었을 것이다. 그리고 이후에 성막에 있는 창고로 옮겨진 것 같다. 골리앗의 칼을 성막으로 옮김으로 이기게 하신 분이 하나님이심을 분명히 하며 감사하는 것이다.

17:55 사울은 다윗이 블레셋 사람들을 향하여 나아감을 보고...이 소년이 누구의 아들이냐. 이때만 해도 사울은 다윗이 전투에서 이길 것이라는 기대를 별로 하지 않았을 것이다. 오히려 이제 곧 죽을 다윗을 기억하고자 하였던 것 같다. 사울은 다윗의 용기를 보고 크게 감동받아 물었다. 사울은 이미 다윗을 알고 있었다. 그런데 왜 물었을까? 그가 이전에도 다윗이 '이새의 아들'이라는 말을 들었다. 그러나 분명히 별 생각없이 들었을 것이고 기억도 하지 못하고 있었을 것이다. 다윗이 중요한 사람이 아니기 때문이다. 그러나 이제 사울에게 다윗은 조금 더 의미 있는 사람으로 다가왔다. 그래서 다윗의 집안을 묻고 있는 것으로 보인다. 누구의 아들인지. **아브넬이 이르되...내가 알지 못하나이다.** 당연히 아브넬도 다윗에게 관심을 주지 않았었다. 그의 아버지가 누구인지는 전혀 중요하지 않았기 때문이다. 다윗이 중요한 사람이 아니었기 때문이다.

성경, 이해하며 읽기 **사무엘상**

17:57 다윗이 그 블레셋 사람을 죽이고 돌아올 때에. 전혀 예상하지도 못했던 일이 일어났다. 다윗이 블레셋 사람과의 전투에서 이기고 결국 이스라엘은 전쟁에서 승리하였다. 얼마나 놀라운 일인지 모른다.

17:58 소년이여 누구의 아들이냐...이새의 아들이니이다. 사울은 다시 다윗에게 누구의 아들인지 물었다. 그에게 다윗이 중요한 사람이 되었기 때문이다. 다윗의 아버지 '이새'는 전혀 알려진 인물이 아니다. 그가 누구였는지도 전혀 알지 못한다. 작은 마을 베들레헴에서 장로조차도 아니었던 것 같다. 그런데 그는 이제 가장 유명한 사람이 된다. 길이길이 기억되는 사람이 된다. 그의 아들 다윗이 믿음으로 살았기 때문이다.

1 다윗이 사울에게 말하기를 마치매 요나단의 마음이 다윗의 마음과 하나가 되어 요나단이 그를 자기 생명 같이 사랑하니라

Saul and David finished their conversation. After that, Saul's son Jonathan was deeply attracted to David and came to love him as much as he loved himself.

2 그 날에 사울은 다윗을 머무르게 하고 그의 아버지의 집으로 다시 돌아가기를 허락하지 아니하였고

Saul kept David with him from that day on and did not let him go back home.

3 요나단은 다윗을 자기 생명 같이 사랑하여 더불어 언약을 맺었으며

Jonathan swore eternal friendship with David because of his deep affection for him.

4 요나단이 자기가 입었던 겉옷을 벗어 다윗에게 주었고 자기의 군복과 칼과 활과 띠도 그리하였더라

He took off the robe he was wearing and gave it to David, together with his armour and also his sword, bow, and belt.

5 다윗은 사울이 보내는 곳마다 가서 지혜롭게 행하매 사울이 그를 군대의 장으로 삼았더니 온 백성이 합당히 여겼고 사울의 신하들도 합당히 여겼더라

David was successful in all the missions on which Saul sent him, and so Saul made him an officer in his army. This pleased all of Saul's officers and men.

6 무리가 돌아올 때 곧 다윗이 블레셋 사람을 죽이고 돌아올 때에 여인들이 이스라엘 모든 성읍에서 나와서 노래하며 춤추며 소고와 경쇠를 가지고 왕 사울을 환영하는데

As David was returning after killing Goliath and as the soldiers were coming back home, women from every town in Israel came out to meet King Saul. They were singing joyful songs, dancing, and playing tambourines and lyres.

7 여인들이 뛰놀며 노래하여 이르되 사울이 죽인 자는 천천이요 다윗은 만만이로다 한지라

In their celebration the women sang, "Saul has killed thousands, but David tens of thousands."

8 사울이 그 말에 불쾌하여 심히 노하여 이르되 다윗에게는 만만을 돌리고 내게는 천천만 돌리니 그가 더 얻을 것이 나라 말고 무엇이냐 하고

Saul did not like this, and he became very angry. He said, "For David they claim tens of thousands, but only thousands for me. They will be making him king next!"

18장

18:1-19:24은 사울과 다윗의 갈등이 시작되는 이야기이다.

18:1 요나단의 마음이 다윗의 마음과 하나가 되어 요나단이 그를 자기 생명 같이 사랑하니라. 요나단은 다윗의 모습을 보고 매우 감명받은 것 같다. 다윗은 자신보다 10살 정도 더 젊다. 그런데 믿음으로 용감하게 골리앗에게 나가고 이기는 것을 보고 매우 기뻐했다. 요나단은 믿음의 사람이었고 용감한 사람이다. 그런데 무슨 이유인지 골리앗과 싸우지 못하고 있었다. 아마 자신이 이스라엘을 대표하여 골리앗과 싸우다 지면 이스라엘의 사기를 떨어트릴 수 있기 때문에 나가지 못하였을 것이다. 그러나 마음으로는 얼마나 나가서 싸우고 싶었을까? 그런데 다윗이 나가서 그 일을 해내는 것을 보고 마음이 매우 벅차 올랐을 것이다. **생명 같이 사랑하니라.** '생명'은 여기에서는 '목숨'이라는 의미보다는 '사람 자체'를 의미한다. 그래서 자기 자신을 사랑하는 것처럼 다윗을 사랑하게 되었다는 것을 의미한다.

18:2 다윗을 머무르게 하고. 사울은 다윗을 자신 곁에 두었다. 사울이 다윗을 자신 곁에 둔 것은 요나단이 다윗을 사랑하게 된 것과 달랐다. 사울은 자기 자신에게 이롭기 때문에 그를 가까이에 두었다. 그러나 요나단은 자기 자신이 아니라 하나님 나라에 유익하기 때문에 가까이하였다. 지금 당장은 사울이나 요나단이 다윗을 대하는 태도가 비슷할 것이다. 그러나 이후에 보면 그 사랑이 완전히 달랐다는 것을 알 수 있다. 사울은 자기 자신을 위해 다윗을 좋아했다. 요나단은 자기 자신의 이익이라는 이기주의적인 마음이 아니다. 하나님 나라를 향한 믿음의 마음이다. 이후 그의 행동을 보면 그것을 알 수 있다.

18:4 자기가 입었던 겉옷을 벗어 다윗에게 주었고...활과 띠도 그리하였더라. 요나단

9 그 날 후로 사울이 다윗을 주목하였더라

And so he was jealous and suspicious of David from that day on.

10 그 이튿날 하나님께서 부리시는 악령이 사울에게 힘 있게 내리매 그가 집 안에서 정신 없이 떠들어대므로 다윗이 평일과 같이 손으로 수금을 타는데 그 때에 사울의 손에 창이 있는지라

The next day an evil spirit from God suddenly took control of Saul, and he raved in his house like a madman. David was playing the harp, as he did every day, and Saul was holding a spear.

11 그가 스스로 이르기를 내가 다윗을 벽에 박으리라 하고 사울이 그 창을 던졌으나 다윗이 그의 앞에서 두 번 피하였더라

"I'll pin him to the wall," Saul said to himself, and he threw the spear at him twice; but David dodged each time.

12 여호와께서 사울을 떠나 다윗과 함께 계시므로 사울이 그를 두려워한지라

Saul was afraid of David because the LORD was with David but had abandoned him.

13 그러므로 사울이 그를 자기 곁에서 떠나게 하고 그를 천부장으로 삼으매 그가 백성 앞에 출입하며

So Saul sent him away and put him in command of a thousand men. David led his men in battle

14 다윗이 그의 모든 일을 지혜롭게 행하니라 여호와께서 그와 함께 계시니라

and was successful in all he did, because the LORD was with him.

15 사울은 다윗이 크게 지혜롭게 행함을 보고 그를 두려워하였으나

Saul noticed David's success and became even more afraid of him.

16 온 이스라엘과 유다는 다윗을 사랑하였으니 그가 자기들 앞에 출입하기 때문이었더라

But everyone in Israel and Judah loved David because he was such a successful leader.

17 사울이 다윗에게 이르되 내 맏딸 메랍을 네게 아내로 주리니 오직 너는 나를 위하여 용기를 내어 여호와의 싸움을 싸우라 하니 이는 그가 생각하기를 내 손을 그에게 대지 않고 블레셋 사람들의 손을 그에게 대게 하리라 함이라

Then Saul said to David, "Here is my elder daughter Merab. I will give her to you as your wife on condition that you serve me as a brave and loyal soldier, and fight the LORD's battles." (Saul was thinking that in this way the Philistines would kill David, and he would not have to do it himself.)

은 사랑의 마음으로 그렇게 주었다. 어떤 면에 있어서 요나단은 다윗에게 시기심을 가질 수 있다. 다윗의 경쟁자는 사울보다는 요나단이 더 가깝다. 사울과 다윗은 나이 차이가 많지만 요나단은 조금 더 가깝기 때문이다. 자신이 골리앗과 싸워 이겨야 하는데 다윗이 이겼으니 어떤 면에서는 창피할 수도 있다. 사람들이 다윗 이야기를 할 때 요나단의 마음은 분명히 시기심이 났을 것이다. '시기심이 어느 정도 생겼는가'의 문제이지 없을 수는 없다. 그러나 요나단은 그 마음을 이겼다.

18:5 사울이 그를 군대의 장으로 삼았더니. 다윗은 참여하는 전투마다 승리하였다. 그래서 사울은 다윗을 계속 중용하였다. 그런데 딱 '거기까지'다. 사울은 다윗이 전쟁에서 이기기 때문에 그를 중용하였다. 전쟁에서 이긴다는 것은 왕인 그에게 도움이 된다는 것을 의미한다. 사울은 자신에게 이로운 면만 다윗을 좋아하였다.

18:6 5절은 블레셋과의 전쟁 이후에 대해 간략히 서술한 것이다. 6절은 다시 블레셋과의 전쟁에 대해 이야기한다. **무리가 돌아올 때 곧 다윗이 블레셋 사람을 죽이고 돌아올 때.** 이것은 다윗이 이후에 블레셋과의 싸움을 말하는 것일 수 있다. 그런데 바로 앞에서 나온 골리앗과의 전투가 있었던 그 싸움일 가능성이 더 높다. 다윗의 영웅적인 이야기는 순식간에 이스라엘 전역에 돌고 있었다. 사울의 군대가 기브아로 돌아올 때에 지나오는 성읍마다 사람들이 노래하며 기뻐하는 모습을 그리고 있다. 마치 출애굽 때 홍해를 건너고 기뻐하며 찬양하는 모습과 비슷하다.

18:7 사울이 죽인 자는 천천이요 다윗은 만만이로다. 이것은 논리적인 말이 아니라 시다. 두 번 반복하여 말하거나 비슷한 것을 두 번 말하는 병행구다. 사울이 천 명 죽였고 다윗은 만 명을 죽였다는 뜻이 아니다. 그들에게는 사울은 알려진 영웅이고 다윗은 완전히 새로운 영웅이며 골리앗과의 싸움이 너무 인상적이었기에 기뻐하며 부르는 노래다. 이것은 두 영웅을 노래하는 것이다. 다른 사람들에게는 이

18 다윗이 사울에게 이르되 내가 누구며 이스라엘 중에 내 친속이나 내 아버지의 집이 무엇이기에 내가 왕의 사위가 되리이까 하였더니

David answered, "Who am I and what is my family that I should become the king's son-in-law?"

19 사울의 딸 메랍을 다윗에게 줄 시기에 므홀랏 사람 아드리엘에게 아내로 주었더라

But when the time came for Merab to be given to David, she was given instead to a man named Adriel from Meholah.

20 사울의 딸 미갈이 다윗을 사랑하매 어떤 사람이 사울에게 알린지라 사울이 그 일을 좋게 여겨

Saul's daughter Michal, however, fell in love with David, and when Saul heard of this, he was pleased.

21 스스로 이르되 내가 딸을 그에게 주어서 그에게 올무가 되게 하고 블레셋 사람들의 손으로 그를 치게 하리라 하고 이에 사울이 다윗에게 이르되 네가 오늘 다시 내 사위가 되리라 하니라

He said to himself, "I'll give Michal to David; I will use her to trap him, and he will be killed by the Philistines." So for the second time Saul said to David, "You will be my son-in-law."

22 사울이 그의 신하들에게 명령하되 너희는 다윗에게 비밀히 말하여 이르기를 보라 왕이 너를 기뻐하시고 모든 신하도 너를 사랑하나니 그런즉 네가 왕의 사위가 되는 것이 가하니라 하라

He ordered his officials to speak privately to David and tell him, "The king is pleased with you and all his officials like you; now is a good time for you to marry his daughter."

23 사울의 신하들이 이 말을 다윗의 귀에 전하매 다윗이 이르되 왕의 사위 되는 것을 너희는 작은 일로 보느냐 나는 가난하고 천한 사람이라 한지라

So they told David this, and he answered, "It's a great honour to become the king's son-in-law, too great for someone poor and insignificant like me."

24 사울의 신하들이 사울에게 말하여 이르되 다윗이 이러이러하게 말하더이다 하니

The officials told Saul what David had said,

노래가 전혀 문제가 없었다. 이것이 다윗을 왕으로 환영한다거나 다른 의미를 담고 있지 않다. 그러나 사울의 마음은 달랐다.

18:8 그 말에 불쾌하여 심히 노하여. 전혀 문제없는 말에 사울이 화를 냈다. 그의 마음이 정상적이지 못하였기 때문이다. **다윗에게는 만만을 돌리고 내게는 천천만 돌리니 그가 더 얻을 것이 나라 말고 무엇이냐.** 이 노래는 그렇게 들을 것이 아니다. 그런데 사울은 홀로 그렇게 들었다. 지금 다윗은 20살도 안 된 소년이다. 전쟁에 참여할 자격도 없는 소년이었다. 첫 전투이다. 그러니 다윗은 결코 사울에게 비교될 수 없다. 그러나 사울은 그렇게 비교하고 있고 시기하였다. 어쩌면 이전에 사무엘의 말 때문일 것 같다. 사울의 왕위를 박탈하시고 이웃에게 준 다는 말이 머리에 맴돌았을 수 있다.

18:9 다윗을 주목하였더라. 이후에 사울은 다윗을 계속 중용한다. 그러나 시기의 마음에서 발동한 '눈여겨 봄'도 시작한다. 하나님 나라의 관점이 아니라 이기주의적 관점에서 더욱더 관찰하는 것이다. 이후 사울은 결국 다윗을 미워하게 된다. 이전에 그렇게 사랑하는 것 같았으나 미워하게 된다. 자신과의 싸움에서 졌기 때문이다.

사울은 자신과의 싸움에서 졌다. 다윗은 골리앗과의 싸움에서 이겼다. 사실 골리앗과의 싸움은 자신의 힘을 의지하는 것과 하나님을 의지하는 것의 대조된 싸움이다. 다윗은 세상의 힘이 아니라 하나님의 힘을 의지하여 이겼다. 다윗이 골리앗과의 싸움을 마쳤을 때 모든 싸움이 끝난 것이 아니다. 사람들에게 진짜 무서운 골리앗은 자신 안에 있다. 세상적인 힘을 의지하며 자기 자신만을 위하는 이기주의라는 골리앗이 숨어 있다. 그 싸움에서 다윗은 이겼고 사울은 졌다.

18:10 그 이튿 날 하나님께서 부리시는 악령이 사울에게 힘 있게 내리매. 모든 사람들

25 사울이 이르되 너희는 다윗에게 이같이 말하기를 왕이 아무 것도 원하지 아니하고 다만 왕의 원수의 보복으로 블레셋 사람들의 포피 백 개를 원하신다 하라 하였으니 이는 사울의 생각에 다윗을 블레셋 사람들의 손에 죽게 하리라 함이라

and Saul ordered them to tell David: "All the king wants from you as payment for the bride is the foreskins of a hundred dead Philistines, as revenge on his enemies." (This was how Saul planned to have David killed by the Philistines.)

26 사울의 신하들이 이 말을 다윗에게 아뢰매 다윗이 왕의 사위 되는 것을 좋게 여기므로 결혼할 날이 차기 전에

Saul's officials reported to David what Saul had said, and David was delighted with the thought of becoming the king's son-in-law. Before the day set for the wedding,

27 다윗이 일어나서 그의 부하들과 함께 가서 블레셋 사람 이백 명을 죽이고 그들의 포피를 가져다가 수대로 왕께 드려 왕의 사위가 되고자 하니 사울이 그의 딸 미갈을 다윗에게 아내로 주었더라

David and his men went and killed 200 Philistines. He took their foreskins to the king and counted them all out to him, so that he might become his son-in-law. So Saul had to give his daughter Michal in marriage to David.

28 여호와께서 다윗과 함께 계심을 사울이 보고 알았고 사울의 딸 미갈도 그를 사랑하므로

Saul realized clearly that the LORD was with David and also that his daughter Michal loved him.

29 사울이 다윗을 더욱더욱 두려워하여 평생에 다윗의 대적이 되니라

So he became even more afraid of David and was his enemy as long as he lived.

30 블레셋 사람들의 방백들이 싸우러 나오면 그들이 나올 때마다 다윗이 사울의 모든 신하보다 더 지혜롭게 행하매 이에 그의 이름이 심히 귀하게 되니라

The Philistine armies would come and fight, but in every battle David was more successful than any of Saul's other officers. As a result David became very famous.

의 축복과 찬양 가운데 행복하게 기브아에 입성한 다음날이다. 그런데 사울은 여인들의 노래가사가 마음에 걸려 마음이 산만하였다. 불행하였다. 그는 자신 안의 골리앗과의 싸움에서 졌다. 그래서 그 골리앗에 의해 지배당하였다. '하나님께서 부리시는 악령'은 신약이라면 마귀로 번역했을 것이다. 그런데 구약에서는 하나님의 주권을 강조하여 말하기 때문에 이렇게 표현하고 있다. 사울은 악령에 의해 사로잡혔다. 사울의 마음이 이기주의에 사로잡혀 있기 때문에 악령에 사로잡혔을까, 악령에 사로잡혔기 때문에 이기주의로 채워져 있을까? 두 가지 측면이 모두 있다. 둘은 한 쌍이다. 사울은 자신의 군대가 골리앗과 블레셋을 이겼으나 자신은 자신 안의 골리앗을 이기지 못하였다. 이기주의적인 마음과 왕권에 대한 욕심으로 있지도 않은 일에 대해 환상을 가지게 되었다. 불안하였다. 악령은 사람의 탐욕과 불안을 좋아한다. 그것에 편승한다. 그래서 자신이 원하는 방향으로 사람을 조종한다. 그러한 것에 사로잡혀 있으면 조종하기가 쉽다.

18:11 내가 다윗을 벽에 박으리라 하고 사울이 그 창을 던졌으나. 사울은 다윗을 향하여 창을 던졌다. 그것도 두 번이나 던졌다. 다윗은 어린 소년이다. 그는 믿음으로 골리앗과 싸워 이긴 참 기특한 소년이다. 다윗이 아니었으면 이스라엘 군대는 큰 패배를 당할 뻔하였다. 그런데 사울은 바로 며칠 전의 일에도 불구하고 다윗을 향해 창을 던졌다. 대체 어떻게 이런 일을 할 수 있을까?
악령에 사로잡히면 비상식적인 일을 한다. 사로잡혀 있기에 그것이 비상식적인 일이라는 것을 모른다. 최소한 조금 지나야 그것이 잘못된 것임을 깨달을 수 있다. 비상식적인 일을 하는 사람은 악령에 사로잡혀 있기 때문인 경우가 많다.

18:13 사울이 그를 자기 곁에서 떠나게 하고. 사울이 다윗을 자기 곁에서 떠나게 한 것은 두 가지 의미가 담겨 있을 것이다. 첫째는 자신이 창을 던진 사건 때문에 앞으로 그런 일이 일어나지 않도록 하기 위한 처방일 수 있다. 조금은 정상적인 생

각이다. 두번째는 여전히 다윗에 대한 시기의 마음 때문일 수 있다. 위험한 전장에서 다윗이 죽기를 바라는 마음도 있었을 것이다. 사울은 악령과 동행하였다. 그의 마음이 그것을 방증한다. 우리의 마음이 욕심과 미움으로 가득한 것은 악령의 영향이다. 악령과의 동행을 끊어야 한다. 오직 성령으로 우리의 마음이 나눔과 사랑으로 가득해야 한다.

18:14 다윗이 그의 모든 일을 지혜롭게 행하니라. '지혜롭게 행하다'는 '성공적으로 수행하다'로 번역하는 것이 더 나을 것 같다. 다윗은 그에게 맡겨진 일을 잘 행했다. 수많은 전쟁에서 승리하였다. 그런데 승리보다 승리의 이유가 중요하다. **여호와께서 그와 함께 계시니라.** 하나님께서 그와 함께 계셨기 때문에 승리하였다. 진리의 길을 가면서 성공한다는 것은 하나님께서 함께 하신다는 증거다. 하나님의 일을 하나님의 때에 주어진 사명에 따라 잘 수행할 때 성공한다. 성공하면서 그것을 자신의 공로로 여기지 않고 하나님의 함께하심과 인도하심으로 생각하는 것은 하나님과 함께 하는 것의 증거이다.

18:15 다윗이 크게 지혜롭게 행함을 보고. 이것은 다윗의 승리를 말한다. 다윗이 가는 곳마다 승리하였는데 그것 때문에 오히려 사울의 걱정은 더욱더 커 갔다. 그가 염려하는 것이 점점 현실이 되 간다고 생각하였을 것이다. **그를 두려워하였으나.** 다윗은 하나님의 사람으로서 승리하였다. 그러기에 사울은 다윗이 아니라 하나님을 보아야 했다. 그러나 사울은 여전히 하나님을 보는 것을 놓치고 있다. 다윗만 보고 있다. 사실 다윗의 승리는 하나님의 인도하심이었다. 사울은 그것을 몰랐고 다윗은 그것을 알았다.

하나님의 사람은 성공한다. 성공의 정의는 '목적하는 것을 이룸'이다. 신앙인은 반드시 그가 목적하는 것을 이루어야 한다. 신앙인의 가장 큰 특징은 성공이다. 다윗의 경우에서 그것을 볼 수 있다. 그런데 오늘날 우리들의 현실의 모습에서 성공하지 못하는 것은 무엇 때문일까? 그가 목적하는 것이 '하나님의 사람'으로가 아니라 '세상 사람'으로의 목적이기 때문일 것이다. 혹시 하나님의 사람으로서 성공하기를 원한다 하면서도 실제로는 자기 욕심으로 엉뚱한 곳을 가고자 하기 때문일 것이다. 성공하지 못하는 것은 무엇인가 어그러졌기 때문이다. 믿음으로 길을 잘 선택해야 하고 성공해야 한다. 늘 성공하라. 나이가 들어가면서 신앙인으로서 성공이 더 많아져야 한다. 목적 없이 살면 결코 성공이 없다. 믿음으로 목적을 가지고 하루하루 성공하라. 하나님께서 뜻하시는 것을 나의 목적으로 삼는 것을 배워가고 또한 그것을 믿음으로 이루어 가면서 성공하는 비율이 높아져야 한다. 그래서 나이를 먹을수록 성공의 사람이 되어야 한다. 하나님의 사람의 특징은 성공이다. 이것을 잘 알아야 한다. 하나님은 여전히 우리를 향하여 뜻을 가지고 계신다. 우리는 그것에 성공해야 한다.

18:17 내 맏딸 메랍을 네게 아내로 주리니 오직 너는 나를 위하여 용기를 내어 여호와의 싸움을 싸우라. 참 뻔뻔하다. 불신실하다. 다윗에게 딸을 마땅히 주었어야 하는데 여전히 주지 않으면서 다시 조건을 붙이고 있다. 이전에는 자신의 딸과 결혼이라는 조건을 골리앗을 무찌르는데 이용하였고 이번에는 다윗을 죽이는데 이용하고 있다. 이용만 하고 있다.

18:19 다윗은 사울이 내건 조건에 합당하게 열심히 싸웠을 것이다. 그러나 사울은 두 번이나 약속했던 자신의 딸을 다른 사람에게 시집 보냈다. 사울이 자신의 약속을 얼마나 쉽게 생각하는지를 엿볼 수 있다.

18:21 사울이 다윗에게 이르되 네가 오늘 다시 내 사위가 되리라. 사울은 두 번이나 약속을 어겼다. 그러고도 또 다시 다윗에게 약속을 말한다. 이전에 자신이 약속을 어긴 것에 대해 사과도 없다. 본래는 이전에 자신이 약속을 어겼기 때문에 둘째

딸과의 결혼에 대해서는 어떤 조건을 달면 안 된다. 그런데 사울이 또 조건을 다는 것은 그가 이전에 한 약속에 대해 전혀 책임감을 가지고 있지 않다는 뜻이다. 그것은 참으로 신실하지 못한 모습이고 악한 모습이다. **딸을 그에게 주어서 그에게 올무가 되게 하고 블레셋 사람들의 손으로 그를 치게 하리라.** 다윗을 죽이기 위해 딸을 이용하였다. 딸의 사랑과 다윗의 신실함을 이용하였다. 악한 사람은 자신이 신실하지 않으면서 다른 사람의 신실함을 이용한다. 하나님은 신실하시다. 불신실은 하나님으로부터 더 멀어지게 한다.

18:23 왕의 사위 되는 것을 너희는 작은 일로 보느냐. 다윗은 왕의 사위가 되는 것을 실제적으로 생각하였기 때문에 그것을 큰 것으로 생각하였다. 그래서 빈말하지 않기 위해 조심하고 있다. **나는 가난하고 천한 사람이라.** 다윗은 결혼을 위해서는 신랑이 내야 하는 돈이 있는데 자신은 그것을 지불할 돈이 없음을 말하였다. 다윗은 결혼에 대해 빈말이 아니라 신실하게 생각하였다.

18:25 블레셋 사람들의 포피 백 개를 원하신다 하라 하였으니 이는 사울의 생각에 다윗을 블레셋 사람들의 손에 죽게 하리라 함이라. 사울은 과한 것을 요구하였다. 사울은 다윗을 죽게 하려는 의도였다. 아마 다윗은 그것을 알았을 것이다. 그런데도 불구하고 자신의 역할을 힘을 다하여 신실하게 행한다.

18:27 블레셋 사람 이백 명을 죽이고 그들의 포피를 가져다가 수대로 왕에게 드려. 사울은 포피 100개를 원하였으나 다윗은 200개를 가져왔다. 신실한 사람은 다른 사람에게 신실을 요구하는 것보다 자신이 더 신실하게 행한다.
다윗의 경우 사울이 신실하지 못했다. 이전의 약속을 두 번이나 지키지 않았다. 그러기에 다윗은 이전의 것에 대해 신실을 요구하며 자신이 신실하지 않아도 될 것 같다. 그러나 다윗은 이전의 사울의 신실하지 못함을 비난하지 않았다. 자신의 비신실함에 대한 변명으로 사용하지 않았다. 다윗은 자신이 행해야 하는 신실을 끝까지 지켰다.

18:28 여호와께서 다윗과 함께 계심을 사울이 보고 알았고. 다윗의 신실한 모습에 하나님께서 함께하셨다. 사울도 그것을 보았다. 다윗이 신실하지 못하였으면 서로 싸우고 끝났을 것이다. 진흙탕 싸움이 되었을 것이다. 세상은 서로를 탓하는 진흙탕 싸움이 많다. 그러나 다윗의 신실함으로 인해 불신실함과 신실함의 싸움이 되었고 신실함이 승리함으로 하나님의 함께하심이 드러났다. **사울의 딸 미갈도 그를 사랑하므로.** 신실함으로 사랑스러운 사람이 되었다. 신실할 때 사랑스럽다. 신실할 때 하나님이 함께 하신다. 세상의 변심과 거짓에 편승하지 마라. 신앙인은 다윗처럼 언제나 늘 신실해야 한다.

1 사울이 그의 아들 요나단과 그의 모든 신하에게 다윗을 죽이라 말하였더니 사울의 아들 요나단이 다윗을 심히 좋아하므로

Saul told his son Jonathan and all his officials that he planned to kill David. But Jonathan was very fond of David,

2 그가 다윗에게 말하여 이르되 내 아버지 사울이 너를 죽이기를 꾀하시느니라 그러므로 이제 청하노니 아침에 조심하여 은밀한 곳에 숨어 있으라

and so he said to him, "My father is trying to kill you. Please be careful tomorrow morning; hide in some secret place and stay there.

3 내가 나가서 네가 있는 들에서 내 아버지 곁에 서서 네 일을 내 아버지와 말하다가 무엇을 보면 네게 알려 주리라 하고

I will go and stand by my father in the field where you are hiding, and I will speak to him about you. If I find out anything, I will let you know."

4 요나단이 그의 아버지 사울에게 다윗을 칭찬하여 이르되 원하건대 왕은 신하 다윗에게 범죄하지 마옵소서 그는 왕께 득죄하지 아니하였고 그가 왕께 행한 일은 심히 선함이니이다

Jonathan praised David to Saul and said, "Sir, don't do wrong to your servant David. He has never done you any wrong; on the contrary, everything he has done has been a great help to you.

5 그가 자기 생명을 아끼지 아니하고 블레셋 사람을 죽였고 여호와께서는 온 이스라엘을 위하여 큰 구원을 이루셨으므로 왕이 이를 보고 기뻐하셨거늘 어찌 까닭 없이 다윗을 죽여 무죄한 피를 흘려 범죄하려 하시나이까

He risked his life when he killed Goliath, and the LORD won a great victory for Israel. When you saw it, you were glad. Why, then, do you now want to do wrong to an innocent man and kill David for no reason at all?"

6 사울이 요나단의 말을 듣고 맹세하되 여호와께서 살아 계심을 두고 맹세하거니와 그가 죽임을 당하지 아니하리라

Saul was convinced by what Jonathan said and made a vow in the LORD's name that he would not kill David.

7 요나단이 다윗을 불러 그 모든 일을 그에게 알리고 요나단이 그를 사울에게로 인도하니 그가 사울 앞에 전과 같이 있었더라

So Jonathan called David and told him everything; then he took him to Saul, and David served the king as he had before.

19장

19:1 요나단과 그의 모든 신하에게 다윗을 죽이라 말하였더니. 사울은 드디어 공개적으로 모든 신하에게 다윗을 죽이라 명령하였다. 다윗이 특별히 무엇을 잘못한 내용은 전혀 없다. 사울이 갑자기 그를 죽이라고 명령하였다. 자신을 위해 다윗이 없어져야 한다고 생각하였다. 사울은 어떻게 다윗을 죽이라고 명령하는 지경에까지 이르게 되었을까? 그는 처음부터 이렇게 다윗을 죽이라고는 하지 않았다. 처음에는 정신병처럼 그를 죽이려 하였다. 그 이후에는 은밀하게 죽었으면 하는 마음이었다. 블레셋과의 전쟁에서 자연스럽게 죽으면 제일 좋았을 것이다. 그런데 그것마저 실패하였다. 그래서 이제 공개적으로 죽이는 것만 남았다.

19:2 다윗에게 말하여 이르되 내 아버지 사울이 너를 죽이기를 꾀하시느니라. 사울의 꾀하는 일은 다른 면으로는 요나단에게 더 이로울 수 있다. 다윗은 자신의 잠재적 경쟁자이기 때문이다. 그러나 요나단은 그것이 악한 것이라는 것을 알았다. 그래서 그것을 막고자 하였다. **은밀한 곳에 숨어 있으라.** 여차하면 다윗을 숨길 수 있도록 하기 위해서이다. 그렇게 위험한데도 불구하고 요나단은 다윗을 보호하고자 하였다. 그것이 옳은 것이라 생각했기 때문이다.

19:4 다윗을 칭찬하여. 사울이 죽이려고 하는 다윗을 칭찬하면 사울의 마음이 더 불편해질 것이다. **다윗에게 범죄하지 마옵소서 그는 왕께 득죄하지 아니하였고.** 요나단은 사울이 다윗을 죽이면 사울이 범죄하는 것이라고 말하였다. 다윗은 죄가 없다고 말하였다. 참으로 용감한 주장이다. 그것이 진리이기 때문이다.

19:5 블레셋 사람을 죽였고 여호와께서는 온 이스라엘을 위하여 큰 구원을 이루셨으므로. 하나님께서 다윗을 통해 이스라엘을 구원하셨음을 말한다. 사울은 지금 제 정

8 전쟁이 다시 있으므로 다윗이 나가서 블레셋 사람들과 싸워 그들을 크게 쳐 죽이매 그들이 그 앞에서 도망하니라

War with the Philistines broke out again. David attacked them and defeated them so thoroughly that they fled.

9 사울이 손에 단창을 가지고 그의 집에 앉았을 때에 여호와께서 부리시는 악령이 사울에게 접하였으므로 다윗이 손으로 수금을 탈 때에

One day an evil spirit from the LORD took control of Saul. He was sitting in his house with his spear in his hand, and David was there, playing his harp.

10 사울이 단창으로 다윗을 벽에 박으려 하였으나 그는 사울의 앞을 피하고 사울의 창은 벽에 박힌지라 다윗이 그 밤에 도피하매

Saul tried to pin David to the wall with his spear, but David dodged, and the spear stuck in the wall. David ran away and escaped.

11 사울이 전령들을 다윗의 집에 보내어 그를 지키다가 아침에 그를 죽이게 하려 한지라 다윗의 아내 미갈이 다윗에게 말하여 이르되 당신이 이 밤에 당신의 생명을 구하지 아니하면 내일에는 죽임을 당하리라 하고

That same night Saul sent some men to watch David's house and kill him the next morning. Michal, David's wife, warned him, "If you don't get away tonight, tomorrow you will be dead."

12 미갈이 다윗을 창에서 달아 내리매 그가 피하여 도망하니라

She let him down from a window, and he ran away and escaped.

13 미갈이 우상을 가져다가 침상에 누이고 염소 털로 엮은 것을 그 머리에 씌우고 의복으로 그것을 덮었더니

Then she took the household idol, laid it on the bed, put a pillow made of goats'-hair at its head, and put a cover over it.

14 사울이 전령들을 보내어 다윗을 잡으려 하매 미갈이 이르되 그가 병들었느니라

When Saul's men came to get David, Michal told them that he was ill.

15 사울이 또 전령들을 보내어 다윗을 보라 하며 이르되 그를 침상째 내게로 들고 오라 내가 그를 죽이리라

But Saul sent them back to see David for themselves. He ordered them, "Carry him here in his bed, and I will kill him."

신 아니다. 다른 이들은 사울에게 어떤 말도 하지 못하였다. 그러나 요나단은 다 윗 편에 서서 중재하였다.

19:6 여호와께서 살아 계심을 두고 맹세하거니와 그가 죽임을 당하지 아니하리라. 사 울이 정신을 차렸다. 요나단의 강력한 말에 다윗을 죽이려 했던 자신이 잘못이라 고 판단하였다. 양심이 움직였을 것이다.

19:7 그가 사울 앞에 전과 같이 있었더라. 다윗은 이제 전과 같이 사울 앞에 설 수 있게 되었다. 요나단의 용기가 그를 살렸다.

요나단은 다윗을 살리는데 열심이었다. 이때 다윗이 죽었으면 요나단이 다음 왕 이 되었을 수도 있다. 그러나 왕이 되는 것이 중요하지 않다. 진리와 함께 하는 것 이 중요하다. 요나단은 왕이 되지는 못하였지만 하나님 나라에 속한 사람이 될 수 있었다. 거짓에 용감하게 맞서면 세상의 무엇인가를 잃을 수 있다. 그러나 잃는 것은 아무것도 아니다. 지켜야 하는 진리가 중요하다.

19:8 다윗이 나가서 블레셋 사람들과 싸워 그들을 크게 쳐 죽이매. 사울이 다윗을 죽 이려 하였으나 요나단의 중재로 마음을 바꾸었다. 모든 것이 다시 회복되었다. 다 윗은 블레셋 군대를 무찔렀다.

19:10 사울이 단창으로 다윗을 벽에 박으려 하였으나. 사울은 다윗을 향하여 창을 던졌다. 자신의 왕권에 대한 불안 때문일 것이다. 이전에 창을 던진 것의 반복이 다. 이렇게 반복한다는 것은 이전의 마음보다 더 단단히 죽일 마음을 먹었다는 뜻 이다. **그는 사울의 앞을 피하고 사울의 창은 벽에 박힌지라.** 다윗은 다행히 사울의 창 을 피하였다. 그러나 그의 마음은 사울이 던진 창에 깊이 찔렸을 것이다. 자신은 사울의 사위이며 사울에게 미움 받거나 죽임당할 일을 한 적이 없다. 그럼에도 불

16 전령들이 들어가 본즉 침상에는 우상이 있고 염소 털로 엮은 것이 그 머리에 있었더라

They went inside and found the household idol in the bed and the goats' -hair pillow at its head.

17 사울이 미갈에게 이르되 너는 어찌하여 이처럼 나를 속여 내 대적을 놓아 피하게 하였느냐 미갈이 사울에게 대답하되 그가 내게 이르기를 나를 놓아 가게 하라 어찌하여 나로 너를 죽이게 하겠느냐 하더이다 하니라

Saul asked Michal, "Why have you tricked me like this and let my enemy escape?" She answered, "He said he would kill me if I didn't help him to escape."

18 다윗이 도피하여 라마로 가서 사무엘에게로 나아가서 사울이 자기에게 행한 일을 다 전하였고 다윗과 사무엘이 나욧으로 가서 살았더라

David escaped and went to Samuel in Ramah and told him everything that Saul had done to him. Then he and Samuel went to Naioth and stayed there.

19 어떤 사람이 사울에게 전하여 이르되 다윗이 라마 나욧에 있더이다 하매

Saul was told that David was in Naioth in Ramah,

20 사울이 다윗을 잡으러 전령들을 보냈더니 그들이 선지자 무리가 예언하는 것과 사무엘이 그들의 수령으로 선 것을 볼 때에 하나님의 영이 사울의 전령들에게 임하매 그들도 예언을 한지라

so he sent some men to arrest him. They saw the group of prophets dancing and shouting, with Samuel as their leader. Then the spirit of God took control of Saul's men, and they also began to dance and shout.

21 어떤 사람이 그것을 사울에게 알리매 사울이 다른 전령들을 보냈더니 그들도 예언을 했으므로 사울이 세 번째 다시 전령들을 보냈더니 그들도 예언을 한지라

When Saul heard of this, he sent more messengers, and they also began to dance and shout. He sent messengers the third time, and the same thing happened to them.

22 이에 사울도 라마로 가서 세구에 있는 큰 우물에 도착하여 물어 이르되 사무엘과 다윗이 어디 있느냐 어떤 사람이 이르되 라마 나욧에 있나이다

Then he himself started out for Ramah. When he came to the large well in Secu, he asked where Samuel and David were and was told that they were at Naioth.

구하고 사울이 자신을 죽이려 하였다. 그 사실에 마음이 많이 아팠을 것이다.

이 이상한 상황에서 다윗은 이상한 상황이 아니라 하나님을 바라보았던 것으로 보인다. 시편 150편 중에 가장 많은 시를 지은 사람이 누구일까? 다윗이다. 70인 역의 주장을 따르면 다윗의 시는 86편이다. 그의 시를 보면 언제 썼는지 모르는 경우가 많다. 그 시 중에 하나는 어쩌면 오늘과 같은 상황에서 썼을 것이다. 그의 시가 구체적으로 어떤 상황에서 썼는지 모르는 것은 그가 상황을 말하지 않기 때문이다. 그는 늘 상황보다는 하나님을 말한다. 어려운 상황이 되면 그 상황을 더 말할 것 같다. 그러나 그는 어려운 상황에서도 하나님을 바라보았다. 하나님을 생각하고 하나님을 찾았다. 그러면 상황은 더 이상 중요하지 않게 된다. 말할 필요도 없게 된다.

19:11 사울이 전령들을 다윗의 집에 보내어 그를 지키다가 아침에 그를 죽이게 하려 한지라. 이번에는 사울이 단단히 마음을 먹은 것 같다. 그는 창을 던져 죽이려던 것이 실패하자 사람을 보내 다윗을 죽이라 하였다.

19:12 미갈이 다윗을 창에서 달아 내리매. 미갈은 집 앞에서 지키는 군사들을 피해 뒤쪽 창을 통해 다윗이 나가도록 하였다. **그가 피하여 도망하니라.** 다윗은 이제 도망자가 되었다. 이스라엘의 훌륭한 장군이었다. 왕의 사위였다. 그런데 이제 갑자기 목숨을 잃지 않기 위해 도망하는 신세가 되었다. 좁은 창을 통해 벽을 타던 다윗은 많은 생각을 했을 것이다. 캄캄한 밤 길을 걸으며 얼마나 많은 생각을 하였을까? '내가 왜 이렇게 도망자가 되었을까' 도망자의 처량한 신세가 되어 길을 걸으며 생각하고 또 생각하였을 것이다. 사람들은 다윗과 같은 처지가 되면 주로 고통스러워하고 원망한다. 그러나 진정 고통스러운 일일까? 쫓고 있는 사울과 쫓기는 다윗을 생각해 보라. 누가 고통스러울까? 사울이다. 사울은 죄 없는 다윗을 죽이려고 하고 있다. 그 마음은 온통 혼란스러움과 불안함 등으로 가득하였다. 그러

23 사울이 라마 나욧으로 가니라 하나님의 영이 그에게도 임하시니 그가 라마 나욧에 이르기까지 걸어가며 예언을 하였으며

As he was going there, the spirit of God took control of him also, and he danced and shouted all the way to Naioth.

24 그가 또 그의 옷을 벗고 사무엘 앞에서 예언을 하며 하루 밤낮을 벗은 몸으로 누웠더라 그러므로 속담에 이르기를 사울도 선지자 중에 있느냐 하니라

He took off his clothes and danced and shouted in Samuel's presence, and lay naked all that day and all that night. (This is how the saying originated, "Has even Saul become a prophet?")

나 다윗의 마음은 죽음에 대한 불안은 있을 수 있으나 다른 것은 걱정할 필요가 없다. 옳은 길을 가고 있기 때문이다. 어떤 상황에서 기뻐해야 할까, 슬퍼해야 할까를 결정하는 것은 그가 지금 '평안한 상황인지 힘든 상황인지'가 아니다. 그가 지금 '옳은 편에 있는지 거짓의 편에 있는지'이다.

19:13 다윗이 도망가는 시간에 미갈은 다윗에게 시간을 벌어주기 위해 침대에 큰 우상을 놓고 마치 다윗이 그곳에 누워 있는 것처럼 꾸몄다. 결국 다윗은 무사히 도망갈 수 있었다. 다윗이 모르는 곳에서 하나님께서 그를 보호하고 계신다. 환경에 의해 배신당해도 마음은 여유를 가져야 한다. 다윗은 사울과의 관계에서 계속 그랬다. 지금 도망자가 된 것이 죄 없이 그렇게 된 것이니 매우 억울할 수 있다. 그러나 어찌 보면 지금의 위치까지만 생각해도 감사한 일이다. 지금은 도망자이지만 다윗은 결국 왕이 된다. 하나님의 뜻은 반드시 이루어진다. 환경 때문에 이루지 못하는 경우는 절대 없다. 그러니 환경에 대해 그리 많이 걱정할 필요가 없다.

19:18 다윗이 도피하여 라마로 가서 사무엘에게로 나아가서. 라마는 다윗의 집이 있던 기브아에서 4km떨어진 거리다. 한 시간 거리다. 사울의 군사가 그를 잡으려 오는 급박하고 위험한 상황이다. 미갈은 자신이 멀리 도망하도록 시간을 끌어주었다. 그런데 정작 다윗은 한 시간 거리에 있는 라마로 갔다. 왜 그랬을까? 사무엘이 있기 때문이다. 사무엘은 하나님의 뜻에 따라 자신에게 기름을 부은 선지자다. 다윗은 사무엘에게 가서 자신을 향한 하나님의 뜻을 확인하고자 하였던 것 같다. 길고 긴 고난의 행군과 같은 여정에서 가장 중요한 것은 다윗을 향한 하나님의 뜻일 것이다. 그래서 그 부분을 확인하고자 사무엘을 찾아 간 것으로 보인다.

19:20 하나님의 영이 사울의 전령들에게 임하매 그들도 예언을 한지라. 사울이 다윗

을 잡아오도록 전령을 보냈는데 그들에게 하나님의 영이 임하여 예언을 하고 있다. 이들은 먼저 '선지자 무리가 예언하는 것'을 보았다. '예언'은 아마 춤추며 찬양하고 기도하는 모습을 의미할 것이다. 아마 무아지경의 모습이었을 것이다. '사무엘이 그들의 수령으로 선 것'이라는 구절을 통해 볼 때 사무엘은 무아지경이 아니라 통제자의 입장에 있고 다른 이들은 스스로를 통제할 수 없는 무아지경의 상태였던 것으로 보인다. 이런 모습은 종종 나타난다.

19:21 사울이 보낸 전령이 다윗을 잡아오지 않고 사무엘의 선지자 무리와 함께 예언에 참여하였다는 보고를 받은 사울은 연거푸 2번 더 전령을 보냈다. 그러나 그들도 모두 같았다. 그들은 사울의 메시지를 전달하지 못하였고 오히려 하나님의 메시지를 받아 예언하는 사람이 되었다. 이 때의 예언은 사울에 대한 책망과 이스라엘을 향한 하나님의 뜻이 포함되어 있었을 것이다. 다윗이 왕에 오르는 것까지 말하였을 것이다. 하나님의 뜻을 전하는 것이다. 다윗은 그것을 들었을 것이다.

19:23 그가 라마 나욧에 이르기까지 걸어가며 예언을 하였으며. 답답했던 사울이 이번에는 직접 움직였다. 사울의 경우는 라마 나욧에 도착도 하기 전에 예언하는 현상이 임하였다. 그가 하고 싶어서 하는 것이 아니다.

19:24 그의 옷을 벗고 사무엘 앞에서 예언을 하며 하루 밤낮을 벗은 몸으로 누웠더라. 사울은 결코 옷을 벗고 싶지 않았을 것이다. 그러나 무아지경에서 예언하는 것이기 때문에 스스로를 통제할 수 없었고 옷을 벗었다. 그것은 그가 더 이상 왕이 아님을 상징적으로 보여주는 것이기도 하다. **속담에 이르기를 사울도 선지자 중에 있느냐 하니라.** 사울이 이전에 왕이 될 때도 이 말을 들었었다. 그때는 긍정적인 측면이었다. 하나님에 대해 관심이 없었으나 더 관심을 갖게 된 사건이었다. 그러나

지금 이 속담은 부정적이다. 그는 하나님의 뜻에 대해 관심을 버렸다. 그는 하나님의 뜻에 관심을 접었지만 하나님께서 강압적으로 그에게 임재하셔서 하나님의 뜻을 전하게 하셨다. 아마 다윗의 왕됨에 대한 예언이었을 것이다. 여기에서 성령의 임재는 구원의 임재가 아니라 하나님의 뜻을 전하는 임재다.

1 다윗이 라마 나욧에서 도망하여 요나단에게 이르되 내가 무엇을 하였으며 내 죄악이 무엇이며 네 아버지 앞에서 내 죄가 무엇이기에 그가 내 생명을 찾느냐

Then David fled from Naioth in Ramah and went to Jonathan. "What have I done?" he asked. "What crime have I committed? What wrong have I done to your father to make him want to kill me?"

2 요나단이 그에게 이르되 결단코 아니라 네가 죽지 아니하리라 내 아버지께서 크고 작은 일을 내게 알리지 아니하고는 행하지 아니하나니 내 아버지께서 어찌하여 이 일은 내게 숨기리요 그렇지 아니하니라

Jonathan answered, "God forbid that you should die! My father tells me everything he does, important or not, and he would not hide this from me. It isn't true!"

3 다윗이 또 맹세하여 이르되 내가 네게 은혜 받은 줄을 네 아버지께서 밝히 알고 스스로 이르기를 요나단이 슬퍼할까 두려운즉 그에게 이것을 알리지 아니하리라 함이니라 그러나 진실로 여호와의 살아 계심과 네 생명을 두고 맹세하노니 나와 죽음의 사이는 한 걸음 뿐이니라

But David answered, "Your father knows very well how much you like me, and he has decided not to let you know what he plans to do, because you would be deeply hurt. I swear to you by the living LORD that I am only a step away from death!"

4 요나단이 다윗에게 이르되 네 마음의 소원이 무엇이든지 내가 너를 위하여 그것을 이루리라

Jonathan said, "I'll do anything you want."

5 다윗이 요나단에게 이르되 내일은 초하루인즉 내가 마땅히 왕을 모시고 앉아 식사를 하여야 할 것이나 나를 보내어 셋째 날 저녁까지 들에 숨게 하고

"Tomorrow is the New Moon Festival," David replied, "and I am supposed to eat with the king. But if it's all right with you, I will go and hide in the fields until the evening of the day after tomorrow.

6 네 아버지께서 만일 나에 대하여 자세히 묻거든 그 때에 너는 말하기를 다윗이 자기 성읍 베들레헴으로 급히 가기를 내게 허락하라 간청하였사오니 이는 온 가족을 위하여 거기서 매년제를 드릴 때가 됨이니이다 하라

If your father notices that I am not at table, tell him that I begged your permission to hurry home to Bethlehem, since it's the time for the annual sacrifice there for my whole family.

20장

20:1-42은 다윗과 요나단의 이야기이다.

20:1 다윗이 라마 나욧에서 도망하여 요나단에게 이르되. 사울이 라마 나욧을 찾아 왔으나 하나님의 영에 사로잡혀 무아지경에 있었기에 잡히지 않았을 수 있었다. 그러나 다윗이 그곳에 계속 있을 수는 없었다. 다윗은 사울을 피해 다시 도망자의 길을 갔다. 그런데 사울이 있는 기브아에서 멀리 도망간 것이 아니라 사울이 있는 기브아로 갔다. 왜 도망자가 오히려 더 가까이 갔을까? **내 죄악이 무엇이며 네 아버지 앞에서 내 죄가 무엇이기에.** 다윗은 요나단의 마음을 알기 원했다. 자신을 죄인으로 몰아가는 사울과 다르게 요나단의 생각이 무엇인지 알고 싶었던 것 같다.

20:2 결단코 아니라 네가 죽지 아니하리라. 요나단은 다윗이 결코 죄가 없다고 생각하였다. 또한 아버지 사울이 다윗을 진짜 죽이려는 것은 아닐 것이라고 말하였다.

20:3 여호와의 살아 계심과 네 생명을 두고 맹세하노니 나와 죽음 사이는 한 걸음 뿐이니라. 하나님께서 살아 계신 것이 분명하고 요나단이 살아 있음이 분명한 것처럼 사울이 자신을 죽이려는 것이 분명하며 자신이 지금 죽음 직전에 있다는 것이 확실하다고 말하였다.

20:4 내가 너를 위하여 그것을 이루리라. 요나단은 다윗이 지금 위험을 느끼고 있으니 자신이 그것을 확인하겠다고 말하였다. 어떻게 했으면 좋겠는지 물었다.

20:5 내일은 초하루인즉 내가 마땅히 왕을 모시고 앉아 식사를 하여야 할 것이나. 월삭에 해당하는 초하루에 함께 식사를 하였다. '내일'은 오늘날 시간 개념으로 하

7 그의 말이 좋다 하면 네 종이 평안하려니와 그가 만일 노하면 나를 해하려고 결심한 줄을 알지니

If he says, 'All right,' I will be safe; but if he becomes angry, you will know that he is determined to harm me.

8 그런즉 바라건대 네 종에게 인자하게 행하라 네가 네 종에게 여호와 앞에서 너와 맹약하게 하였음이니라 그러나 내게 죄악이 있으면 네가 친히 나를 죽이라 나를 네 아버지에게로 데려갈 이유가 무엇이냐 하니라

Please do me this favour, and keep the sacred promise you made to me. But if I'm guilty, kill me yourself! Why take me to your father to be killed?"

9 요나단이 이르되 이 일이 결코 네게 일어나지 아니하리라 내 아버지께서 너를 해치려 확실히 결심한 줄 알면 내가 네게 와서 그것을 네게 이르지 아니하겠느냐 하니

"Don't even think such a thing!" Jonathan answered. "If I knew for certain that my father was determined to harm you, wouldn't I tell you?"

10 다윗이 요나단에게 이르되 네 아버지께서 혹 엄하게 네게 대답하면 누가 그것을 내게 알리겠느냐 하더라

David then asked, "Who will let me know if your father answers you angrily?"

11 요나단이 다윗에게 이르되 오라 우리가 들로 가자 하고 두 사람이 들로 가니라

"Let's go out to the fields," Jonathan answered. So they went,

12 요나단이 다윗에게 이르되 이스라엘의 하나님 여호와께서 증언하시거니와 내가 내일이나 모레 이맘때에 내 아버지를 살펴서 너 다윗에게 대한 의향이 선하면 내가 사람을 보내어 네게 알리지 않겠느냐

and Jonathan said to David, "May the LORD God of Israel be our witness! At this time tomorrow and on the following day I will question my father. If his attitude towards you is good, I will send you word.

13 그러나 만일 내 아버지께서 너를 해치려 하는데도 내가 이 일을 네게 알려 주어 너를 보내어 평안히 가게 하지 아니하면 여호와께서 나 요나단에게 벌을 내리시고 또 내리시기를 원하노라 여호와께서 내 아버지와 함께 하신 것 같이 너와 함께 하시기를 원하노니

If he intends to harm you, may the LORD strike me dead if I don't let you know about it and get you safely away. May the LORD be with you as he was with my father!

면 해가 지면 다음 날이 시작되기 때문에 그날 저녁일 것이다. **셋째 날 저녁까지 들에 숨게 하고.** 둘째 날이 아니라 셋째 날까지 숨는 이유는 아마 날짜 상으로의 초하루 날에 초승달이 뜨지 않는 경우가 있기 때문일 것이다. 그 날에 초승달이 뜨지 않으면 잔치를 하루 더 연장하여 다음날까지 하였다. 그래서 잔치를 마치고 대화를 해야 하기 때문에 '셋째 날까지'를 말하는 것이다. 초승달이 뜰지 뜨지 않을지 애매함은 사람의 애매한 마음을 상징적으로 반영하는 것 같다.

20:9 내 아버지께서 너를 해치려 확실히 결심한 줄 알면 내가 네게 와서 그것을 네게 이르지 아니하겠느냐. 요나단은 사울의 뜻을 살펴 그것을 다윗에게 알리겠다고 말하였다. 요나단은 사울이 다윗을 죽이지 않을 것이라 생각하였지만 다윗의 뜻을 따라 사울의 뜻을 살피고 다윗에게 알리겠다고 말하고 있다. 요나단은 이후 다윗의 말이 옳았다는 것을 알게 된다.

20:13 아버지께서 너를 헤치려 하는데도 내가 이 일을 네게 알려 주어 너를 보내어 평안히 가게 하지 아니하면 여호와께서 나 요나단에게 벌을...내리시기를 원하노라. 요나단은 만약 사울이 다윗을 해치고자 한다면 반드시 다윗에게 알려주겠다고 말한다. 그것이 쉬운 것이 아니다. 사울이 자신의 아버지이고 또한 사울이 하려고 하는 일이 자신에게 더 유익이 되기 때문이다. 그러나 요나단은 다윗의 요청이 진리이기 때문에 그렇게 하겠다고 약속하였다. **여호와께서 내 아버지와 함께 하신 것 같이 너와 함께 하시기를 원하노니.** '여호와께서 내 아버지와 함께 하신 것'은 완료형이다. 행동이 끝남으로 이후로는 함께 하지 않는다는 의미가 있다. **너와 함께 하시기를 원하노라.** 미완료형이다. 진행이며 미래형이기도 하다. 이것은 하나님께서 사울을 왕으로 삼고 함께하시던 시대가 끝나고 다윗을 왕으로 함께하시는 시대가 열리기를 원한다는 말이다.

14 너는 내가 사는 날 동안에 여호와의 인자하심을 내게 베풀어서 나를 죽지 않게 할 뿐 아니라

And if I remain alive, please keep your sacred promise and be loyal to me; but if I die,

15 여호와께서 너 다윗의 대적들을 지면에서 다 끊어 버리신 때에도 너는 네 인자함을 내 집에서 영원히 끊어 버리지 말라 하고

show the same kind of loyalty to my family for ever. And when the LORD has completely destroyed all your enemies,

16 이에 요나단이 다윗의 집과 언약하기를 여호와께서는 다윗의 대적들을 치실지어다 하니라

may our promise to each other still be unbroken. If it is broken, the LORD will punish you."

17 다윗에 대한 요나단의 사랑이 그를 다시 맹세하게 하였으니 이는 자기 생명을 사랑함 같이 그를 사랑함이었더라

Once again Jonathan made David promise to love him, for Jonathan loved David as much as he loved himself.

18 요나단이 다윗에게 이르되 내일은 초하루인즉 네 자리가 비므로 네가 없음을 자세히 물으실 것이라

Then Jonathan said to him, "Since tomorrow is the New Moon Festival, your absence will be noticed if you aren't at the meal.

19 너는 사흘 동안 있다가 빨리 내려가서 그 일이 있던 날에 숨었던 곳에 이르러 에셀 바위 곁에 있으라

The day after tomorrow your absence will be noticed even more; so go to the place where you hid the other time, and hide behind the pile of stones there.

20 내가 과녁을 쏘려 함 같이 화살 셋을 그 바위 곁에 쏘고

I will then shoot three arrows at it, as though it were a target.

21 아이를 보내어 가서 화살을 찾으라 하며 내가 짐짓 아이에게 이르기를 보라 화살이 네 이쪽에 있으니 가져오라 하거든 너는 돌아올지니 여호와께서 살아 계심을 두고 맹세하노니 네가 평안 무사할 것이요

Then I will tell my servant to go and find them. And if I tell him, 'Look, the arrows are on this side of you; get them,' that means that you are safe and can come out. I swear by the living LORD that you will be in no danger.

20:15 여호와께서 너 다윗의 대적들을 지면에서 다 끊어 버리신 때. 다윗에게 '사울'이 가장 큰 대적일 것이다. 요나단은 다윗이 사울을 이길 것이라 생각하였다. 그러면 지금이라도 다윗을 배신하여야 그가 살아남을 것 같은데 그렇게 하지 않았다. 오히려 다윗에게 간청하였다. **너는 네 인자함을 내 집에서 영원히 끊어 버리지 말라.** 다윗이 왕위에 오르면 요나단 자신의 집안 사람들에게 인자를 베풀어 달라고 요청하였다. 오늘 자신과 맺은 언약을 기억하여 인자를 베풀어 달라고 말하는 것이다. 요나단은 매우 멀리 내다보고 있는 것 같다. 아주 정확히 내다보고 있다.

20:17 다윗에 대한 요나단의 사랑이 그를 다시 맹세하게 하였으니. 요나단이 다윗을 사랑한 것은 인간적인 사랑만이 아니라 다윗이 진리 편에 있기 때문일 것이다. 요나단은 그렇게 진리를 자신의 생명같이 사랑하였다.
요나단은 이후에 다윗과 아주 짧게 만나기는 하지만 이렇게 다윗에게 굳은 약속과 함께 역사의 뒤안길로 간다. 그러나 그는 참으로 위대한 사람이었다. 진리를 위해 아버지의 뜻을 어기고, 자신이 왕이 되는 것에 미련을 두지 않는 대단한 믿음의 마음이다. 그래서 다윗의 이야기를 하면서도 오늘 본문은 계속 요나단을 주어로 삼아 말하고 있다.

20:21 다윗을 바위 뒤에 숨게 하고 자신이 활을 쏘아 자신의 수종드는 자에게 말하는 것을 신호로 삼을 수 있도록 약속하였다. 왕이 다윗을 죽이려는 상황이기 때문에 어떤 사람도 믿을 수 없는 상황이어서 다윗과 요나단만 아는 신호를 만들고자 하였던 것이다. **네 이쪽에 있으니 가져오라 하거든 너는 돌아올지니.** 사울이 다윗을 죽일 마음이 없으니 안심하고 돌아오라는 신호다.

20:22 화살이 네 앞쪽에 있다 하거든 네 길을 가라. 요나단이 이렇게 말하면 사울이 다윗을 죽이려는 마음을 가지고 있다는 뜻이니 바로 도망가라고 말하였다.

22 만일 아이에게 이르기를 보라 화살이 네 앞쪽에 있다 하거든 네 길을 가라 여호와께서 너를 보내셨음이니라

But if I tell him, 'The arrows are on the other side of you,' then leave, because the LORD is sending you away.

23 너와 내가 말한 일에 대하여는 여호와께서 너와 나 사이에 영원토록 계시느니라 하니라

As for the promise we have made to each other, the LORD will make sure that we will keep it for ever."

24 다윗이 들에 숨으니라 초하루가 되매 왕이 앉아 음식을 먹을 때에

So David hid in the fields. At the New Moon Festival, King Saul came to the meal

25 왕은 평시와 같이 벽 곁 자기 자리에 앉아 있고 요나단은 서 있고 아브넬은 사울 곁에 앉아 있고 다윗의 자리는 비었더라

and sat in his usual place by the wall. Abner sat next to him, and Jonathan sat opposite him. David's place was empty,

26 그러나 그 날에는 사울이 아무 말도 하지 아니하였으니 이는 생각하기를 그에게 무슨 사고가 있어서 부정한가보다 정녕히 부정한가보다 하였음이더니

but Saul said nothing that day, because he thought, "Something has happened to him, and he is not ritually pure."

27 이튿날 곧 그 달의 둘째 날에도 다윗의 자리가 여전히 비었으므로 사울이 그의 아들 요나단에게 묻되 이새의 아들이 어찌하여 어제와 오늘 식사에 나오지 아니하느냐 하니

On the following day, the day after the New Moon Festival, David's place was still empty, and Saul asked Jonathan, "Why didn't David come to the meal either yesterday or today?"

28 요나단이 사울에게 대답하되 다윗이 내게 베들레헴으로 가기를 간청하여

Jonathan answered, "He begged me to let him go to Bethlehem.

29 이르되 원하건대 나에게 가게 하라 우리 가족이 그 성읍에서 제사할 일이 있으므로 나의 형이 내게 오기를 명령하였으니 내가 네게 사랑을 받거든 내가 가서 내 형들을 보게 하라 하였으므로 그가 왕의 식사 자리에 오지 아니하였나이다 하니

'Please let me go,' he said, 'because our family is celebrating the sacrificial feast in town, and my brother ordered me to be there. So then, if you are my friend, let me go and see my relatives.' That is why he isn't in his place at your table."

20:23 여호와께서 너와 나 사이에 영원토록 계시느니라. 하나님 앞에서 약속을 확실하게 확인하는 것이다. 이 상황에서 요나단이 약속 이행을 하는 것이 어려울 것 같다. 그러나 요나단은 하나님 앞에서 약속이행을 선언하면서 확실히 지키겠다고 말하였다. 그리고 먼 미래의 일이지만 다윗이 왕이 되면 그 또한 하나님 앞에서의 약속으로 이것을 지켜야 할 것이다.

신앙인은 어떤 약속을 할 때 하나님 앞에서의 약속이다. 그래서 하나님께 약속을 지키듯이 지켜야 한다. 자신에게 이로움을 생각한다면 그것은 하나님 앞에서의 약속이 아니다. 하나님의 뜻에 합당한 진리일 때 하나님 앞에서의 약속이 된다. 모든 것을 하나님 앞에서의 약속으로 삼고 늘 진리를 따라 살아야 한다.

20:26 사울은 월삭이 되면 다윗이 다시 나타날 것이라 생각하였다. 중요한 제사 날이요 절기에 다윗이 나타날 것이라 생각한 것이다. 이전에도 창을 던진 적이 있고 그 이후에 조용히 무마되었던 때가 있었다. 그는 이번에도 그렇게 조용히 다윗이 월삭을 지키기 위해 오면 그때 죽이려 마음을 먹은 것 같다. **그에게 무슨 사고가 있어서 부정한가보다.** 월삭에 다윗이 나타나지 않았다. 그러나 자신의 속마음을 들킬까봐 사울은 아무 말도 하지 않고 속으로 '다윗이 제사드리기에 합당하지 않은 상태 즉 '의식적 부정한 상태'가 되는 무슨 일이 있어서 오지 못했는가 보다'라고 혼자 생각만 하였다. 사울은 이번에는 그렇게 자신의 마음을 숨기고 조용히 진행하였다.

20:27 요나단에게 묻되 이새의 아들이 어찌하여 어제와 오늘 식사에 나오지 아니하느냐. 둘째날까지 이어진 제사에 다윗이 나타나지 않자 다윗과 가장 가까운 요나단에게 물었다.

20:28 다윗이 내게 베들레헴으로 가기를 간청하여. 다윗이 집안의 제사를 위해 가기

30 사울이 요나단에게 화를 내며 그에게 이르되 패역무도한 계집의 소생아 네가 이새의 아들을 택한 것이 네 수치와 네 어미의 벌거벗은 수치 됨을 내가 어찌 알지 못하랴

Saul was furious with Jonathan and said to him, "How rebellious and faithless your mother was! Now I know you are taking sides with David and are disgracing yourself and that mother of yours!

31 이새의 아들이 땅에 사는 동안은 너와 네 나라가 든든히 서지 못하리라 그런즉 이제 사람을 보내어 그를 내게로 끌어 오라 그는 죽어야 할 자이니라 한지라

Don't you realize that as long as David is alive, you will never be king of this country? Now go and bring him here—he must die!"

32 요나단이 그의 아버지 사울에게 대답하여 이르되 그가 죽을 일이 무엇이니이까 무엇을 행하였나이까

"Why should he die?" Jonathan replied. "What has he done?"

33 사울이 요나단에게 단창을 던져 죽이려 한지라 요나단이 그의 아버지가 다윗을 죽이기로 결심한 줄 알고

At that, Saul threw his spear at Jonathan to kill him, and Jonathan realized that his father was really determined to kill David.

34 심히 노하여 식탁에서 떠나고 그 달의 둘째 날에는 먹지 아니하였으니 이는 그의 아버지가 다윗을 욕되게 하였으므로 다윗을 위하여 슬퍼함이었더라

Jonathan got up from the table in a rage and ate nothing that day—the second day of the New Moon Festival. He was deeply distressed about David, because Saul had insulted him.

35 아침에 요나단이 작은 아이를 데리고 다윗과 정한 시간에 들로 나가서

The following morning Jonathan went to the fields to meet David, as they had agreed. He took a young boy with him

36 아이에게 이르되 달려가서 내가 쏘는 화살을 찾으라 하고 아이가 달려갈 때에 요나단이 화살을 그의 위로 지나치게 쏘니라

and said to him, "Run and find the arrows I'm going to shoot." The boy ran, and Jonathan shot an arrow beyond him.

37 아이가 요나단이 쏜 화살 있는 곳에 이를 즈음에 요나단이 아이 뒤에서 외쳐 이르되 화살이 네 앞쪽에 있지 아니하냐 하고

When the boy reached the place where the arrow had fallen, Jonathan shouted to him, "The arrow is further on!

를 청하였고 자신이 '허락하였노라'고 대답하였다. 그렇게 서로 마음을 숨긴채 대화가 오갔다.

20:30 패역무도한 계집의 소생아 네가 이새의 아들을 택한 것이 네 수치와 네 어미의 벌거벗은 수치 됨을 내가 어찌 알지 못하랴. 사울은 요나단이 다윗편을 들고 있음을 자신이 알고 있다고 말하였다. 아주 강력한 말로 요나단을 책망하였다. 이보다 심한 욕이 없을 정도로 강력한 책망이다.

20:31 이새의 아들이 땅에 사는 동안은 너와 네 나라가 든든히 서지 못하리라. 요나단과 요나단이 왕이 된 나라가 든든히 서기 위해서는 다윗은 죽어야 한다고 말하였다. 매우 실제적이고 강력한 말이다. 요나단의 마음을 돌이키기에 충분하다. **그를 내게로 끌어 오라 그는 죽어야 할 자이니라.** 사울은 요나단이 그를 숨겼다고 판단하였다. 그를 끌고 와서 당장 죽여야 한다고 말하였다.

20:32 그가 죽을 일이 무엇이니이까. 진노하고 있는 왕 앞에서 이렇게 반문하기 위해서는 대단한 용기가 필요하다. 요나단은 자신의 목숨을 담보로 그렇게 강력히 항의하였다. 그것이 옳은 일이었기 때문이다. 요나단은 옳은 일을 위해 자신의 모든 이로운 것을 포기하였다.

20:33 사울이 요나단에게 단창을 던져 죽이려 한지라. 사울이 자신에게까지 창을 던지는 것을 보고 다윗을 죽이려는 마음을 가진 것이 확실하다는 것을 확인하였다. 그래서 더이상 사울을 설득하지 않았다.

20:34 심히 노하여 식탁에서 떠나고. 그는 아버지 사울에게 매우 화가 났다. 그래도 아버지로서 존경하는 마음을 가지고 있었는데 죄 없이 다윗을 죽이려는 사울을

38 요나단이 아이 뒤에서 또 외치되 지체 말고 빨리 달음질하라 하매 요나단의 아이가 화살을 주워 가지고 주인에게로 돌아왔으나

Don't just stand there! Hurry up!" The boy picked up the arrow and returned to his master,

39 그 아이는 아무것도 알지 못하고 요나단과 다윗만 그 일을 알았더라

not knowing what it all meant; only Jonathan and David knew.

40 요나단이 그의 무기를 아이에게 주며 이르되 이것을 가지고 성읍으로 가라 하니

Jonathan gave his weapons to the boy and told him to take them back to the town.

41 아이가 가매 다윗이 곧 바위 남쪽에서 일어나서 땅에 엎드려 세 번 절한 후에 서로 입 맞추고 같이 울되 다윗이 더욱 심하더니

After the boy had left, David got up from behind the pile of stones, fell on his knees and bowed with his face to the ground three times. Both he and Jonathan were crying as they kissed each other; David's grief was even greater than Jonathan's.

42 요나단이 다윗에게 이르되 평안히 가라 우리 두 사람이 여호와의 이름으로 맹세하여 이르기를 여호와께서 영원히 나와 너 사이에 계시고 내 자손과 네 자손 사이에 계시리라 하였느니라 하니 다윗은 일어나 떠나고 요나단은 성읍으로 들어가니라

Then Jonathan said to David, "God be with you. The LORD will make sure that you and I, and your descendants and mine, will for ever keep the sacred promise we have made to each other." Then David left, and Jonathan went back to the town.

보고 의로운 분노를 느꼈다. **그의 아버지가 다윗을 욕되게 하였으므로 다윗을 위하여 슬퍼함이었더라.** '다윗을 욕되게 하였음으로'에서 히브리어는 '다윗'이 아니라 대명사 '그'로 되어 있다. 그래서 다윗이 아니라 요나단일 가능성도 있다. 사울에게 심한 욕을 들은 것은 다윗이 아니라 요나단이다. 그런데 대부분의 학자들은 '다윗'으로 해석한다. 요나단은 자신이 욕을 들었지만 사울이 다윗을 죽이려는 것 자체를 다윗을 욕되게 한 것으로 생각한 것으로 본다. 요나단은 자신이 욕을 들은 상황에서도 자신에게 욕을 한 사울이 아니라 다윗을 욕되게 생각하고 죽이려는 아버지 때문에 마음을 쓰고 있고 슬퍼하고 있다.

20:35 다윗과 정한 시간에 들로 나가서. 월삭에 초승달이 뜨지 않아 잔치는 다음날까지 이어졌고 다윗은 그곳에서 추운 밤을 이틀이나 지냈을 것이다. 숨어서 요나단을 기다리는 다윗의 마음은 어떠했을까? 그것을 잘 아는 요나단인데 좋은 소식이 아니라 나쁜 소식을 전해야 했기에 마음이 아팠을 것이다.

20:37 화살이 네 앞쪽에 있지 아니하냐. 다윗에게 도망가라는 신호로 약속한 말이다.

20:38 지체 말고 빨리 달음질하라. 이 말은 화살을 줍는 아이에게 하는 말이기도 하지만 바위 뒤에서 듣고 있을 다윗을 향한 말일 것이다. 다윗을 향한 절규의 외침처럼 크게 외쳤을 것이다.
약속한 신호의 자리에 다윗과 요나단이 있었다. 그들은 약속을 지켰다. 만약 누군가가 배신한다면 위험한 자리가 될 것이다. 그러나 다윗과 요나단은 서로를 믿었다. 그래서 다윗은 그 자리에 있었고 요나단 또한 다윗에게 약속한 신호대로 위험을 알려주고 있다. 서로 위험을 무릅쓰면서 진리를 지키고 신의를 지키는 빛나는 모습이다. 어쩌면 서로 죽여야 하는 관계요 원수가 되어야 하는 그런 관계였다.

그런데도 불구하고 서로 진리를 지키고 신의를 지킴으로 둘의 관계는 사랑의 관계를 유지하였다.

20:40 무기를 아이에게 주며 이르되 이것을 가지고 성읍으로 가라. 요나단은 활을 줍는 아이를 돌려보내고 다윗을 만나고자 하였다. 그것이 위험한 일이지만 안전을 확인하고 마지막으로 다윗의 얼굴을 한 번 더 보고 싶어 그렇게 하고 있는 것 같다.

20:41 땅에 엎드려 세 번 절한 후에 서로 입 맞추고 같이 울되 다윗이 더욱 심하더니. 다윗은 마지막 떠나는 신하로서 예를 다하여 절하였다. 그리고 이제 떠나면 다시 만날 수 없고 다시 만난다 하여도 원수로 만나야 하는 상황에서 서글퍼 울었다. 서로가 어떤 상황이며 마음인줄을 알기에 서로를 위해 울었다.

20:42 여호와께서 영원히 나와 너 사이에 계시고. 요나단과 다윗은 이제 헤어져야 한다. 언제 다시 만날지 기약할 수 없다. 그러나 그들 사이의 언약은 영원할 것이다. 그들과 그들 자손 사이에서까지 이어질 것이다. 몸은 헤어져도 언약은 이어진다. 이 약속에 따라 이후에 다윗은 요나단의 후손을 돌보게 된다.

사무엘상 21:1-15

1 다윗이 놉에 가서 제사장 아히멜렉에게 이르니 아히멜렉이 떨며 다윗을 영접하여 그에게 이르되 어찌하여 네가 홀로 있고 함께 하는 자가 아무도 없느냐 하니

David went to the priest Ahimelech in Nob. Ahimelech came out trembling to meet him and asked, "Why did you come here all by yourself?"

2 다윗이 제사장 아히멜렉에게 이르되 왕이 내게 일을 명령하고 이르시기를 내가 너를 보내는 것과 네게 명령한 일은 아무것도 사람에게 알리지 말라 하시기로 내가 나의 소년들을 이러이러한 곳으로 오라고 말하였나이다

"I am here on the king's business," David answered. "He told me not to let anyone know what he sent me to do. As for my men, I have told them to meet me at a certain place.

3 이제 당신의 수중에 무엇이 있나이까 떡 다섯 덩이나 무엇이나 있는 대로 내 손에 주소서 하니

Now, then, what supplies have you got? Give me five loaves of bread or anything else you have."

4 제사장이 다윗에게 대답하여 이르되 보통 떡은 내 수중에 없으나 거룩한 떡은 있나니 그 소년들이 여자를 가까이만 하지 아니하였으면 주리라 하는지라

The priest said, "I haven't any ordinary bread, only sacred bread; you can have it if your men haven't had sexual relations recently."

5 다윗이 제사장에게 대답하여 이르되 우리가 참으로 삼 일 동안이나 여자를 가까이 하지 아니하였나이다 내가 떠난 길이 보통 여행이라도 소년들의 그릇이 성결하겠거든 하물며 오늘 그들의 그릇이 성결하지 아니하겠나이까 하매

"Of course they haven't," answered David. "My men always keep themselves ritually pure even when we go out on an ordinary mission; how much more this time when we are on a special mission!"

6 제사장이 그 거룩한 떡을 주었으니 거기는 진설병 곧 여호와 앞에서 물려 낸 떡밖에 없었음이라 이 떡은 더운 떡을 드리는 날에 물려 낸 것이더라

So the priest gave David the sacred bread, because the only bread he had was the loaves offered to God, which had been removed from the sacred table and replaced by fresh bread.

7 그 날에 사울의 신하 한 사람이 여호와 앞에 머물러 있었는데 그는 도엑이라 이름하는 에돔 사람이요 사울의 목자장이었더라

(Saul's chief herdsman, Doeg, who was from Edom, happened to be there that day, because he had to fulfil a religious obligation.)

성경, 이해하며 읽기 **사무엘상**

21장

21:1-30:31은 다윗의 피신 이야기이다.

21:1 다윗이 놉에 가서. 멀리 가지 않고 기브아에서 4km도 안 되는 거리에 있는 도시로 갔다. '놉'은 이전에 엘리 시대 때 '실로'가 하던 역할을 하는 도시다. 그곳을 '제사장의 도시'라고도 한다. 엘리 때는 실로에 성막이 있었다. 일정 부분 건물도 있어 그 건물 안에 성막을 두었었다. 그런데 블레셋에 의해 파괴된 이후 놉으로 성막을 옮긴 것으로 보인다. 지금은 성막 안에 언약궤도 없었다. 그러나 그곳에 성막이 있었기 때문에 그곳을 성전으로 여긴 것이 분명하다. 제사장들이 그곳에서 제사를 계속 했다. 다윗은 놉에 갔다. 그곳에 성전이 있기 때문이다. 그는 도망자로 이스라엘을 떠나기 전 하나님 앞에 나가기를 원하였던 것으로 보인다. 그가 그곳에서 음식과 무기를 얻지만 그것을 얻는 것이 목적이었다면 아마 다른 곳이 더 나을 것이다. 그는 놉에 성전이 있어 간 것이 분명해 보인다. **아히멜렉이 떨며 다윗을 영접하여.** 대제사장 아히멜렉은 도성에서 이루어지고 있는 정치 이야기를 잘 알고 있었을 것이다. 갑자기 찾아온 다윗을 보고 무슨 문제가 있다고 생각한 것 같다.

21:2 왕이 내게 일을 명령하고. 이 말이 의미하는 것에 대한 해석은 여러 가능성이 있다. 첫째, 다윗이 자기 자신을 위해 연약함 가운데 거짓말을 하였을 수 있다. 둘째, 아히멜렉이 자신이 도망자인 것을 알고 도운 것을 알면 화가 임할 것이기 때문에 아히멜렉을 배려하여 거짓말을 하였을 수도 있다. 셋째, 다윗도 알고 아히멜렉도 아는데 주변의 눈 때문에 그렇게 정치적 언어를 주고받은 것일 수 있다. 넷째, 다윗이 아주 지혜롭게 말을 절제한 것일 수 있다. 그가 말하는 '왕'은 사울을 의미하는 것이 아니라 '하나님'을 의미하는 것일 수 있다. 그렇다면 그가 하는 말

8 다윗이 아히멜렉에게 이르되 여기 당신의 수중에 창이나 칼이 없나이까 왕의 일이 급하므로 내가 내 칼과 무기를 가지지 못하였나이다 하니

David said to Ahimelech, "Have you got a spear or a sword you can give me? The king's orders made me leave in such a hurry that I didn't have time to get my sword or any other weapon."

9 제사장이 이르되 네가 엘라 골짜기에서 죽인 블레셋 사람 골리앗의 칼이 보자기에 싸여 에봇 뒤에 있으니 네가 그것을 가지려거든 가지라 여기는 그것 밖에 다른 것이 없느니라 하는지라 다윗이 이르되 그같은 것이 또 없나니 내게 주소서 하더라

Ahimelech answered, "I have the sword of Goliath the Philistine, whom you killed in the Valley of Elah; it is behind the ephod, wrapped in a cloth. If you want it, take it—it's the only weapon here." "Give it to me," David said. "There is not a better sword anywhere!"

10 그 날에 다윗이 사울을 두려워하여 일어나 도망하여 가드 왕 아기스에게로 가니

So David left, fleeing from Saul, and went to King Achish of Gath.

11 아기스의 신하들이 아기스에게 말하되 이는 그 땅의 왕 다윗이 아니니이까 무리가 춤추며 이 사람의 일을 노래하여 이르되 사울이 죽인 자는 천천이요 다윗은 만만이로다 하지 아니하였나이까 한지라

The king's officials said to Achish, "Isn't this David, the king of his country? This is the man about whom the women sang, as they danced, 'Saul has killed thousands, but David has killed tens of thousands.'"

12 다윗이 이 말을 그의 마음에 두고 가드 왕 아기스를 심히 두려워하여

Their words made a deep impression on David, and he became very much afraid of King Achish.

13 그들 앞에서 그의 행동을 변하여 미친 체하고 대문짝에 그적거리며 침을 수염에 흘리매

So whenever they were around, David pretended to be insane and acted like a madman when they tried to restrain him; he would scribble on the city gates and dribble down his beard.

14 아기스가 그의 신하에게 이르되 너희도 보거니와 이 사람이 미치광이로다 어찌하여 그를 내게로 데려왔느냐

So Achish said to his officials, "Look! The man is mad! Why did you bring him to me?

은 아주 정확히 맞는 말이다. 나는 넷째가 가능성이 제일 높다고 판단한다.

21:6 진설병 곧 여호와 앞에서 물려 낸 떡밖에 없었음이라. 그는 먹을 빵이 없어 성막 안에서 내온 '임재의 빵(진설병)'을 주었다. 함께 한 군사들의 정결을 확인한 이후 주었다. 아히멜렉은 지금 주어진 상황이 무엇인지를 정확히 알지 못하고 있었을 것이다. 그러나 그는 사울과 다윗 중에 다윗이 옳다는 것은 알고 있었던 것 같다. 그래서 먹을 것을 구하는 다윗에게 거절하는 것이 아니라 할 수만 있으면 도울 수 있는 길을 찾았다. 임재의 빵 밖에 없었기 때문에 음식이 없다고 말하면 그만일 것이다. 그러나 그것이라도 주기 위해 정결을 물었고 정결을 확인한 후 대제사장의 권리로 성경을 해석하여 더 큰 대의를 위하여 정결례를 잠재하였다. 성전에 있던 임재의 빵을 다윗에게 준 것은 다윗이 성결하다는 것에 대한 보증이다. 큰 그림으로 보면 다윗이 지금 도망자 신세이지만 다윗은 죄인이고 부정하여 도망치는 것이 아니라 사울이 악하여 쫓는 것일 뿐이다. 다윗은 정결하였다. 그것에 대한 하나님의 상징적 지지를 아히멜렉이 임재의 빵을 줌으로 드러내고 있다.

21:8 여기 당신의 수중에 창이나 칼이 없나이까. 제사장의 도시 놉에 창이나 칼이 있을 리가 없다. 그러니 아히멜렉은 '무기가 없다'하면 된다. 그러나 이번에도 아히멜렉은 거절의 이유를 찾는 것이 아니라 도울 방법을 찾았다. 다윗이 하나님의 뜻을 이루는 사람이라고 확신하고 있기 때문일 것이다.

21:9 네가 엘라 골짜기에서 죽인 블레셋 사람 골리앗의 칼이 보자기에 싸여 에봇 뒤에 있으니 그것을 가지려거든 가지라. 그곳에 골리앗의 칼이 있었다. 아주 훌륭한 칼이다. 이전에 다윗은 골리앗의 칼로 골리앗을 죽였고 그 칼을 자신의 장막으로 가져갔다가 다시 성막에 헌납한 것으로 보인다. 그래서 골리앗의 칼이 성전에 있었다. 그러니 그 칼을 헌납한 주인이 원한다면 그 칼을 돌려줄 수 있다고 말하였다.

15 내게 미치광이가 부족하여서 너희가 이 자를 데려다가 내 앞에서 미친 짓을 하게 하느냐 이 자가 어찌 내 집에 들어오겠느냐 하니라
David said to Haven't I got enough madmen already? Why bring another one to annoy me with his daft actions right here in my own house?"

성경, 이해하며 읽기 **사무엘상**

아히멜렉이 다윗에게 주는 칼은 골리앗의 칼이다. 또한 하나님께서 다윗과 함께 하셔서 승리하게 하신 칼이다. 그 칼은 하나님의 임재를 상징하고 하나님이 주시는 승리를 상징한다. 그 칼을 주는 것은 마치 하나님께서 이제 앞으로 다윗과 함께 하셔 서 그가 승리하도록 하시겠다는 것을 상징적으로 말하는 것과 같다. 그것을 대제사장 아히멜렉이 인증하고 있다.

21:10 사울을 두려워하여 일어나 도망하여. 다윗은 자신을 죽이려 혈안이 된 사울이 두려웠다. 그래서 사울의 손길이 닿지 않는 블레셋의 가드로 피신하였다. 그러나 그곳은 호랑이 굴이었다. 그래서 더 많은 어려움을 겪게 된다. **가드 왕 아기스에게로 가니.** '가드'는 블레셋의 유력한 도시로 골리앗의 고향이기도 하다. 다윗이 블레셋으로 도망간 것이 조금 이해되지 않는다. 그러나 다윗이 정상적인 마음이 아니라 '두려움'으로 가득하였다는 것을 생각하면 이해될 수 있다. 그는 두려움과 절박함으로 정상적인 판단을 하지 못하고 있었다. 그가 가드로 간 이유는 사울로부터 보호를 받기 위함이다. 그런데 그곳에 간다는 것은 그가 아기스의 군사가 된다는 것을 의미한다. 그러면 이스라엘과 싸워야 한다. 사울이 아니라 이스라엘과 싸워야 한다. 다윗은 이스라엘의 왕으로 기름부음을 받았는데 이스라엘 병사를 죽여야 한다. 그것은 말도 안 된다. 두려움은 참 이해 안 되는 행동을 하게 만든다.

21:11 사울이 죽인 자는 천천이요 다윗은 만만이로다 하지 아니하였나이까. 다윗은 이전에 그가 골리앗을 죽이고 귀환할 때 기브아에서 들었던 말을 가드에서 또 들었다. 신하들이 아기스에게 말하는 것을 들었다. 아기스의 신하들은 다윗이 얼마나 많은 블레셋 사람들을 죽였는지를 생생하게 기억하고 있었다. 이 말이 기브아에서는 영광으로 들렸지만 가드에서는 섬뜩하게 들렸을 것이다. 다윗은 순간 '아차'하였을 것이다. 정신이 번쩍 들었을 것이다. 그가 찾아간 곳은 피난처가 아니라 호랑이 굴이었다. 호랑이 굴에 들어왔으니 이제 정신 바짝 차려야 했다. 다윗

은 이곳에 오기 전에 놉에 있는 성전에 갔었다. 그는 위험 속에서도 하나님을 찾는 사람이었다. 그런데 어찌하여 이런 말도 안 되는 선택을 하게 된 것일까? 기억해야 하는 것이 있다. 신앙인이어도 말도 안 되는 선택을 할 때가 있다. 여전히 부족한 부분이 있다.

21:12 가드 왕 아기스를 심히 두려워하여. 사울은 경쟁자였다면 아기스는 적군이다. 아기스 앞에서 당장 죽을 것 같았다. 심히 두려운 마음이 들었다. 다윗이 가드로 도망을 간 이 사건과 관련된 시편은 34편과 56편이다. 56편은 '다윗이 가드에서 블레셋인에게 잡힌 때에' 쓴 시라고 말한다. "내가 두려워하는 날에는 내가 주를 의지하리이다" (시 56:3) 다윗은 심히 두려운 그 순간 '내가 주를 의지하리이다'라고 말하고 있다. "내가 하나님을 의지하였은즉 두려워하지 아니하리니 사람이 내게 어찌하리이까" (시 56:11) '내가 하나님을 의지하였은즉 두려워하지 아니하리니'라고 말한다. 그는 하나님을 간절히 찾았고 하나님을 의지하였다. 그러면서 사람에 대한 두려움을 극복할 수 있었다. '사람이 내게 어찌하리이까'라고 말한다. 하나님이 보호하시는 사람을 다른 사람이 어찌 해를 입힐 수 있겠는가? 그것이 비록 블레셋의 아기스이고 다윗이 지금 아기스 앞에서 풍전등화와 같아도 마찬가지다.

21:13 그들 앞에서 그의 행동을 변하여 미친 체하고. 다윗은 블레셋에서 살아 남기 위해서는 미친 체하는 것밖에 없다고 생각하였다. 모든 자존심을 내려놓고 미친 체하였다. 미친 체하는 다윗의 전략이 통할까? 보통은 안 통할 것 같다. 그러나 하나님의 보호가 있어 통하였다. 시편 34편의 타이틀은 '다윗이 아비멜렉 앞에서 미친 체하다가 쫓겨나서 지은 시'이다. "내가 여호와께 간구하매 내게 응답하시고 내 모든 두려움에서 나를 건지셨도다" (시 34:4) '내가 여호와께 간구하매 내게 응답하시고'라고 말한다. 오늘 본문에는 나와 있지 않지만 다윗은 이 과정에서 계

속 기도를 한 것으로 보인다. 그는 자신의 잘못으로 가드에 들어와 죽을 위기에 처했다. 하나님 앞에 서는 것이 참으로 부끄럽지만 그는 긍휼이 풍성하신 하나님 앞에 엎드려 기도하였다. 기도할 때 그의 모든 '두려움'에서 그를 건지셨다. "이 곤고한 자가 부르짖으매 여호와께서 들으시고 그의 모든 환난에서 구원하셨도다" (시 34:6) 곤고한 자의 부르짖음을 들으신다. "너희는 여호와의 선하심을 맛보아 알지어다 그에게 피하는 자는 복이 있도다" (시 34:8) 다윗은 자신이 연약하였고 곤고한 자였다. 그러나 하나님께 피하였다. 그래서 하나님이 얼마나 좋으신 분인지를 맛보아 알게 되었다.

21:15 이 자를 데려다가 내 앞에서 미친 짓을 하게 하느냐 이 자가 어찌 내 집에 들어 오겠느냐. 아기스는 다윗이 미친 체하는 것을 그대로 받아들였다. 다윗의 연기가 훌륭하였기 때문일까? 아닐 것이다. 아기스는 미친 다윗을 어찌할지 정해야 했다. 골리앗과 그동안의 죄에 대한 책임으로 다윗의 머리를 잘라 성에 걸 수도 있다. 그러나 그는 그냥 내치기만 하는 것을 선택하였다. 블레셋은 그리스 사람들이기 때문에 미친 사람을 죽이지 않는 명예를 선택하였을 수도 있다. 그러나 더욱더 중요한 것은 하나님께서 그런 마음을 주신 것일 것이다. 결국 다윗은 가드에서 살아남을 수 있었다.

1 그러므로 다윗이 그 곳을 떠나 아둘람 굴로 도망하매 그의 형제와 아버지의 온 집이 듣고 그리로 내려가서 그에게 이르렀고

David fled from the city of Gath and went to a cave near the town of Adullam. When his brothers and the rest of the family heard that he was there, they joined him.

2 환난 당한 모든 자와 빚진 모든 자와 마음이 원통한 자가 다 그에게로 모였고 그는 그들의 우두머리가 되었는데 그와 함께 한 자가 사백 명 가량이었더라

People who were oppressed or in debt or dissatisfied went to him, about 400 men in all, and he became their leader.

3 다윗이 거기서 모압 미스베로 가서 모압 왕에게 이르되 하나님이 나를 위하여 어떻게 하실지를 내가 알기까지 나의 부모가 나와서 당신들과 함께 있게 하기를 청하나이다 하고

David went on from there to Mizpah in Moab and said to the king of Moab, "Please let my father and mother come and stay with you until I find out what God is going to do for me."

4 부모를 인도하여 모압 왕 앞에 나아갔더니 그들은 다윗이 요새에 있을 동안에 모압 왕과 함께 있었더라

So David left his parents with the king of Moab, and they stayed there as long as David was hiding in the cave.

5 선지자 갓이 다윗에게 이르되 너는 이 요새에 있지 말고 떠나 유다 땅으로 들어가라 다윗이 떠나 헤렛 수풀에 이르니라

Then the prophet Gad came to David and said, "Don't stay here; go at once to the land of Judah." So David left and went to the forest of Hereth.

6 사울이 다윗과 그와 함께 있는 사람들이 나타났다 함을 들으니라 그 때에 사울이 기브아 높은 곳에서 손에 단창을 들고 에셀 나무 아래에 앉았고 모든 신하들은 그의 곁에 섰더니

One day Saul was in Gibeah, sitting under a tamarisk tree on a hill, with his spear in his hand, and all his officers were standing round him. He was told that David and his men had been found,

7 사울이 곁에 선 신하들에게 이르되 너희 베냐민 사람들아 들으라 이새의 아들이 너희에게 각기 밭과 포도원을 주며 너희를 천부장, 백부장을 삼겠느냐

and he said to his officers, "Listen, men of Benjamin! Do you think that David will give fields and vineyards to all of you, and make you officers in his army?

22장

22:1 아둘람 굴로 도망하여. 아둘람은 이스라엘 영토이며 블레셋과도 가깝다. 땅 아래에 크고 작은 많은 굴이 있어 숨어 지내기가 좋았을 것이다.

22:2 환난 당한 모든 자와 빚진 모든 자와 마음이 원통한 자가 다 그에게로 모였고. 사회적 부적응자와 약자들이 모였다. **함께 한 자가 사백 명 가량이었더라.** 사백 명은 결코 적은 숫자가 아니다. 사람이 많아지면서 더 이상 아둘람에 숨어 있을 수 없었다. 위험해졌다.

22:3 모압 왕에게 이르되 하나님이 나를 위하여 어떻게 하실지를 내가 알기까지. 다윗은 모압으로 가서 부모님이 안전하게 있을 수 있도록 하였고 자신은 인근에 요새를 만들어 주둔하였다. '하나님의 뜻을 알기까지' 그렇게 하였다. 그는 하나님의 뜻을 우선적으로 생각하고 있었다.

22:5 선지자 갓이 다윗에게 이르되 너는 이 요새에 있지 말고 떠나. '선지자 갓'은 다윗과 함께 하고 있었던 것으로 보인다. 아니면 이때 다윗에게 합류하였을 것이다. 그는 다윗에게 하나님의 뜻을 전하였다. **유다 땅으로 들어가라.** 유다 땅은 위험한 곳이다. 구체적으로 어떤 곳으로 가야 할지도 모른다. 그러나 다윗은 하나님의 말씀에 따라 유다 땅으로 이주하였다.

22:6 사울이 다윗과 그와 함께 있는 사람들이 나타났다 함을 들으니라. 다윗이 400명의 사람들과 함께 나타났기 때문에 사울이 위기 의식을 느낀 것으로 보인다. 다윗은 도망자만이 아니라 대적자가 되었다.

8 너희가 다 공모하여 나를 대적하며 내 아들이 이새의 아들과 맹약하였으되 내게 고발하는 자가 하나도 없고 나를 위하여 슬퍼하거나 내 아들이 내 신하를 선동하여 오늘이라도 매복하였다가 나를 치려 하는 것을 내게 알리는 자가 하나도 없도다 하니

Is that why you are plotting against me? Not one of you told me that my own son had made an alliance with David. No one is concerned about me or tells me that David, one of my own men, is at this moment looking for a chance to kill me, and that my son has encouraged him!"

9 그 때에 에돔 사람 도엑이 사울의 신하 중에 섰더니 대답하여 이르되 이새의 아들이 놉에 와서 아히둡의 아들 아히멜렉에게 이른 것을 내가 보았는데

Doeg was standing there with Saul's officers, and he said, "I saw David when he went to Ahimelech son of Ahitub in Nob.

10 아히멜렉이 그를 위하여 여호와께 묻고 그에게 음식도 주고 블레셋 사람 골리앗의 칼도 주더이다

Ahimelech asked the LORD what David should do, and then he gave David some food and the sword of Goliath the Philistine."

11 왕이 사람을 보내어 아히둡의 아들 제사장 아히멜렉과 그의 아버지의 온 집 곧 놉에 있는 제사장들을 부르매 그들이 다 왕께 이른지라

So King Saul sent for the priest Ahimelech and all his relatives, who were also priests in Nob, and they came to him.

12 사울이 이르되 너 아히둡의 아들아 들으라 대답하되 내 주여 내가 여기 있나이다

Saul said to Ahimelech, "Listen, Ahimelech!" "At your service, sir," he answered.

13 사울이 그에게 이르되 네가 어찌하여 이새의 아들과 공모하여 나를 대적하여 그에게 떡과 칼을 주고 그를 위하여 하나님께 물어서 그에게 오늘이라도 매복하였다가 나를 치게 하려 하였느냐 하니

Saul asked him, "Why are you and David plotting against me? Why did you give him some food and a sword, and consult God for him? Now he has turned against me and is waiting for a chance to kill me!"

14 아히멜렉이 왕에게 대답하여 이르되 왕의 모든 신하 중에 다윗 같이 충실한 자가 누구인지요 그는 왕의 사위도 되고 왕의 호위대장도 되고 왕실에서 존귀한 자가 아니니이까

Ahimelech answered, "David is the most faithful officer you have! He is your own son-in-law, captain of your bodyguard, and highly respected by everyone in the royal court.

22:7 베냐민 사람들아 들으라 이새의 아들이 너희에게 각기 밭과 포도원을 주며. 사울은 사람들을 자기 편으로 삼기 위해 자기 지파 사람들을 높은 직위에 앉혔으며 재물을 주었다. 그들이 자신을 섬기게 만들었다.

22:8 너희가 다 공모하여 나를 대적하며...내게 고발하는 자가 하나도 없고. 사람들이 자신에게 알리지 않았다 말하지만 사실 그는 모든 것을 일방적으로 생각하였다. 사람들의 생각이 아니라 사람들의 충성만을 요구하였다.

22:10 아히멜렉이 그를 위하여 여호와께 묻고. 도엑은 아히멜렉이 다윗을 도운 것에 대해 고발하였다. '여호와께 묻고'는 대제사장에게 하나님의 뜻에 대해 공적인 묻는 것을 의미한다. 다윗은 다급하게 도망하는 위급한 상황에서도 하나님의 뜻을 물었다. 앞에서는 다윗이 물은 것이 나와 있지 않지만 오늘의 본문과 이후 아히멜렉의 대답을 통해 볼 때 다윗이 하나님의 뜻을 물은 것이 분명해 보인다. 다윗은 그렇게 늘 물었다. 반면 사울은 제대로 묻지 않았다. 그의 옆에 아히멜렉이 있었지만 묻지 않았다. 그는 자신의 뜻을 위해 물었고 묻고 알게 되어도 제대로 따르지 않았다. 사울은 하나님의 뜻에 진심이지 않았다.

22:11 놉에 있는 제사장들을 부르매 그들이 다 왕께 이른지라. 85명이나 되는 많은 제사장들이 함께 기브아에 왔다.

22:13 네가 어찌하여 이새의 아들과 공모하여...오늘이라도...나를 치게 하려 하였느냐. 사울이 죄목으로 말하는 아히멜렉이 다윗에게 행한 것으로 '떡과 칼과 하나님께 물은 것'은 맞는 말이다. 그러나 그가 그 행동과 연결하고 있는 '사울을 대적한 것' '매복하였다가 그를 치는 것' 등은 사울의 추측일 뿐이다.

15 내가 그를 위하여 하나님께 물은 것이 오늘이 처음이니이까 결단코 아니니이다 원하건대 왕은 종과 종의 아비의 온 집에 아무것도 돌리지 마옵소서 왕의 종은 이 모든 크고 작은 일에 관하여 아는 것이 없나이다 하니라

Yes, I consulted God for him, and it wasn't the first time. As for plotting against you, Your Majesty must not accuse me or anyone else in my family. I don't know anything about this matter!"

16 왕이 이르되 아히멜렉아 네가 반드시 죽을 것이요 너와 네 아비의 온 집도 그러하리라 하고

The king said, "Ahimelech, you and all your relatives must die."

17 왕이 좌우의 호위병에게 이르되 돌아가서 여호와의 제사장들을 죽이라 그들도 다윗과 합력하였고 또 그들이 다윗이 도망한 것을 알고도 내게 알리지 아니하였음이니라 하나 왕의 신하들이 손을 들어 여호와의 제사장들 죽이기를 싫어한지라

Then he said to the guards standing near him, "Kill the LORD's priests! They conspired with David and did not tell me that he had run away, even though they knew it all along." But the guards refused to lift a hand to kill the LORD's priests.

18 왕이 도엑에게 이르되 너는 돌아가서 제사장들을 죽이라 하매 에돔 사람 도엑이 돌아가서 제사장들을 쳐서 그 날에 세마포 에봇 입은 자 팔십오 명을 죽였고

So Saul said to Doeg, "You kill them!"—and Doeg killed them all. On that day he killed 85 priests who were qualified to carry the ephod.

19 제사장들의 성읍 놉의 남녀와 아이들과 젖 먹는 자들과 소와 나귀와 양을 칼로 쳤더라

Saul also ordered all the other inhabitants of Nob, the city of priests, to be put to death: men and women, children and babies, cattle, donkeys, and sheep—they were all killed.

20 아히둡의 아들 아히멜렉의 아들 중 하나가 피하였으니 그의 이름은 아비아달이라 그가 도망하여 다윗에게로 가서

But Abiathar, one of Ahimelech's sons, escaped, and went and joined David.

21 사울이 여호와의 제사장들 죽인 일을 다윗에게 알리매

He told him how Saul had slaughtered the priests of the LORD.

22:14 왕의 모든 신하 중에 다윗 같이 충실한 자가 누구인지요. 그가 다윗에게 한 3 가지 행동은 사울을 대적하여 한 것이 아니라 사울에게 충실한 자이기 때문에 한 것이라고 대답하였다. 다윗을 도운 것은 사울에 충실한 것이다. 또한 그가 그 동안 다윗을 위하여 하나님께 물은 것이 한 두 번이 아니라고 말하였다.

22:16 네가 반드시 죽을 것이요 너와 네 아비의 온 집도 그러하리라. 사울은 아히멜렉과 그의 모든 친척을 다 죽이겠다고 말하였다. 그가 아히멜렉이 반역을 하였다는 증거를 제시하지 못하였다. 아히멜렉의 행동이 반역이라는 것은 오직 사울의 추측일 뿐이다. 게다가 아히멜렉의 집안 사람들을 모두 죽이는 것은 더욱더 근거가 없다. 집안 사람들이 함께 반역을 꾀한 것이 아니기 때문이다.

22:17 왕의 신하들이 손을 들어 여호와의 제사장들 죽이기를 싫어한지라. 반역죄라고 몰아붙이는 것이 무리일 뿐만 아니라 하나님의 제사장을 죽이는 것이기 때문에 왕의 명령이 있음에도 불구하고 신하들조차 제사장을 죽이지 못하였다. 그만큼 사울의 행동이 매우 잘못되었다는 것을 알 수 있다.

22:19 그곳에 모인 제사장 85명을 다 죽이고 놉에 남아 있는 모든 남녀와 아이와 짐승까지 다 진멸하였다. 이것은 당시 성전에서 일하는 모든 사람을 죽인 것이다. 너무 끔찍한 살인이고 하나님을 무시한 것이며 버린 행위다. 이러한 살인은 결코 신앙인이 할 수 있는 일이 아니다. 그는 하나님을 믿지 않는 사람이 분명하다.

22:20 아히멜렉의 아들 중 하나가 피하였으니...다윗에게로 가서. 아히멜렉의 아들 아비아달이 다윗에게로 도망하였다.

22:22 도엑이 거기 있기로 그가 반드시 사울에게 말할 줄 내가 알았노라. 다윗이 아히

22 다윗이 아비아달에게 이르되 그 날에 에돔 사람 도엑이 거기 있기로 그가 반드시 사울에게 말할 줄 내가 알았노라 네 아버지 집의 모든 사람 죽은 것이 나의 탓이로다

David said to him, "When I saw Doeg there that day, I knew that he would be sure to tell Saul. So I am responsible for the death of all your relatives.

23 두려워하지 말고 내게 있으라 내 생명을 찾는 자가 네 생명도 찾는 자니 네가 나와 함께 있으면 안전하리라 하니라

Stay with me and don't be afraid. Saul wants to kill both you and me, but you will be safe with me."

멜렉을 만나 말할 때 그곳에 도엑이 있는 것을 보고 도엑이 고자질할 것이라 생각했다는 말이다. 그러나 다윗은 도엑을 죽이지 않았다. 그는 도엑이 그렇게 할 것이 분명하다고 생각했어도 그것은 그의 추측일 뿐이다. 추측을 근거로 사람을 죽일 수는 없다. 그래서 그는 도엑을 어찌하지 않았었다. 그런데 그것이 이런 결과를 낳았다고 안타까워하고 있다.

22:23 네가 나와 함께 있으면 안전하리라. 아비아달은 다윗과 함께하게 되었다. 다윗은 선지자 갓과 대제사장 아비아달과 함께하게 되었다. 대제사장이 함께함으로 다윗은 하나님의 뜻을 가까이에서 더욱더 물을 수 있게 되었다. 놉에서의 장막 제사처럼은 아니라 할지라도 대제사장이 있으니 야전에서 제사를 드릴 수 있게 되었을 것이다. 그것이 다윗에게는 매우 큰 힘이 되었을 것이다. 이것은 다윗의 도망자 시대에 새로운 전기가 되었다. 만 명의 군사보다 더 힘이 되고 위용을 갖춘 군대가 되었다. 아비아달은 그에게 천군천마가 되었다. 대제사장이 그와 함께 하게됨으로 그는 왕으로서 위치를 하나씩 세워갔다. 반면 사울은 대제사장이 함께 하지 않음으로 왕의 자리를 잃어가는 모습이다.

1 사람들이 다윗에게 전하여 이르되 보소서 블레셋 사람이 그일라를 쳐서 그 타작 마당을 탈취하더이다 하니

David heard that the Philistines were attacking the town of Keilah and were stealing the newly harvested corn.

2 이에 다윗이 여호와께 묻자와 이르되 내가 가서 이 블레셋 사람들을 치리이까 여호와께서 다윗에게 이르시되 가서 블레셋 사람들을 치고 그일라를 구원하라 하시니

So he asked the LORD, "Shall I go and attack the Philistines?" "Yes," the LORD answered. "Attack them and save Keilah."

3 다윗의 사람들이 그에게 이르되 보소서 우리가 유다에 있기도 두렵거든 하물며 그일라에 가서 블레셋 사람들의 군대를 치는 일이리이까 한지라

But David's men said to him, "We have enough to be afraid of here in Judah; it will be much worse if we go to Keilah and attack the Philistine forces!"

4 다윗이 여호와께 다시 묻자온대 여호와께서 대답하여 이르시되 일어나 그일라로 내려가라 내가 블레셋 사람들을 네 손에 넘기리라 하신지라

So David consulted the LORD again, and the LORD said to him, "Go and attack Keilah, because I will give you victory over the Philistines."

5 다윗과 그의 사람들이 그일라로 가서 블레셋 사람들과 싸워 그들을 크게 쳐서 죽이고 그들의 가축을 끌어 오니라 다윗이 이와 같이 그일라 주민을 구원하니라

So David and his men went to Keilah and attacked the Philistines; they killed many of them and took their livestock. And that was how David saved the town.

6 아히멜렉의 아들 아비아달이 그일라 다윗에게로 도망할 때에 손에 에봇을 가지고 내려왔더라

When Abiathar son of Ahimelech escaped and joined David in Keilah, he took the ephod with him.

7 다윗이 그일라에 온 것을 어떤 사람이 사울에게 알리매 사울이 이르되 하나님이 그를 내 손에 넘기셨도다 그가 문과 문 빗장이 있는 성읍에 들어갔으니 갇혔도다

Saul was told that David had gone to Keilah, and he said, "God has put him in my power. David has trapped himself by going into a walled town with fortified gates."

23장

23:1 블레셋 사람이 그일라를 쳐서 그 타작 마당을 탈취하더이다. 블레셋이 식량을 약탈하기 위해 이스라엘의 성을 공격하여 탈취하였다. 다윗이 있었던 헤렛에서 그일라까지는 5Km이내 거리였던 것으로 보인다. 순간 다윗은 많이 고민했을 것이다. 당장 가서 돕고 싶지만 그러면 다윗은 자신의 위치가 노출되어 사울의 공격을 받을 것이다. 또한 블레셋에 미운 털이 박힐 것이다. 잘못하면 사울과 블레셋의 양면 공격을 받게 된다.

23:2 다윗이 여호와께 묻자와 이르되 내가 가서 이 블레셋 사람들을 치리이까. 다윗은 하나님께 물었다. 그가 질문하고 대답을 얻는 것을 통해 볼 때 아마 그와 함께 하고 있던 선지자 갓을 통해 하나님의 응답을 받은 것으로 보인다. 다윗은 중요한 순간에 자신의 이익을 생각한 것이 아니라 하나님의 뜻을 구하였다. 분명 겉으로는 그일라 성을 돕지 않는 것이 더 나을 것 같다. 그러나 다윗은 이스라엘 백성인 그일라 성 사람들의 고통을 보았고 그래서 하나님의 뜻을 구하였다.

23:3 다윗의 사람들이 그에게 이르되 보소서 우리가 유다에 있기도 두렵거든. 그들이 있는 그 자리에 숨어 있는 것도 쉽지 않음을 말한다. 그일라에 가서 도우면 다 드러나서 사울에게도 공격을 받고 또한 블레셋의 군대가 결코 만만하지 않아 블레셋에도 공격을 받을 것인데 어찌 그일라로 가려고 하냐고 반문하며 말렸다.

23:4 다윗이 여호와께 다시 묻자온대. 다윗은 하나님께 다시 물어 하나님의 뜻이 무엇인지 분명히 알고자 하였다. 다윗이 다시 물은 것은 하나님의 뜻과 사람의 뜻에 대한 대립에서 갈팡질팡 하였기 때문이 아니다. 다윗은 처음부터 끝까지 오직 하나님의 뜻을 찾았다. 다시 물은 것은 하나님의 뜻을 확실히 알기 위함이었다.

8 사울이 모든 백성을 군사로 불러모으고 그일라로 내려가서 다윗과 그의 사람들을 에워싸려 하더니

So Saul called his troops to war, to march against Keilah and besiege David and his men.

9 다윗은 사울이 자기를 해하려 하는 음모를 알고 제사장 아비아달에게 이르되 에봇을 이리로 가져오라 하고

When David heard that Saul was planning to attack him, he said to the priest Abiathar, "Bring the ephod here."

10 다윗이 이르되 이스라엘 하나님 여호와여 사울이 나 때문에 이 성읍을 멸하려고 그일라로 내려오기를 꾀한다 함을 주의 종이 분명히 들었나이다

Then David said, "LORD, God of Israel, I have heard that Saul is planning to come to Keilah and destroy it on account of me, your servant.

11 그일라 사람들이 나를 그의 손에 넘기겠나이까 주의 종이 들은 대로 사울이 내려 오겠나이까 이스라엘의 하나님 여호와여 원하건대 주의 종에게 일러 주옵소서 하니 여호와께서 이르시되 그가 내려오리라 하신지라

Will the citizens of Keilah hand me over to Saul? Will Saul really come, as I have heard? LORD, God of Israel, I beg you to answer me!" The LORD answered, "Saul will come."

12 다윗이 이르되 그일라 사람들이 나와 내 사람들을 사울의 손에 넘기겠나이까 하니 여호와께서 이르시되 그들이 너를 넘기리라 하신지라

"And will the citizens of Keilah hand my men and me over to Saul?" David asked again. "They will," the LORD answered.

13 다윗과 그의 사람 육백 명 가량이 일어나 그일라를 떠나서 갈 수 있는 곳으로 갔더니 다윗이 그일라에서 피한 것을 어떤 사람이 사울에게 말하매 사울이 가기를 그치니라

So David and his men—about 600 in all—left Keilah at once and kept on the move. When Saul heard that David had escaped from Keilah, he gave up his plan.

14 다윗이 광야의 요새에도 있었고 또 십 광야 산골에도 머물렀으므로 사울이 매일 찾되 하나님이 그를 그의 손에 넘기지 아니하시니라

David stayed in hiding in the hill country, in the wilderness near Ziph. Saul was always trying to find him, but God did not hand David over to him.

15 다윗이 사울이 자기의 생명을 빼앗으려고 나온 것을 보았으므로 그가 십 광야 수풀에 있었더니

David saw that Saul was out to kill him. David was at Horesh, in the wilderness near Ziph.

23:5 다윗이 이와 같이 그일라 주민을 구원하니라. 결국 다윗이 그일라 주민을 구원하였다. 본래 사울이 해야 하는 일이다. 사울은 이스라엘의 왕으로서 마땅히 해야 하는 일을 하지 않았고 다윗은 위험하고 자신의 일이 아님에도 불구하고 이스라엘 백성을 구원하는 일을 하였다. 이 일에서는 분명히 사울보다는 다윗이 더 이스라엘의 왕처럼 보인다.

23:6 아비아달이 그일라 다윗에게로 도망할 때에. 아비아달이 다윗에게 온 일을 앞에서 이야기하였었다. 그가 구체적으로 언제 왔는지 나오지 않았었는데 오늘 본문에서는 그 때를 구체적으로 말한다. 아마 다윗이 헤렛에 있을 때 사울이 놉을 진멸하였던 것 같다. 그때 아비아달은 도망을 갔는데 다윗이 어디에 있는지 몰랐을 것이다. 다윗이 그일라를 구원한 소식을 듣고 그일라에 온 것으로 보인다. 다윗이 그일라 주민을 구하였을 때 그에게 매우 큰 선물이 도착한 것이다. **손에 에봇을 가지고 내려왔더라.** 아비아달은 그의 아버지 아비멜렉을 이어 이스라엘의 대제사장이 된다. 그는 아버지가 사용하던 에봇을 가지고 왔다. 대제사장의 에봇에는 아마 주사위 형식으로 된 우림과 둠밈이 들어 있었다. 그것은 하나님의 뜻을 묻는 데 사용되었다. 지금까지 다윗은 선지자 갓을 통해 하나님의 뜻을 물었을 것이다. 그런데 공식적인 질문은 대제사장이 가지고 있는 우림과 둠밈을 이용하여 묻는 것이 전통이다. 하나님의 뜻을 늘 물으며 살았던 다윗에게는 아비아달이 그에게 옴으로 더욱더 하나님의 뜻을 물을 수 있게 되었다. 그것이 그에게는 천군천마 보다 더 귀하고 기쁜 일이 되었을 것이다.

23:11 그일라 사람들이 나를 그의 손에 넘기겠나이까...주의 종에게 일러 주옵소서. 사울은 다윗이 그일라 주민을 구하였다는 소식을 듣고 자신이 하지 못한 일을 한 것에 대해 감사하게 생각하거나 부끄러움 같은 것이 전혀 없었다. 오히려 다윗의 위치를 알게 되었으니 그를 잡기에 좋은 기회라고 생각하였다. 다윗을 치기 위해 군

16 사울의 아들 요나단이 일어나 수풀에 들어가서 다윗에게 이르러 그에게 하나님을 힘 있게 의지하게 하였는데

Jonathan went to him there and encouraged him with assurances of God's protection,

17 곧 요나단이 그에게 이르기를 두려워하지 말라 내 아버지 사울의 손이 네게 미치지 못할 것이요 너는 이스라엘 왕이 되고 나는 네 다음이 될 것을 내 아버지 사울도 안다 하니라

saying to him, "Don't be afraid. My father Saul won't be able to harm you. He knows very well that you are the one who will be the king of Israel and that I will be next in rank to you."

18 두 사람이 여호와 앞에서 언약하고 다윗은 수풀에 머물고 요나단은 자기 집으로 돌아가니라

The two of them made a sacred promise of friendship to each other. David stayed at Horesh, and Jonathan went home.

19 그 때에 십 사람들이 기브아에 이르러 사울에게 나아와 이르되 다윗이 우리와 함께 광야 남쪽 하길라 산 수풀 요새에 숨지 아니하였나이까

Some people from Ziph went to Saul at Gibeah and said, "David is hiding in our territory at Horesh on Mount Hachilah, in the southern part of the Judean wilderness.

20 그러하온즉 왕은 내려오시기를 원하시는 대로 내려오소서 그를 왕의 손에 넘길 것이 우리의 의무니이다 하니

We know, Your Majesty, how much you want to capture him; so come to our territory, and we will make sure that you catch him."

21 사울이 이르되 너희가 나를 긍휼히 여겼으니 여호와께 복 받기를 원하노라

Saul answered, "May the LORD bless you for being so kind to me!

22 어떤 사람이 내게 말하기를 그는 심히 지혜롭게 행동한다 하나니 너희는 가서 더 자세히 살펴서 그가 어디에 숨었으며 누가 거기서 그를 보았는지 알아보고

Go and make sure once more; find out for certain where he is and who has seen him there. I hear that he is very cunning.

사를 모았다. 다윗은 그일라 성에 남아 싸워야 할지 아니면 빠져나와 도망가야 할지를 결정해야 했다. 그일라 사람들이 다윗편이 되어 함께 싸울지 배반할지도 몰랐다. 그래서 하나님께 물었다. 다윗은 하나님의 뜻을 묻기 위해 아비아달에게 우림과 둠밈으로 하나님의 뜻을 말해주기를 요청하였다. 아비아달은 하나님의 뜻을 알려주었다.

23:13 다윗과 그의 사람 육백 명 가량이 일어나 그일라를 떠나서. 사울이 올 것과 그일라 사람들이 다윗을 사울에게 넘길 것이라는 하나님의 말씀(우림과 둠밈을 통한 말씀)을 듣고 다윗은 그일라를 떠났다. **사울이 가기를 그치니라.** 사울은 다윗이 그일라를 떠나 숨었다는 말을 듣고 다윗 쫓기를 그쳤다. 다윗은 계속 하나님의 뜻을 따라 움직였다.

23:14 사울이 매일 찾되 하나님이 그를 그의 손에 넘기지 아니하시니라. 사울은 다윗을 찾아 죽이기 위해 열심히 찾았다. 그러나 하나님께서 그를 보호하셨다. 그래서 사울은 다윗을 찾을 수가 없었다. 그것은 다윗이 하나님의 뜻을 좇아 움직였기 때문이다.

다윗이 하나님의 뜻을 좇아 움직여도 여전히 그는 도망자 신세다. 그러나 그가 하나님의 뜻을 좇아 움직이는 것을 보시고 하나님께서 그를 보호하셨다. 하나님의 뜻을 좇아가기 때문에 하나님께서 끝까지 보호하셨다. 하나님의 뜻대로 사는 사람의 인생은 하나님께서 책임져 주신다. 그러니 하나님의 뜻을 좇아가는 사람이 되어야 한다. 그 길이 영광의 길이다.

23:15 십 광야 수풀에 있었더니. 그일라를 도와주었지만 그에게 돌아온 것은 배신이었다. 그는 십 광야로 발길을 돌렸다. 그의 일행이 가족까지 1000명이 넘었을 것이다. 옮기는 것이 결코 쉽지 않았다. 그는 피신하면서 몸과 마음이 지쳐 힘들

23 그가 숨어 있는 모든 곳을 정탐하고 실상을 내게 보고하라 내가 너희와 함께 가리니 그가 이 땅에 있으면 유다 몇 천 명 중에서라도 그를 찾아내리라 하더라

Find out exactly the places where he hides, and be sure to bring back a report to me straight away. Then I will go with you, and if he is still in the region, I will hunt him down, even if I have to search the whole land of Judah."

24 그들이 일어나 사울보다 먼저 십으로 가니라 다윗과 그의 사람들이 광야 남쪽 마온 광야 아라바에 있더니

So they left and returned to Ziph ahead of Saul. David and his men were in the wilderness of Maon, in a desolate valley in the southern part of the Judean wilderness.

25 사울과 그의 사람들이 찾으러 온 것을 어떤 사람이 다윗에게 아뢰매 이에 다윗이 바위로 내려가 마온 황무지에 있더니 사울이 듣고 마온 황무지로 다윗을 따라가서는

Saul and his men set out to look for David, but he heard about it and went to a rocky hill in the wilderness of Maon and stayed there. When Saul heard about this, he went after David.

26 사울이 산 이쪽으로 가매 다윗과 그의 사람들은 산 저쪽으로 가며 다윗이 사울을 두려워하여 급히 피하려 하였으니 이는 사울과 그의 사람들이 다윗과 그의 사람들을 에워싸고 잡으려 함이었더라

Saul and his men were on one side of the hill, separated from David and his men, who were on the other side. They were hurrying to get away from Saul and his men, who were closing in on them and were about to capture them.

27 전령이 사울에게 와서 이르되 급히 오소서 블레셋 사람들이 땅을 침노하나이다

Just then a messenger arrived and said to Saul, "Come back at once! The Philistines are invading the country!"

28 이에 사울이 다윗 뒤쫓기를 그치고 돌아와 블레셋 사람들을 치러 갔으므로 그 곳을 셀라하마느곳이라 칭하니라

So Saul stopped pursuing David and went to fight the Philistines. That is why that place is called Separation Hill.

29 다윗이 거기서 올라가서 엔게디 요새에 머무니라

David left and went to the region of Engedi, where he stayed in hiding.

었을 수 있다.

23:16 요나단이 일어나 수풀에 들어가서 다윗에게 이르러 그에게 하나님을 힘 있게 의지하게 하였는데. 갑자기 요나단이 나온다. 다윗이 가장 보고 싶은 사람이었을 것이다. 그와의 마지막 만남이기도 하다. 요나단이 다윗이 있는 곳으로 와서 그를 위로하였다. 마치 하나님이 계획하신 위로 같다.

23:17 너는 이스라엘 왕이 되고 나는 네 다음이 될 것. 다윗이 왕이 되고 자신은 신하가 될 것이라 말한다. 자신보다 나이도 많고 현재 왕세자인 요나단이 다윗에게 하는 말로서는 매우 놀랍다. 힘이 빠진 다윗에게 매우 위로가 되는 말이었을 것이다.

23:19 십 사람들이 기브아에 이르러 사울에게 나아와 이르되 다윗이...하길라 산 수풀 요새에 숨지 아니하였나이까. 십 광야에 '십'이라는 성이 있었다. 그들도 유다 지파 사람들이다. 그일라 사람들은 사울이 자신의 성을 공격할 것이기에 다윗을 배신하는 것이 생존을 위한 것이라면 십 사람들은 자신들의 이익과 관련된 것으로 보인다. 그들이 먼저 사울에게 가서 제안하였다. 이 배신에 다윗이 더 많이 마음이 상할 수 있다. 그러나 하나님께서 이미 요나단을 통해 위로와 격려를 주셨다. 그래서 십 사람들의 배신에도 좌절하지 않고 힘을 낼 수 있었다.

23:20 그를 왕의 손에 넘길 것이 우리의 의무니이다. 십 사람들이 사울에게 보낸 밀지이다. 다윗은 이 사건을 겪었을 때 시를 기록하였는데 그것이 시편 54편이다. "낯선 자들이 일어나 나를 치고 포악한 자들이 나의 생명을 수색하며 하나님을 자기 앞에 두지 아니하였음이니이다 (셀라) 하나님은 나를 돕는 이시며 주께서는 내 생명을 붙들어 주시는 이시니이다"(시 54:3-4) 다윗은 십 사람들이 괘씸하였지만

이 사건에서도 오히려 하나님을 더욱더 의지하는 계기를 삼았다.

23:25 마온 황무지에 있더니 사울이 듣고 마온 황무지로 다윗을 따라가서는. 사울은 마온 광야에서 다윗을 따라붙었다.

23:26 사울과 그의 사람들이 다윗과 그의 사람들을 에워싸고 잡으려 함이었더라. 사울은 다윗을 거의 다 따라잡았다. 마지막 포위망을 좁혀 갔다.

23:27 전령이 사울에게 와서 이르되 급히 오소서 블레셋...땅을 침노하나이다. 왠만하면 사울이 블레셋 군대를 포기하고 다윗을 잡을 것이다. 그러나 블레셋이 침략한 지역이 중요하고 급했던 것 같다. 그래서 사울은 어쩔 수 없이 다윗 쫓기를 포기하고 블레셋과 싸우러 가야 했다.
다윗이 블레셋 군대를 움직일 수 있는 것이 아니다. 그러나 가장 적합한 때에 블레셋 군대가 움직였다. 마치 다윗을 구하기 위해 움직인 것 같다. 하나님께서 블레셋의 군대를 사용하셔서 다윗을 구하신 것이다.

23:28 블레셋 사람들을 치러 갔으므로 그 곳을 셀라하마느곳이라 칭하니라. 그 자리는 매우 기념비적인 곳이 되었다. 그래서 새로 이름이 붙여졌다. **셀라하마느곳.** '분리된 바위'라는 뜻이다. 그 바위만 지나면 사울이 다윗을 잡을 수 있었던 것 같았다. 그러나 그 바위는 마치 출애굽 때 홍해처럼 사울의 군대가 다윗의 군대에 결코 접근할 수 없는 바위가 되었다. 그들의 군대와 다윗의 군대를 분리시켰다. 그냥 그곳만 지나면 되는 순간이었다. 그러나 애굽 군대가 홍해를 건널 수 없었듯이 사울의 군대는 그 바위를 지날 수 없었다. 하나님께서 블레셋 군대를 보내셔서 평범한 바위임에도 불구하고 지나가지 못하였다. 하나님께서 가장 적합한 때에 블레셋 군대를 보내셨기 때문이다. 가장 적합한 때 다윗의 군대를 구하셨다.

성경, 이해하며 읽기 **사무엘상**

1 사울이 블레셋 사람을 쫓다가 돌아오매 어떤 사람이 그에게 말하여 이르되 보소서 다윗이 엔게디 광야에 있더이다 하니

When Saul came back from fighting the Philistines, he was told that David was in the wilderness near Engedi.

2 사울이 온 이스라엘에서 택한 사람 삼천 명을 거느리고 다윗과 그의 사람들을 찾으러 들염소 바위로 갈새

Saul took 3,000 of the best soldiers in Israel and went looking for David and his men east of Wild Goat Rocks.

3 길 가 양의 우리에 이른즉 굴이 있는지라 사울이 뒤를 보러 들어가니라 다윗과 그의 사람들이 그 굴 깊은 곳에 있더니

He came to a cave close to some sheep pens by the road and went in to relieve himself. It happened to be the very cave in which David and his men were hiding far back in the cave.

4 다윗의 사람들이 이르되 보소서 여호와께서 당신에게 이르시기를 내가 원수를 네 손에 넘기리니 네 생각에 좋은 대로 그에게 행하라 하시더니 이것이 그 날이니이다 하니 다윗이 일어나서 사울의 겉옷 자락을 가만히 베니라

They said to him, "This is your chance! The LORD has told you that he would put your enemy in your power and you could do to him whatever you wanted to." David crept over and cut off a piece of Saul's robe without Saul's knowing it.

5 그리 한 후에 사울의 옷자락 벰으로 말미암아 다윗의 마음이 찔려

But then David's conscience began to trouble him,

6 자기 사람들에게 이르되 내가 손을 들어 여호와의 기름 부음을 받은 내 주를 치는 것은 여호와께서 금하시는 것이니 그는 여호와의 기름 부음을 받은 자가 됨이니라 하고

and he said to his men, "May the LORD keep me from doing any harm to my master, whom the LORD chose as king! I must not harm him in the least, because he is the king chosen by the LORD!"

7 다윗이 이 말로 자기 사람들을 금하여 사울을 해하지 못하게 하니라 사울이 일어나 굴에서 나가 자기 길을 가니라

So David convinced his men that they should not attack Saul. Saul got up, left the cave, and started on his way.

8 그 후에 다윗도 일어나 굴에서 나가 사울의 뒤에서 외쳐 이르되 내 주 왕이여 하매 사울이 돌아보는지라 다윗이 땅에 엎드려 절하고

Then David went out after him and called to him, "Your Majesty!" Saul turned round, and David bowed down to the ground in respect

성경, 이해하며 읽기 **사무엘상**

24장

24:3 사울이 뒤를 보러 들어가. 사울은 용변을 보기 위해 굴에 들어갔다. 그런데 마침 그 안쪽 깊은 곳에 다윗과 그의 일행이 있었다. 어떻게 이런 우연이 있을 수 있을까? 다윗에게 놀라운 기회가 왔다.

24:4 다윗의 사람들이 이르되 보소서 여호와께서 당신에게 이르시기를 내가 원수를 네 손에 넘기리니...이것이 그 날이니이다. 하나님께서 다윗에게 이런 말씀을 하시지 않았다. 그러나 다윗의 사람들은 다윗에게 이 기회는 하나님께서 주신 기회인 것을 강조하기 위해 이렇게 말하는 것으로 보인다. 다윗에게는 참으로 두 번 오지 않을 기회다. 그의 사람들이 말하는데로 사울을 죽이면 모든 고난이 끝날 수 있다. 그러나 다윗은 그렇게 하지 않았다. **사울의 겉옷 자락을 가만히 베니라.** 다윗은 사울의 겉옷자락만 잘랐다. 사울에게는 결코 손을 대지 않았다.

24:5 사울의 옷자락 벰으로 말미암아...마음이 찔려. 다윗은 사울의 옷을 자른 것도 자신이 잘못하였다고 생각하였다. 그가 옷을 자르기만 한 것조차도 그가 만약 기브아에 있었으면 이런 일을 결코 하지 않았을 것이기 때문일 것이다.

24:6 내가 손을 들어 여호와의 기름 부음을 받은 내 주를 치는 것은 여호와께서 금하시는 것이니. 그는 하나님의 뜻을 생각하였다. 사울을 죽이는 것이 하나님의 뜻이 아니라 생각하였기에 아무리 좋은 기회라 할지라도 그것은 기회가 아니라 시험의 순간에 불과하였다. 그가 지금 얼마나 하나님 앞에서 살고 있는지를 그대로 보여주는 모습이다. 다윗은 자신의 이익이나 사람들의 말이 아니라 하나님의 뜻을 따랐다. 매우 좋은 기회라는 것이 실제로는 매우 중요한 시험의 순간일 수 있다. 나에게 매우 이익이 되는 그 순간에 하나님의 뜻이 무엇인지 잘 분별해야 한다.

9 다윗이 사울에게 이르되 보소서 다윗이 왕을 해하려 한다고 하는 사람들의 말을 왕은 어찌하여 들으시나이까

and said, "Why do you listen to people who say that I am trying to harm you?

10 오늘 여호와께서 굴에서 왕을 내 손에 넘기신 것을 왕이 아셨을 것이니이다 어떤 사람이 나를 권하여 왕을 죽이라 하였으나 내가 왕을 아껴 말하기를 나는 내 손을 들어 내 주를 해하지 아니하리니 그는 여호와의 기름 부음을 받은 자이기 때문이라 하였나이다

You can see for yourself that just now in the cave the LORD put you in my power. Some of my men told me to kill you, but I felt sorry for you and said that I would not harm you in the least, because you are the one whom the LORD chose to be king.

11 내 아버지여 보소서 내 손에 있는 왕의 옷자락을 보소서 내가 왕을 죽이지 아니하고 겉옷 자락만 베었은즉 내 손에 악이나 죄과가 없는 줄을 오늘 아실지니이다 왕은 내 생명을 찾아 해하려 하시나 나는 왕에게 범죄한 일이 없나이다

Look, my father, look at the piece of your robe I am holding! I could have killed you, but instead I only cut this off. This should convince you that I have no thought of rebelling against you or of harming you. You are hunting me down to kill me, even though I have not done you any wrong.

12 여호와께서는 나와 왕 사이를 판단하사 여호와께서 나를 위하여 왕에게 보복하시려니와 내 손으로는 왕을 해하지 않겠나이다

May the LORD judge which one of us is wrong! May he punish you for your action against me, for I will not harm you in the least.

13 옛 속담에 말하기를 악은 악인에게서 난다 하였으니 내 손이 왕을 해하지 아니하리이다

You know the old saying, 'Evil is done only by evil people.' And so I will not harm you.

14 이스라엘 왕이 누구를 따라 나왔으며 누구의 뒤를 쫓나이까 죽은 개나 벼룩을 쫓음이니이다

Look at what the king of Israel is trying to kill! Look at what he is chasing! A dead dog, a flea!

15 그런즉 여호와께서 재판장이 되어 나와 왕 사이에 심판하사 나의 사정을 살펴 억울함을 풀어 주시고 나를 왕의 손에서 건지시기를 원하나이다 하니라

The LORD will judge, and he will decide which one of us is wrong. May he look into the matter, defend me, and save me from you."

성경, 이해하며 읽기 **사무엘상**

24:9 다윗이 왕을 해하려 한다고 하는 사람들의 말을 왕은 어찌하여 들으시나이까. 사울은 주변 사람들의 아부의 말을 곧이 들었다. 그래서 다윗을 죽이고자 하였다. 사람들의 말은 하나님의 뜻을 찾는데 중요한 도구가 된다. 그러나 사람들은 아부와 거짓을 말할 때도 많다. 그것을 구분하지 못하면 사람들의 이기주의에 휘둘리게 된다.

24:10 어떤 사람들이 나를 권하여 왕을 죽이라 하였으나...주를 해하지 아니하리니 그는 여호와의 기름 부음을 받은 자이기 때문이라. 다윗은 사람들의 말을 듣고 그것이 진리인지 분별하였다. 그러니 사울도 분별하여 달라고 요청하고 있다.

24:11 내 손에 있는 왕의 옷자락을 보소서 내가 왕을 죽이지 아니하고. 왕을 죽이려 하였다면 이렇게 좋은 기회에 왕을 죽이지 않을 리가 없다. 그러나 죽이려 하지 않았기 때문에 이렇게 옷만 베었다고 말하였다.

24:14 '이스라엘 왕이...죽은 개나 벼룩을 쫓음이니이다. 사람들에게 '개'는 불결한 존재이다. 그런데 다윗은 자신을 '죽은 개'에 비유하였다. 더욱더 무익하다. 그렇게 무익한 존재인 자신을 이스라엘 왕이 쫓을 이유가 없다고 말하였다. 자신은 왕에 비하면 아무것도 아니기 때문에 왕이 그렇게 신경 쓰고 잡으려고 쫓을 필요가 없다고 말하고 있다.

24:15 여호와께서 재판장이 되어 나와 왕 사이에 심판하사. 다윗은 하나님의 손이 공정하게 심판하시기를 원한다고 말하였다. 다윗은 공정한 심판자이신 하나님께 맡겼다. 사울과의 문제에서 다윗은 결국 하나님을 바라보았다. 그래서 하나님의 뜻을 쫓아갔다. 사울을 죽일 수 있는 절호의 기회에서도 죽이지 않고 오직 하나님께서 기뻐하시는 뜻이 무엇인지를 찾았고 그것에 따라 행하였다. 자신의 이익보다

16 다윗이 사울에게 이같이 말하기를 마치매 사울이 이르되 내 아들 다윗아 이것이 네 목소리냐 하고 소리를 높여 울며

When David had finished speaking, Saul said, "Is that really you, David my son?" And he started crying.

17 다윗에게 이르되 나는 너를 학대하되 너는 나를 선대하니 너는 나보다 의롭도다

Then he said to David, "You are right, and I am wrong. You have been so good to me, while I have done such wrong to you!

18 네가 나 선대한 것을 오늘 나타냈나니 여호와께서 나를 네 손에 넘기셨으나 네가 나를 죽이지 아니하였도다

Today you have shown how good you are to me, because you did not kill me, even though the LORD put me in your power.

19 사람이 그의 원수를 만나면 그를 평안히 가게 하겠느냐 네가 오늘 내게 행한 일로 말미암아 여호와께서 네게 선으로 갚으시기를 원하노라

How often does a man catch his enemy and then let him get away unharmed? The LORD bless you for what you have done to me today!

20 보라 나는 네가 반드시 왕이 될 것을 알고 이스라엘 나라가 네 손에 견고히 설 것을 아노니

Now I am sure that you will be king of Israel and that the kingdom will continue under your rule.

21 그런즉 너는 내 후손을 끊지 아니하며 내 아버지의 집에서 내 이름을 멸하지 아니할 것을 이제 여호와의 이름으로 내게 맹세하라 하니라

But promise me in the LORD's name that you will spare my descendants, so that my name and my family's name will not be completely forgotten."

22 다윗이 사울에게 맹세하매 사울은 집으로 돌아가고 다윗과 그의 사람들은 요새로 올라가니라

David promised that he would. Then Saul went back home, and David and his men went back to their hiding place.

하나님의 뜻이 더 중요하였기 때문이다.

24:16 소리를 높여 울며. 사울은 자신의 병사와 다윗의 병사들이 다 보고 있는 상황에서 울었다. 사울은 감정이 복받쳐 울면서 크게 말하였다. 그만큼 굴에서 다윗이 자신을 죽일 수 있는데 죽이지 않은 사실에 크게 충격을 받고 감동한 것 같다.

24:17 너는 나보다 의롭도다. 자신은 다윗을 죽이려 하였으나 다윗은 자신을 살려주는 것을 보면서 자신이 지금까지 다윗을 죽이려 한 모든 것이 잘못되었음을 깨달았다. 그래서 다윗은 옳고 자신이 틀렸음을 인정하였다.

24:19 사람이 그의 원수를 만나면 그를 평안히 가게 하겠느냐. 다윗은 사울을 원수로 생각하지 않았음이 분명하다. 아니면 최소한 원수를 살려준 선한 사람이다. **여호와께서 네게 선으로 갚으시기를 원하노라.** 사울은 다윗이 행한 일에 대해 하나님께서 선하게 갚아주시길 바란다고 말한다. 사울에게 다윗은 지금까지 원수였고 여전히 자신의 적이다. 그러기에 그가 다윗의 일에 대해 하나님께서 선하게 갚아주시길 바란다면 결국 자신에게 해로운 것을 원하는 것이다. 그런데도 불구하고 그렇게 바라고 있다. 사울에게 정신이 조금 돌아온 것처럼 보인다. 다윗의 미래는 '여호와의 갚으심'이 있는 미래이다. 원수인 사울도 축복하는 미래가 준비되어 있다. 신앙인은 세상에서 진정으로 성공하고자 한다면 원수에게도 축복받는 사람이 되어야 한다. 그것이 진정한 성공이요 아름다운 성공이다.

24:20 나는 네가 반드시 왕이 될 것을 알고. 나중에 사울은 이 말을 한 것이 매우 부끄럽고 이 말을 한 자신의 입을 꿰매고 싶을 것이다. 그러나 이것이 그의 속마음이었다. 진심이었다. 다윗의 미래는 사울이 생각하기에도 '이스라엘의 왕'이다. 신앙인은 미래가 보장된 사람이다.

사울이 말하는 다윗의 미래는 어찌 보면 빛 좋은 개살구 일 수 있다. 사울은 그렇게 말하지만 도망자 신세인 다윗은 당장이라도 그 지긋지긋한 도망자 신세를 멈추고 싶을 수 있다. 언제든 잡히면 죽음으로 마칠 것이다. 좋은 말이 아니라 당장 오늘 하루라도 마음 편히 살면 좋겠다고 생각할 수 있다. 그러나 다윗은 그렇게 생각하지 않았다. 그는 사울이 말하는 미래를 그가 말해서가 아니라 이미 그 안에 마음 속 깊이 간직하고 있었다.

24:21 너는 내 후손을 끊지 아니하며...여호와의 이름으로 내게 맹세하라. 사울은 다윗에게 맹세를 받음으로 그의 후손의 안전을 보장받고 싶어하였다. 이 말을 보면 참 이상하다. 지금 사울은 왕이요 다윗은 도망자이다. 그런데 어찌 사울이 사정하면서 다윗에게 후일에 자신의 자손을 보존해 달라고 '언약을 맺어 달라'고 말하고 있는 것일까?

24:22 사울은 집으로 돌아가고 다윗과 그의 사람들은 요새로 올라가니라. 다윗과 사울이 화해한 것 같다. 사울이 철저히 회개한 것 같다. 그러나 사울은 회개한 것이 아니라 자신의 죄를 인정한 것일 뿐이다. 회개하였으면 함께 기브아로 돌아가는 것이 맞다. 그러나 그렇게 하지 않았다. 다윗도 사울을 믿을 수 없었을 것이다. 사울도 함께 가자고 제안하지 않았다.
사울이 지금 자신의 죄를 인정하고 다윗의 미래에 대해서도 놀라운 축복의 말을 하였다. 그러나 그것은 회개가 아니다. 일시적인 그의 감정 상태일 뿐이다. 그를 살려준 다윗에게 감동한 것일 뿐이다. 그는 이후에 다시 다윗을 추격한다.

1 사무엘이 죽으매 온 이스라엘 무리가 모여 그를 두고 슬피 울며 라마 그의 집에서 그를 장사한지라 다윗이 일어나 바란 광야로 내려가니라

Samuel died, and all the Israelites came together and mourned for him. Then they buried him at his home in Ramah. After this, David went to the wilderness of Paran.

2 마온에 한 사람이 있는데 그의 생업이 갈멜에 있고 심히 부하여 양이 삼천 마리요 염소가 천 마리이므로 그가 갈멜에서 그의 양 털을 깎고 있었으니

There was a man of the clan of Caleb named Nabal, who was from the town of Maon, and who owned land near the town of Carmel. He was a very rich man, the owner of 3,000 sheep and 1,000 goats. His wife Abigail was beautiful and intelligent, but he was a mean, bad-tempered man. Nabal was shearing his sheep in Carmel,

3 그 사람의 이름은 나발이요 그의 아내의 이름은 아비가일이라 그 여자는 총명하고 용모가 아름다우나 남자는 완고하고 행실이 악하며 그는 갈렙 족속이었더라

4 다윗이 나발이 자기 양 털을 깎는다 함을 광야에서 들은지라

and David, who was in the wilderness, heard about it,

5 다윗이 이에 소년 열 명을 보내며 그 소년들에게 이르되 너희는 갈멜로 올라가 나발에게 이르러 내 이름으로 그에게 문안하고

so he sent ten young men with orders to go to Carmel, find Nabal, and give him his greetings.

6 그 부하게 사는 자에게 이르기를 너는 평강하라 네 집도 평강하라 네 소유의 모든 것도 평강하라

He instructed them to say to Nabal: "David sends you greetings, my friend, with his best wishes for you, your family, and all that is yours.

7 네게 양 털 깎는 자들이 있다 함을 이제 내가 들었노라 네 목자들이 우리와 함께 있었으나 우리가 그들을 해하지 아니하였고 그들이 갈멜에 있는 동안에 그들의 것을 하나도 잃지 아니하였나니

He heard that you were shearing your sheep, and he wants you to know that your shepherds have been with us and we did not harm them. Nothing that belonged to them was stolen all the time they were at Carmel.

25장

25:2 심히 부하여 양이 삼천 마리요. 나발은 마온에 거주하며 매우 큰 부자였다. 큰 부자이기에 그는 다윗의 요청을 들어줄 넉넉함이 있었다. 그러나 거절하였다. 어리석음이 일하고 있다. 많은 부자들이 그러하다. 나발처럼 죽음에는 이르지 않았다 하여도 실제로 죽음에 이르는 것보다 더 어리석은 사람들이 많다. 부요함이 하나님 나라를 부요하게 하고 이웃을 부요하게 하는 것에 이르면 참으로 큰 복이 될 것인데 부요함으로 자신의 배와 이기주의만 채움으로 큰 화가 되는 사람이 많다. **그의 양털을 깎고 있었으니.** 양털을 깎는 시기는 농산물의 수확과 같아서 잔치가 벌어졌다. 잔치는 마음을 너그럽게 만든다. 양털을 깎음으로 그의 재산이 늘어날 것이다. 잔치에 좋은 음식이 가득하였다. 모든 풍요와 행복이 가득하였다. 그러나 나발의 어리석음이 잔치를 망친다.

25:3 그 사람의 이름은 나발이요. 나발의 뜻을 그의 아내 아비가일은 '미련한 자'라고 말했지만 그것은 발음이 비슷한 말장난일 것이다. 본래 뜻은 '존귀한 자'일 것이다. 그의 집안은 부자였던 것 같다. 그를 낳고 존귀한 자라고 이름을 붙여주었다. 그러나 그는 실제로는 '어리석은 자'였다. 나발은 사람들이 자기의 이름을 부를 때 '존귀한 자'라고 여기면서 부를 것이라 생각했을 것이다. 그런데 사람들은 그 뜻보다는 '어리석은 자'를 더 생각하면서 그 이름을 부른 것 같다.

25:6 너는 평강하라. '평강(샬롬)'이라는 단어가 이 구절에 3번 나온다. 다윗은 나발에게 평강을 강조하면서 사람을 보냈다. 그런데 거절 이후에 '칼'을 강조하면서 말한다.

25:10 다윗은 누구며 이새의 아들은 누구냐. 나발은 다윗의 식량 요청을 거절하였

8 네 소년들에게 물으면 그들이 네게 말하리라 그런즉 내 소년들이 네게 은혜를 얻게 하라 우리가 좋은 날에 왔은즉 네 손에 있는 대로 네 종들과 네 아들 다윗에게 주기를 원하노라 하더라 하라

Just ask them, and they will tell you. We have come on a feast day, and David asks you to receive us kindly. Please give what you can to us your servants and to your dear friend David."

9 다윗의 소년들이 가서 다윗의 이름으로 이 모든 말을 나발에게 말하기를 마치매

David's men delivered this message to Nabal in David's name. Then they waited there,

10 나발이 다윗의 사환들에게 대답하여 이르되 다윗은 누구며 이새의 아들은 누구냐 요즈음에 각기 주인에게서 억지로 떠나는 종이 많도다

and Nabal finally answered, "David? Who is he? I've never heard of him! The country is full of runaway slaves nowadays!

11 내가 어찌 내 떡과 물과 내 양 털 깎는 자를 위하여 잡은 고기를 가져다가 어디서 왔는지도 알지 못하는 자들에게 주겠느냐 한지라

I'm not going to take my bread and water, and the animals I have slaughtered for my shearers, and give them to people who come from I don't know where!"

12 이에 다윗의 소년들이 돌아서 자기 길로 행하여 돌아와 이 모든 말을 그에게 전하매

David's men went back to him and told him what Nabal had said.

13 다윗이 자기 사람들에게 이르되 너희는 각기 칼을 차라 하니 각기 칼을 차매 다윗도 자기 칼을 차고 사백 명 가량은 데리고 올라가고 이백 명은 소유물 곁에 있게 하니라

"Buckle on your swords!" he ordered, and they all did. David also buckled on his sword and left with about 400 of his men, leaving 200 behind with the supplies.

14 하인들 가운데 하나가 나발의 아내 아비가일에게 말하여 이르되 다윗이 우리 주인에게 문안하러 광야에서 전령들을 보냈거늘 주인이 그들을 모욕하였나이다

One of Nabal's servants said to Nabal's wife Abigail, "Have you heard? David sent some messengers from the wilderness with greetings for our master, but he insulted them.

을 뿐만 아니라 다윗을 심하게 모욕하였다. 이후에 다윗이 그를 징벌하기 위해 올 때 400명의 군사를 거느리고 출발한다. 그것을 보면 나발의 수하에 많은 사람이 있었던 것 같다. 그러나 그래도 다윗의 군대를 이길 수는 없을 것이다. 그런데도 불구하고 그는 어리석게도 다윗을 모욕하였다. 조금만 생각해 보면 자신이 매우 어리석은 일을 했다는 것을 알 수 있는데 그 생각을 못하였다. 나발이 얼마나 어리석은 일을 했는지 그것을 지켜본 하인 중에 한 명이 나중에 그 사실을 나발의 아내에게 알린다. 그만큼 누가 보아도 알 수 있는 일이었다. 그런데 나발만 몰랐다. 참으로 어리석기 때문이다.

25:12 돌아와 이 모든 말을 그에게 전하매. 다윗의 군사들이 돌아와 나발이 한 말을 그대로 전한 것 같다. 자신의 호의를 모르고 또한 모욕하는 말을 들으니 다윗의 마음이 매우 상한 것 같다. 나발의 어리석음이 다윗을 분노하게 만들었다.

25:13 다윗이 자기 사람들에게 이르되 너희는 각기 칼을 차라. '칼'이라는 단어가 이 구절에서만 3번 나온다. 다윗이 평소의 모습과 달리 칼을 사용하려는 의지가 매우 강한 것을 볼 수 있다. 이전에 샬롬을 구하던 것에 대한 배신감 때문에 크게 분노한 것 같다.

25:14 하인들 가운데 하나가 나발의 아내 아비가일에게 말하여. 나발이 다윗의 군사들에게 말하는 것을 본 하인 한 명이 그것이 얼마나 잘못된 일인지 알아차린 것이다. 그래서 고민하다 여주인인 아비가일에게 알렸다. 이름도 나오지 않는 그가 아비가일에게 알린 일은 그리 큰 일 같지 않아 보인다. 그러나 결과적으로는 그가 아비가일에게 알렸기 때문에 어리석음이 낳을 뻔하였던 엄청난 재앙이 멈추게 되었다.

15 우리가 들에 있어 그들과 상종할 동안에 그 사람들이 우리를 매우 선대하였으므로 우리가 다치거나 잃은 것이 없었으니

Yet they were very good to us; they never bothered us, and all the time we were with them in the fields, nothing that belonged to us was stolen.

16 우리가 양을 지키는 동안에 그들이 우리와 함께 있어 밤낮 우리에게 담이 되었음이라

They protected us day and night the whole time we were with them looking after our flocks.

17 그런즉 이제 당신은 어떻게 할지를 알아 생각하실지니 이는 다윗이 우리 주인과 주인의 온 집을 해하기로 결정하였음이니이다 주인은 불량한 사람이라 더불어 말할 수 없나이다 하는지라

Please think this over and decide what to do. This could be disastrous for our master and all his family. He is so pigheaded that he won't listen to anybody!"

18 아비가일이 급히 떡 이백 덩이와 포도주 두 가죽 부대와 잡아서 요리한 양 다섯 마리와 볶은 곡식 다섯 스아와 건포도 백 송이와 무화과 뭉치 이백 개를 가져다가 나귀들에게 싣고

Abigail quickly collected 200 loaves of bread, two leather bags full of wine, five roasted sheep, 17 kilogrammes of roasted grain, a hundred bunches of raisins, and 200 cakes of dried figs, and loaded them on donkeys.

19 소년들에게 이르되 나를 앞서 가라 나는 너희 뒤에 가리라 하고 그의 남편 나발에게는 말하지 아니하니라

Then she said to the servants, "You go on ahead and I will follow you." But she said nothing to her husband.

20 아비가일이 나귀를 타고 산 호젓한 곳을 따라 내려가더니 다윗과 그의 사람들이 자기에게로 마주 내려오는 것을 만나니라

She was riding her donkey round a bend on a hillside when suddenly she met David and his men coming towards her.

21 다윗이 이미 말하기를 내가 이 자의 소유물을 광야에서 지켜 그 모든 것을 하나도 손실이 없게 한 것이 진실로 헛사라 그가 악으로 나의 선을 갚는도다

David had been thinking, "Why did I ever protect that fellow's property out here in the wilderness? Not a thing that belonged to him was stolen, and this is how he pays me back for the help I gave him!

25:15 그 사람들이 우리를 매우 선대하였으므로. 다윗의 군사들은 나발의 하인들을 잘 돌보아 주었다. 그때의 바른 행동이 지금 나발 하인의 마음에 영향을 미치고 있다. 다윗 군사들의 보호가 있었기 때문에 지금 나발의 행동은 매우 잘못된 것이라고 말하였다.

25:17 이제 당신은 어떻게 할지를 알아 생각하실지니. 하인이 할 수 있는 것은 거의 없었다. 그는 지시대로 움직이는 사람이다. 그러나 그가 할 수 있는 것이 있었으니 여주인에게 사실을 알리는 것이다. 여주인에게 사실을 알리면서도 그는 여주인에게 어찌 하라고 말할 처지는 안 되었다. 어떻게 할지는 여주인이 정해야 한다고 말하고 있다. **주인은 불량한 사람이라 더불어 말할 수 없나이다.** 하인은 현재의 상황을 잘 파악하고 있었다. 그리고 그것을 나발에게 알릴지 아비가일에게 알릴지를 선택할 수 있었다. 그것은 그가 할 수 있는 몫이었다. 그는 나발이 아니라 아비가일을 선택하였다. 나발은 어리석어서 자신의 어리석음을 깨닫지 못할 것이기 때문이다. 어리석은 사람의 특징은 '어리석음에 대해 말해주어도 끝까지 깨닫지 못한다'는 것이다.

이름도 나오지 않았지만 하인의 역할은 어리석음의 재앙을 멈추는 시작점이 된다. 이것은 또한 하나님께서 다윗을 어리석음에서 구원하는 하나님의 세밀한 손길이다. 이 하인이 아비가일에게 말함으로 나발의 식솔들의 생명을 구하고 자신의 생명을 구한 것이지만 또한 그것은 다윗이 악행을 하는 것에서 구한 것이기도 하다. 전혀 예기치 않은 한 사람을 통해 하나님께서 어리석음의 재앙에서 사람들을 구하신 것이다.

25:18 아비가일이 급히 떡 이백 덩이...나귀들에게 싣고. 아비가일은 바로 행동하였다. 상황이 매우 시급하다는 것을 알았기 때문이다. 다윗의 군사들이 도착하기 전에 그가 길에서 만나야 재앙을 면할 수 있으리라 생각하였다. 그래서 바로 출발

사무엘상 25:1-44

22 내가 그에게 속한 모든 남자 가운데 한 사람이라도 아침까지 남겨 두면 하나님은 다윗에게 벌을 내리시고 또 내리시기를 원하노라 하였더라

May God strike me dead if I don't kill every last one of those men before morning!"

23 아비가일이 다윗을 보고 급히 나귀에서 내려 다윗 앞에 엎드려 그의 얼굴을 땅에 대니라

When Abigail saw David, she quickly dismounted and threw herself on the ground

24 그가 다윗의 발에 엎드려 이르되 내 주여 원하건대 이 죄악을 나 곧 내게로 돌리시고 여종에게 주의 귀에 말하게 하시고 이 여종의 말을 들으소서

at David's feet, and said to him, "Please, sir, listen to me! Let me take the blame.

25 원하옵나니 내 주는 이 불량한 사람 나발을 개의치 마옵소서 그의 이름이 그에게 적당하니 그의 이름이 나발이라 그는 미련한 자니이다 여종은 내 주께서 보내신 소년들을 보지 못하였나이다

Please, don't pay any attention to Nabal, that good-for-nothing! He is exactly what his name means—a fool! I wasn't there when your servants arrived, sir.

26 내 주여 여호와께서 살아 계심을 두고 맹세하노니 내 주도 살아 계시거니와 내 주의 손으로 피를 흘려 친히 보복하시는 일을 여호와께서 막으셨으니 내 주의 원수들과 내 주를 해하려 하는 자들은 나발과 같이 되기를 원하나이다

It is the LORD who has kept you from taking revenge and killing your enemies. And now I swear to you by the living LORD that your enemies and all who want to harm you will be punished like Nabal.

27 여종이 내 주께 가져온 이 예물을 내 주를 따르는 이 소년들에게 주게 하시고

Please, sir, accept this present I have brought you, and give it to your men.

28 주의 여종의 허물을 용서하여 주옵소서 여호와께서 반드시 내 주를 위하여 든든한 집을 세우시리니 이는 내 주께서 여호와의 싸움을 싸우심이요 내 주의 일생에 내 주에게서 악한 일을 찾을 수 없음이니이다

Please forgive me, sir, for any wrong I have done. The LORD will make you king, and your descendants also, because you are fighting his battles; and you will not do anything evil as long as you live.

하였다.

25:19 나를 앞서 가라 나는 너희 뒤에 가리라. 아비가일은 마치 창세기에서 야곱이 에서를 만날 때 선물을 먼저 보내듯이 자신도 선물을 먼저 보내 다윗의 마음을 누그러뜨리기 위해 노력하고 있다. **남편 나발에게는 말하지 아니하니라.** 여성으로 그렇게 행동하는 것이 어려운 시대였기에 이것은 매우 어려운 결단이었을 것이다. 그러나 어리석은 자의 특징은 말해도 알아듣지 못한다는 것이다. 아비가일이 나발을 설득하려 했다면 아마 설득하지 못하였을 것이다. 결국 음식을 가지고 출발하지 못하였을 것이다. 아비가일의 결단 때문에 어리석음의 재앙을 막을 수 있었다.

25:21 그가 악으로 나의 선을 갚는도다. 다윗은 자신의 선이 악으로 돌아오는 것에 대해 화가 났다. 자신이 옳다고 생각하기 때문에 더욱더 폭력적인 행동을 하려고 하였다.

25:22 한 사람이라도 아침까지 남겨 두면 하나님은 다윗에게 벌을 내리시고. 여기에서 '다윗에게'라 말하지만 그것은 헬라어 칠십인역을 따른 번역이다. 당시의 해석이 들어간 번역이다. 본래 히브리어 본문은 '다윗의 적에게'로 되어 있다. 그런데 '다윗의 적'이라고 번역하면 말이 이상하여 칠십인역은 '다윗'으로 줄여서 번역한 것으로 보인다. 지금도 그렇게 번역하는 성경이 많다. 개역개정도 칠십인역을 따른 것이다. 그런데 나는 히브리어 본문을 따라 번역하는 것이 낫다고 생각한다. 다윗의 맹세는 분명 이상하다. 그런데 그것은 일종의 장치인 것으로 보인다. 혹시 나발의 사람들을 죽이지 못할 수도 있다. 그러면 자신에게 하나님의 벌이 내리면 안 되기 때문에 함부로 맹세하지 않기 위해 죽이지 않더라도 벌이 '자신'이 아니라 '자신의 적'에게 내리기를 원하였던 것이다.

29 사람이 일어나서 내 주를 쫓아 내 주의 생명을 찾을지라도 내 주의 생명은 내 주의 하나님 여호와와 함께 생명 싸개 속에 싸였을 것이요 내 주의 원수들의 생명은 물매로 던지듯 여호와께서 그것을 던지시리이다

If anyone should attack you and try to kill you, the LORD your God will keep you safe, as someone guards a precious treasure. As for your enemies, however, he will throw them away, as someone hurls stones with a sling.

30 여호와께서 내 주에 대하여 하신 말씀대로 모든 선을 내 주에게 행하사 내 주를 이스라엘의 지도자로 세우실 때에

And when the LORD has done all the good things he has promised you and has made you king of Israel,

31 내 주께서 무죄한 피를 흘리셨다든지 내 주께서 친히 보복하셨다든지 함으로 말미암아 슬퍼하실 것도 없고 내 주의 마음에 걸리는 것도 없으시리니 다만 여호와께서 내 주를 후대하실 때에 원하건대 내 주의 여종을 생각하소서 하니라

then you will not have to feel regret or remorse, sir, for having killed without cause or for having taken your own revenge. And when the LORD has blessed you, sir, please do not forget me."

32 다윗이 아비가일에게 이르되 오늘 너를 보내어 나를 영접하게 하신 이스라엘의 하나님 여호와를 찬송할지로다

David said to her, "Praise the LORD, the God of Israel, who sent you today to meet me!

33 또 네 지혜를 칭찬할지며 또 네게 복이 있을지로다 오늘 내가 피를 흘릴 것과 친히 복수하는 것을 네가 막았느니라

Please, don't pay any attention to Nabal, that good-for-nothing! He is exactly what his name means—a fool! I wasn't there when your servants arrived, sir. Thank God for your good sense and for what you have done today in keeping me from the crime of murder and from taking my own revenge.

사람은 내일을 알지 못하기 때문에, 하나님의 이름이 잘못 사용되면 안 되기 때문에 그렇게 맹세를 조금 뒤틀어서 한 것으로 보인다. 다윗의 맹세는 하나님을 경외하는 마음에서 나온 작은 지혜인 것 같다. 그런데 이런 맹세가 없었다면 이후에 다윗이 아비가일의 중재를 만났을 때 자신이 하려고 했던 일을 멈추기 어렵게 만들었을 것이다. 이 작은 마음이 하나님을 경외할 뿐만 아니라 자신의 어리석음을 멈추게 하는 중요한 역할을 하는 것이다.

25:23 그의 얼굴을 땅에 대니라. 아비가일은 땅에 얼굴을 대고 다윗을 향해 최대한의 예를 다했다. 마치 그의 남편 나발이 예를 다하지 못한 몫까지 그가 다하려는 자세이다. 19절에서 아비가일은 이미 다윗에게 음식을 보내서 다윗이 그 음식을 받은 상태일 것이다. 그런데 이제 여인이 와서 땅에 엎드려 인사하니 다윗의 마음이 많이 부드러워졌을 것이다.

25:24 구약 성경 전체에서 여인의 말로는 가장 긴 말이 시작된다. **이 죄악을 나 곧 내게로 돌리시고.** 아비가일은 나발이 한 죄악을 '자신이 짊어지겠다'고 말한다.

25:25 불량한 사람 나발을 개의치 마옵소서. 그는 '나발은 본래 이름부터 불량한 사람이니 단죄할 가치도 없는 사람이다'라고 말한다. 죄가 있다면 다윗이 보낸 병사들을 보지 못한 자신의 잘못이라고 말한다.

25:26 내 주의 손으로 피를 흘려 친히 보복하시는 일을 여호와께서 막으셨으니. 아직 막은 것이 아니다. 그런데 마치 이미 막은 것처럼 말한다. 다윗이 피를 흘리는 일을 하지 않을 것이라는 강한 확신으로 하는 말이다. **내 주를 해하려 하는 자들은 나발과 같이 되기를 원하나이다.** 아직 나발이 죽은 것이 아니다. 그는 마치 37-38절을 미리 아는 것처럼 말한다. 이것 또한 아직 나발이 벌을 받은 것이 아니지만 다

34 내 주여 여호와께서 살아 계심을 두고 맹세하노니 내 주도 살아 계시거니와 내 주의 손으로 피를 흘려 친히 보복하시는 일을 여호와께서 막으셨으니 내 주의 원수들과 내 주를 해하려 하는 자들은 나발과 같이 되기를 원하나나를 막아 너를 해하지 않게 하신 이스라엘의 하나님 여호와의 살아 계심을 두고 맹세하노니 네가 급히 와서 나를 영접하지 아니하였더면 밝는 아침에는 과연 나발에게 한 남자도 남겨 두지 아니하였으리라 하니라이다

The LORD has kept me from harming you. But I swear by the living God of Israel that if you had not hurried to meet me, all of Nabal's men would have been dead by morning!"

35 다윗이 그가 가져온 것을 그의 손에서 받고 그에게 이르되 네 집으로 평안히 올라가라 내가 네 말을 듣고 네 청을 허락하노라

Then David accepted what she had brought him and said to her, "Go back home and don't worry. I will do what you want."

36 아비가일이 나발에게로 돌아오니 그가 왕의 잔치와 같은 잔치를 그의 집에 배설하고 크게 취하여 마음에 기뻐하므로 아비가일이 밝는 아침까지는 아무 말도 하지 아니하다가

Abigail went back to Nabal, who was at home having a feast fit for a king. He was drunk and in a good mood, so she did not tell him anything until the next morning.

37 아침에 나발이 포도주에서 깬 후에 그의 아내가 그에게 이 일을 말하매 그가 낙담하여 몸이 돌과 같이 되었더니

Then, after he had sobered up, she told him everything. He suffered a stroke and was completely paralysed.

38 한 열흘 후에 여호와께서 나발을 치시매 그가 죽으니라

Some ten days later the LORD struck Nabal and he died.

39 나발이 죽었다 함을 다윗이 듣고 이르되 나발에게 당한 나의 모욕을 갚아 주사 종으로 악한 일을 하지 않게 하신 여호와를 찬송할지로다 여호와께서 나발의 악행을 그의 머리에 돌리셨도다 하니라 다윗이 아비가일을 자기 아내로 삼으려고 사람을 보내어 그에게 말하게 하매

When David heard that Nabal had died, he said, "Praise the LORD! He has taken revenge on Nabal for insulting me and has kept me his servant from doing wrong. The LORD has punished Nabal for his evil." Then David sent a proposal of marriage to Abigail.

윗이 죽이지 않아도 나발이 지은 죄 때문에 하나님께서 치실 것이라는 강한 확신을 말하는 것이다.

25:29 내 주의 생명은 내 주의 하나님 여호와와 함께 생명 싸개 속에 싸였을 것이요. 하나님께서 다윗을 보호하여 주실 것이라는 말이다. **내 주의 원수들의 생명은 물매로 던지듯 여호와께서 그것을 던지시리이다.** '물매'는 골리앗과의 싸움을 연산하게 만들었을 것이다. 아비가일은 비유를 사용하면서 다윗을 축복한다. 아비가일의 긴 말은 마치 다윗의 성난 마음을 치유하는 시간을 위해 주어진 것 같다. 긴 축복의 말을 들으며 다윗의 마음이 조금씩 녹았을 것이다. 아비가일은 여인이었지만 다윗과의 만남에서 주도적으로 상황을 바꾸었다. 다윗의 길을 바꾸었고 어리석음의 재앙의 경로를 바꾸었다.

25:32 오늘 너를 보내어 나를 영접하게 하신 이스라엘의 하나님 여호와를 찬송할지로다. 아비가일의 말을 들으면서 다윗은 하나님께서 아비가일을 보내셔서 말씀하게 하셨다는 것을 느낀 것 같다. 그래서 그는 하나님을 찬양하였다. 그는 하나님의 통치를 재빠르게 간파하였다.

25:33 네 지혜를 칭찬할지며 또 네게 복이 있을지로다. 아비가일이 용기를 내어 자신에게 하는 지혜로운 말을 들으면서 말을 참 예쁘게 하는 똑똑한 여인에게 탄복했던 것 같다. 여인의 말을 듣고 장군이 길을 돌아간다는 것이 어찌 보면 창피하게 생각할 수 있다. 여인의 지혜를 칭찬한다는 것은 결국 자신이 어리석은 길을 가고 있었다는 것을 의미한다. 그런데 다윗은 있는 그대로의 아비가일의 지혜를 칭찬하였다.

25:35 내가 네 말을 듣고 네 청을 허락하노라. 장군 다윗이 여인의 말을 듣고 가던

40 다윗의 전령들이 갈멜에 가서 아비가일에게 이르러 그에게 말하여 이르되 다윗이 당신을 아내로 삼고자 하여 우리를 당신께 보내더이다 하니

His servants went to her at Carmel and said to her, "David sent us to take you to him to be his wife."

41 아비가일이 일어나 몸을 굽혀 얼굴을 땅에 대고 이르되 내 주의 여종은 내 주의 전령들의 발 씻길 종이니이다 하고

Abigail bowed down to the ground and said, "I am his servant, ready to wash the feet of his servants."

42 아비가일이 급히 일어나서 나귀를 타고 그를 뒤따르는 처녀 다섯과 함께 다윗의 전령들을 따라가서 다윗의 아내가 되니라

She rose quickly and mounted her donkey. Accompanied by her five maids, she went with David's servants and became his wife.

43 다윗이 또 이스르엘 아히노암을 아내로 맞았더니 그들 두 사람이 그의 아내가 되니라

David had married Ahinoam from Jezreel, and now Abigail also became his wife.

44 사울이 그의 딸 다윗의 아내 미갈을 갈림에 사는 라이스의 아들 발디에게 주었더라

Meanwhile, Saul had given his daughter Michal, who had been David's wife, to Palti son of Laish, who was from the town of Gallim.

성경, 이해하며 읽기 **사무엘상**

길을 멈추었다. 400명이나 되는 군사들이 보는 앞에서 그는 자신의 체면이 구겨질 수 있는 일을 결단하였다. 아비가일의 청이 있었기 때문이다. 그러나 그것보다 더 근원적인 것은 그의 청이 옳은 것이었기 때문일 것이다. 다윗은 아비가일의 말을 통해 다시금 진리를 볼 수 있었다. 그것이 진리이기에 그는 아비가일의 말을 들어주지 않을 수 없었다. 그것은 사실 나발의 집안 사람들의 생명을 살린 것일 뿐만 아니라 다윗을 악에서 구원한 것이다.

25:36 그가 왕의 잔치와 같은 잔치를 집에 배설하고 크게 취하여 마음에 기뻐하므로. 어리석은 나발은 어떤 일이 일어났는지 전혀 알지 못한 채 술에 취해 있었다. 즐거이 떠들고 있었다. 세상 모든 것을 가진 것처럼.

25:37 포도주에서 깬 후에 그의 아내가 그에게 이 일을 말하매. 아비가일은 아침에 나발에게 다윗이 오다가 돌아간 일을 전했다. 나발은 모르는 사이에 자신이 죽을 뻔하였다는 말을 듣고 매우 놀랐다. **그가 낙담하여 몸이 돌과 같이 되었더니.** 너무 놀라서 온 몸에 마비가 왔다. 넋 나간 사람처럼 되었다.

25:39 나발에게 당한 나의 모욕을 갚아 주사. 다윗은 하나님께서 이 일을 하셨음을 고백하고 있다. 나발이 악한 어리석음으로 다윗을 조롱한 것을 하나님께서 징벌하셨다는 것이다. **종으로 악한 일을 하지 않게 하신 여호와를 찬송할지로다.** 다윗은 매우 중요한 것을 깨달았다. 다윗이 나발의 악한 어리석음을 징벌하였다면 나발에 대한 징벌을 넘어 악한 일이 될 뻔하였다. 그런데 아비가일을 통해 그 일을 막으신 것을 감사하며 찬양하고 있다. 다윗이 어떻게 나발의 사람들을 죽이려 하였을까? 그들이 선의를 악으로 대했기 때문일까? 맞다. 나발은 다윗의 선의를 악으로 갚았다. 그러나 사울도 다윗의 선의를 악으로 갚았다. 오히려 죽이려 쫓아다니고 있다. 그렇다면 그가 앞에서 사울을 죽일 수 있었으나 죽이지 않은 것은 무엇

일까? 나발의 이야기는 다윗이 사울을 2번 살려준 이야기의 가운데 들어가 있다. 사울은 그렇게 살려주었는데 왜 나발에게는 그의 잘못에 대해 칼로 응징하려 하였을까? 사울은 하나님께 기름부음을 받은 사람이기 때문일까? 기름부음 받았다는 것은 그가 왕으로 세움을 입었다는 뜻이다. 그에게 왕이라는 직분이 주어진 것을 의미한다. 기름부음이 그를 특별한 사람으로 여겼다는 뜻이 아니다. 다윗은 사울이라는 사람을 죽이지 않아야 했던 것처럼 나발이라는 사람을 향해서도 동일한 마음을 가졌어야 한다. 다윗이 나발을 죽이려 하였던 것은 그의 잘못이다. 그의 어리석음이다. 그의 어리석음을 하나님께서 나발의 아내 아비가일을 통해서 막으셨다. 그것을 다윗이 깨닫고 하나님께 찬양을 드린다.

25:42 급히 일어나서 나귀를 타고 그를 뒤따르니 처녀 다섯과 함께. 아비가일은 다윗의 청혼에 바로 응답하였다. 처녀 다섯과 함께 간 것은 구약에 나온 어떤 결혼보다도 더 많은 사람을 데리고 간 경우이다. 그만큼 그녀가 부자였다는 것을 의미한다. 다윗은 아비가일의 지혜와 더불어 그의 부로 인하여 이후에 헤브론에서 유다의 왕으로 세워질 때 큰 도움이 되었을 것이다.

25:43 아히노암을 아내로 맞았더니. 다윗이 아비가일과 결혼하기 전에 있었던 부인으로 보인다. 그녀의 아들 암논은 다윗의 장남이다. 다윗이 이 당시 광야에 있을 때 결혼한 여인으로 보인다. 다윗은 이렇게 아히노암과 아비가일을 아내로 맞이함으로 이 지역과 좋은 관계를 맺게 되었다. 왕으로 세워지기 위해 준비되고 있었다. 어리석음을 잘 극복하고 오히려 승화되어 더 좋은 길을 가게 되었다.

25:44 사울이 그의 딸 다윗의 아내 미갈을...발디에게 주었더라. 사울은 자신의 딸 미갈을 다른 사람에게 재혼시켜 버렸다. 사울은 계속 자신의 어리석음으로 빠져들고 있었다. 그의 삶은 나발을 닮아 있다. 그래서 하나님께서 그를 치실 것이다.

성경, 이해하며 읽기 **사무엘상**

1 십 사람이 기브아에 와서 사울에게 말하여 이르되 다윗이 광야 앞 하길라 산에 숨지 아니하였나이까 하매

Some men from Ziph came to Saul at Gibeah and told him that David was hiding on Mount Hachilah at the edge of the Judean wilderness.

2 사울이 일어나 십 광야에서 다윗을 찾으려고 이스라엘에서 택한 사람 삼천 명과 함께 십 광야로 내려가서

Saul went at once with 3,000 of the best soldiers in Israel to the wilderness of Ziph to look for David,

3 사울이 광야 앞 하길라 산 길 가에 진 치니라 다윗이 광야에 있더니 사울이 자기를 따라 광야로 들어옴을 알고

and camped by the road on Mount Hachilah. David was still in the wilderness, and when he learnt that Saul had come to look for him,

4 이에 다윗이 정탐꾼을 보내어 사울이 과연 이른 줄 알고

he sent spies and found out that Saul was indeed there.

5 다윗이 일어나 사울이 진 친 곳에 이르러 사울과 넬의 아들 군사령관 아브넬이 머무는 곳을 본즉 사울이 진영 가운데에 누웠고 백성은 그를 둘러 진 쳤더라

He went at once and located the exact place where Saul and Abner son of Ner, commander of Saul's army, slept. Saul slept inside the camp, and his men camped round him.

6 이에 다윗이 헷 사람 아히멜렉과 스루야의 아들 요압의 아우 아비새에게 물어 이르되 누가 나와 더불어 진영에 내려가서 사울에게 이르겠느냐 하니 아비새가 이르되 내가 함께 가겠나이다

Then David asked Ahimelech the Hittite, and Abishai the brother of Joab (their mother was Zeruiah), "Which of you two will go to Saul's camp with me?" "I will," Abishai answered.

7 다윗과 아비새가 밤에 그 백성에게 나아가 본즉 사울이 진영 가운데 누워 자고 창은 머리 곁 땅에 꽂혀 있고 아브넬과 백성들은 그를 둘러 누웠는지라

So that night David and Abishai entered Saul's camp and found Saul sleeping in the centre of the camp with his spear stuck in the ground near his head. Abner and the troops were sleeping round him.

26장

26:2 사울이 일어나 십 광야에서 다윗을 찾으려고. 이전에 사울은 다윗이 자신의 목숨을 살려준 일 때문에 눈물을 흘리면서 감동하였었다. 그러나 얼마 지나지 않아 다시 다윗의 소재지를 파악하였을 때 다윗을 죽이기 위해 떠났다.

사울은 다윗을 쫓기 위해 출발하기 전 무슨 생각을 하였을까? 이전에 자신이 군사들이 다 보는 앞에서 다윗을 칭찬하고 축복하였었다. 그런데 지금 다시 다윗을 쫓는다고 하면 군사들이 비웃을 것이다. 사울은 그것을 충분히 생각하였을 것이다. 그러나 자신의 체면보다 자신의 정적인 다윗을 죽이는 것이 더 중요하다고 생각했을 것이다. 그래서 자신이 한 말을 모두 잊은 사람처럼 다시 다윗을 쫓기 위해 출발하였다.

26:5 다윗이 일어나 사울이 진 친 곳에 이르러. 이전에는 다윗이 있는 굴에 사울이 우연히 들어왔지만 이번에는 다윗이 적극적으로 사울에게 다가갔다.

26:7 밤에 그 백성에게 나아가 본즉. 다윗은 위험을 무릅쓰고 사울이 있는 곳으로 접근하였다. **사울이 진영 가운데 누워 자고.** 어두운 밤에 사울이 자고 있는 모습이 보였다. 또 한 번의 절호의 기회가 찾아온 것이다.

26:8 하나님이 오늘 당신의 원수를 당신의 손에 넘기셨나이다. 아비새는 그것이 하나님이 주신 기회이며 자신이 사울을 죽이겠다고 말하였다. 그러나 이번에도 다윗은 사울을 죽이는 것에 반대하였다.

26:9 여호와의 기름 부음 받은 자를 치면 죄가 없겠느냐. 다윗은 하나님께서 그에게 사울을 죽일 기회를 주신 것이 아니라 살려줄 기회를 주신 것을 알았다. 그는 아

8 아비새가 다윗에게 이르되 하나님이 오늘 당신의 원수를 당신의 손에 넘기셨나이다 그러므로 청하오니 내가 창으로 그를 찔러서 단번에 땅에 꽂게 하소서 내가 그를 두 번 찌를 것이 없으리이다 하니

Abishai said to David, "God has put your enemy in your power tonight. Now let me plunge his own spear through him and pin him to the ground with just one blow—I won't have to strike twice!"

9 다윗이 아비새에게 이르되 죽이지 말라 누구든지 손을 들어 여호와의 기름 부음 받은 자를 치면 죄가 없겠느냐 하고

But David said, "You must not harm him! The LORD will certainly punish whoever harms his chosen king.

10 다윗이 또 이르되 여호와께서 살아 계심을 두고 맹세하노니 여호와께서 그를 치시리니 혹은 죽을 날이 이르거나 또는 전장에 나가서 망하리라

By the living LORD," David continued, "I know that the LORD himself will kill Saul, either when his time comes to die a natural death or when he dies in battle.

11 내가 손을 들어 여호와의 기름 부음 받은 자를 치는 것을 여호와께서 금하시나니 너는 그의 머리 곁에 있는 창과 물병만 가지고 가자 하고

The LORD forbid that I should try to harm the one whom the LORD has made king! Let's take his spear and his water jar, and go."

12 다윗이 사울의 머리 곁에서 창과 물병을 가지고 떠나가되 아무도 보거나 눈치 채지 못하고 깨어 있는 사람도 없었으니 이는 여호와께서 그들을 깊이 잠들게 하셨으므로 그들이 다 잠들어 있었기 때문이었더라

So David took the spear and the water jar from just beside Saul's head, and he and Abishai left. No one saw it or knew what had happened or even woke up—they were all sound asleep, because the LORD had sent a heavy sleep on them all.

13 이에 다윗이 건너편으로 가서 멀리 산 꼭대기에 서니 거리가 멀더라

Then David crossed over to the other side of the valley to the top of the hill, a safe distance away,

14 다윗이 백성과 넬의 아들 아브넬을 대하여 외쳐 이르되 아브넬아 너는 대답하지 아니하느냐 하니 아브넬이 대답하여 이르되 왕을 부르는 너는 누구냐 하더라

and shouted to Saul's troops and to Abner, "Abner! Can you hear me?" "Who is that shouting and waking up the king?" Abner asked.

성경, 이해하며 읽기 **사무엘상**

주 중요한 순간에 자신의 마음이나 이익이 아니라 하나님의 뜻을 생각하였다. 그 뜻에 따라 사울을 죽이지 않았다. 이번에는 어렵게 얻은 기회다. 이번에는 사울이 이전의 약속을 어긴 상태에서 얻은 기회다. 사울이 배신하였으니 이번에는 죽여도 괜찮을 것 같다. 이번에는 다윗도 마음이 많이 상하여 있을 수 있다. 그러나 다행히 이번에는 다윗이 더 성숙해 있었다. 나발 사건을 통해 하나님이 징벌하시는 것을 알았다. 그래서 사울을 죽이지 않는 것을 선택할 수 있었다.

26:10 여호와께서 그를 치시리니. 나발처럼 갑자기 병으로 죽거나 아니면 다른 나라와의 전쟁에서 죽을 것이라 말한다. 하나님께서 치시면 그때 죽을 것이기 때문에 자신은 지금 죽이는 죄를 범하지 않을 것이라 말한다. 앞에서는 나발을 자신이 죽이는 죄를 범할 뻔하였었다. 그래서 이번에는 자신 있게 말할 수 있었다. 그는 나발의 사건에서 배운 그대로 행동하였다. 그는 신실한 사람이었다.

26:12 이는 여호와께서 그들을 깊이 잠들게 하셨음으로 그들이 다 잠들어 있었기 때문이었더라. 아비새는 사울을 죽이지 않은 것이 아쉬웠겠지만 사실 그와 다윗이 잠자고 있는 사울에게 발각되지 않고 가까이 가고 나올 수 있었던 것은 하나님의 특별한 섭리가 있었기 때문이다. 그러니 실제로는 억울한 것이 아니라 은혜였다. 우리는 우리가 매우 잘한 경우 우쭐한 경우가 많으나 실상은 그 이면에 우리를 향한 하나님의 깊은 돌보심이 있다. 그러니 잘한 것이 아니라 잘하도록 인도하신 하나님의 은혜를 더 많이 생각해야 한다.

26:13 멀리 산 꼭대기에 서니. 안전한 거리를 확보하고 사울 진영을 향하여 큰 소리로 말하였다.

26:17 사울이 다윗의 음성을 알아 듣고. 어두운 밤에 갑자기 들려온 소리에 깊이 잠

15 다윗이 아브넬에게 이르되 네가 용사가 아니냐 이스라엘 가운데에 너 같은 자가 누구냐 그러한데 네가 어찌하여 네 주 왕을 보호하지 아니하느냐 백성 가운데 한 사람이 네 주 왕을 죽이려고 들어갔었느니라

David answered, "Abner, aren't you the greatest man in Israel? So why aren't you protecting your master, the king? Just now someone entered the camp to kill your master.

16 네가 행한 이 일이 옳지 못하도다 여호와께서 살아 계심을 두고 맹세하노니 여호와의 기름 부음 받은 너희 주를 보호하지 아니하였으니 너희는 마땅히 죽을 자이니라 이제 왕의 창과 왕의 머리 곁에 있던 물병이 어디 있나 보라 하니

You failed in your duty, Abner! I swear by the living LORD that all of you deserve to die, because you have not protected your master, whom the LORD made king. Look! Where is the king's spear? Where is the water jar that was beside his head?"

17 사울이 다윗의 음성을 알아 듣고 이르되 내 아들 다윗아 이것이 네 음성이냐 하는지라 다윗이 이르되 내 주 왕이여 내 음성이니이다 하고

Saul recognized David's voice and asked, "David, is that you, my son?" "Yes, Your Majesty," David answered.

18 또 이르되 내 주는 어찌하여 주의 종을 쫓으시나이까 내가 무엇을 하였으며 내 손에 무슨 악이 있나이까

And he added, "Why, sir, are you still pursuing me, your servant? What have I done? What crime have I committed?

19 원하건대 내 주 왕은 이제 종의 말을 들으소서 만일 왕을 충동시켜 나를 해하려 하는 이가 여호와시면 여호와께서는 제물을 받으시기를 원하나이다마는 만일 사람들이면 그들이 여호와 앞에 저주를 받으리니 이는 그들이 이르기를 너는 가서 다른 신들을 섬기라 하고 오늘 나를 쫓아내어 여호와의 기업에 참여하지 못하게 함이니이다

Your Majesty, listen to what I have to say. If it is the LORD who has turned you against me, an offering to him will make him change his mind; but if human beings have done it, may the LORD's curse fall on them. For they have driven me out from the LORD's land to a country where I can only worship foreign gods.

들었던 사울 진영의 군사들이 깬 것 같다. 사울도 깨서 소리를 듣고 그것이 다윗의 소리라는 것을 알아차렸다.

26:19 다윗은 사울이 자신을 죽이려는 이유에 대해 말한다. 첫째 가능성은 '여호와'이신 경우다. 그렇다면 화목제를 드려 깨진 관계를 복원하고자 하였다. 두번째 가능성은 '사람'이다. 그렇다면 그들은 참으로 '저주'를 받아 마땅한 사람들이라 말한다. 사실 첫번째 가능성일 경우는 거의 없었다. 다윗은 사울을 배려하여 그렇게 말하고 있는 것으로 보인다. 다윗은 사울을 살려줄 뿐 아니라 체면까지도 챙겨주고 있다. 여유 있는 배려다.

26:21 내가 범죄하였도다. 사울은 자신을 계속 살려준 다윗을 보고 다윗을 죽이려 쫓아다니는 자신이 매우 잘못되었다는 것을 깨달았다. 그래서 자신의 죄를 인정하였다. 그러나 '거기까지'다.

다윗이 사울을 두 번째 살려준 것을 보고 어떤 학자들은 앞에서 처음 사울을 살려준 이야기를 한 번 더 말한 것이라고 주장한다. 그러나 두 이야기는 완전히 다르다. 같은 이야기가 아니다. 비슷한 면은 많다. 다윗이 사울을 죽일 수 있었으나 살려주었다는 중심 주제가 같다. 그러나 세부적인 것은 완전히 다르다. 두 번째는 '한 번 더'의 이야기다. 사울은 한 번 더 회개할 기회를 얻었다. 이번에도 자신이 죄를 범하였다고 인정하고 있다. 그러나 그는 이전에도 그랬었다. 다윗에게 감동한 지금 범죄하였다고 말하는 것으로 그치지 않고 이제 바뀌어야 한다. 더이상 다윗을 죽이려 하지 말아야 한다. 그러나 그는 그렇지 않았다. 그는 이번에도 회개할 기회를 놓친 것이다.

26:22 돌아오라. 사울이 다윗의 말을 듣고 자신이 잘못하였음을 말하였다. 그래서 '돌아오라' 말하였다. 아마 어두운 밤에 목소리만 듣고 있는 것이 답답하였을 수도

20 그런즉 청하건대 여호와 앞에서 먼 이 곳에서 이제 나의 피가 땅에 흐르지 말게 하옵소서 이는 산에서 메추라기를 사냥하는 자와 같이 이스라엘 왕이 한 벼룩을 수색하러 나오셨음이니이다

Don't let me be killed on foreign soil, away from the LORD. Why should the king of Israel come to kill a flea like me? Why should he hunt me down like a wild bird?"

21 사울이 이르되 내가 범죄하였도다 내 아들 다윗아 돌아오라 네가 오늘 내 생명을 귀하게 여겼은즉 내가 다시는 너를 해하려 하지 아니하리라 내가 어리석은 일을 하였으니 대단히 잘못되었도다 하는지라

Saul answered, "I have done wrong. Come back, David, my son! I will never harm you again, because you have spared my life tonight. I have been a fool! I have done a terrible thing!"

22 다윗이 대답하여 이르되 왕은 창을 보소서 한 소년을 보내어 가져가게 하소서

David replied, "Here is your spear, Your Majesty. Let one of your men come over and get it.

23 여호와께서 사람에게 그의 공의와 신실을 따라 갚으시리니 이는 여호와께서 오늘 왕을 내 손에 넘기셨으되 나는 손을 들어 여호와의 기름 부음을 받은 자 치기를 원하지 아니하였음이니이다

The LORD rewards those who are faithful and righteous. Today he put you in my power, but I did not harm you, whom the LORD made king.

24 오늘 왕의 생명을 내가 중히 여긴 것 같이 내 생명을 여호와께서 중히 여기셔서 모든 환난에서 나를 구하여 내시기를 바라나이다 하니라

Just as I have spared your life today, may the LORD do the same to me and free me from all troubles!"

25 사울이 다윗에게 이르되 내 아들 다윗아 네게 복이 있을지로다 네가 큰 일을 행하겠고 반드시 승리를 얻으리라 하니라 다윗은 자기 길로 가고 사울은 자기 곳으로 돌아가니라

Saul said to David, "God bless you, my son! You will succeed in everything you do!" So David went on his way, and Saul returned home.

있다. 그러나 다윗은 사울을 믿을 수 없었다. **왕은 창을 보소서 한 소년을 보내어 가져가게 하소서.** 아주 재치 있는 거절이다. 자신이 사울에게는 가지 않을 것이기 때문에 대신 왕의 창을 가져갈 병사를 보내라고 말한다. 거절을 하면서도 여전히 사울을 배려하고 있다.

26:24 내 생명을 여호와께서 중히 여기셔서 모든 환난에서 나를 구하여 내시기를 바라나이다. 다윗은 사울을 죽이지 않고 구하여 주었다. 그리고 그것을 하나님께서 어여삐 여기셔서 자신을 구하시기를 간구하고 있다. 다윗은 사울을 죽일 수 있는 기회에서 그를 살려주었다. 그래서 그가 구하고 있는 것처럼 하나님의 은혜를 더 입는 사람이 되었다. 다른 사람들이 보기에는 기회를 날리고 있는 것 같으나 사실은 기회를 잘 살리고 있는 것이다. 다윗은 사울을 죽일 또 한 번의 기회를 날린 것이 아니라 하나님의 은혜를 받을 또 한 번의 기회를 살렸다.

26:25 내 아들 다윗아 네게 복이 있을지로다...큰 일을 행하겠고...반드시 승리를 얻으리라. 구문상 강조된 말이다. 사울은 다윗의 복과 승리를 강조하여 선언하며 그 관계를 마치고 있다. 그의 외침대로 다윗은 복된 사람이 되고 승리자가 된다. 아쉬운 것은 사울은 불행하고 패배자가 되었다는 사실이다. 다윗을 향하여서는 바른 말을 할 수 있었는데 결국 자신의 일에는 회개하지 못하였다. 참으로 말하고 싶은 것은 어떤 사람도 회개할 수 없는 사람은 없다는 사실이다. 누구든지 회개하는 것을 하나님께서 기뻐하신다. 그러기에 이런 일을 겪으며 사울이 진정 해야 하는 것은 자신의 회개다. 그런데 그것을 놓쳤다. 그것이 참으로 안타까운 일이다. 지금 그렇게 자신이 범죄하였다고 느꼈으면 회개를 위해 힘을 다해야 했는데 그렇지 못했다. 그것이 불신앙의 사람들의 특징이다.

1 다윗이 그 마음에 생각하기를 내가 후일에는 사울의 손에 붙잡히리니 블레셋 사람들의 땅으로 피하여 들어가는 것이 좋으리로다 사울이 이스라엘 온 영토 내에서 다시 나를 찾다가 단념하리니 내가 그의 손에서 벗어나리라 하고

David said to himself, "One of these days Saul will kill me. The best thing for me to do is to escape to Philistia. Then Saul will give up looking for me in Israel, and I will be safe."

2 다윗이 일어나 함께 있는 사람 육백 명과 더불어 가드 왕 마옥의 아들 아기스에게로 건너가니라

So David and his 600 men went over at once to Achish son of Maoch, king of Gath.

3 다윗과 그의 사람들이 저마다 가족을 거느리고 가드에서 아기스와 동거하였는데 다윗이 그의 두 아내 이스르엘 여자 아히노암과 나발의 아내였던 갈멜 여자 아비가일과 함께 하였더니

David and his men settled there in Gath with their families. David had his two wives with him, Ahinoam from Jezreel, and Abigail, Nabal's widow, from Carmel.

4 다윗이 가드에 도망한 것을 어떤 사람이 사울에게 전하매 사울이 다시는 그를 수색하지 아니하니라

When Saul heard that David had fled to Gath, he gave up trying to find him.

5 다윗이 아기스에게 이르되 바라건대 내가 당신께 은혜를 입었다면 지방 성읍 가운데 한 곳을 내게 주어 내가 살게 하소서 당신의 종이 어찌 당신과 함께 왕도에 살리이까 하니

David said to Achish, "If you are my friend, let me have a small town to live in. There is no need, sir, for me to live with you in the capital city."

6 아기스가 그 날에 시글락을 그에게 주었으므로 시글락이 오늘까지 유다 왕에게 속하니라

So Achish gave him the town of Ziklag, and for this reason Ziklag has belonged to the kings of Judah ever since.

7 다윗이 블레셋 사람들의 지방에 산 날 수는 일 년 사 개월이었더라

David lived in Philistia for sixteen months.

8 다윗과 그의 사람들이 올라가서 그술 사람과 기르스 사람과 아말렉 사람을 침노하였으니 그들은 옛적부터 술과 애굽 땅으로 지나가는 지방의 주민이라

During that time David and his men would attack the people of Geshur, Girzi, and Amalek, who had been living in the region a very long time. He would raid their land as far as Shur, all the way down to Egypt,

27장

27:1 다윗은 사울을 두 번째로 살려준 이후 결국 블레셋으로 이주하기로 결심하였다. 다윗이 블레셋으로 이주하기로 결심한 것은 매우 이상하다. 그것을 부정적으로 볼 수 있고 긍정적으로도 볼 수 있다. **후일에는 사울의 손에 붙잡히리니 블레셋 사람들의 땅으로 피하여 들어가는 것이 좋으리로다.** 다윗은 병사가 600명이기 때문에 아내와 자녀들까지 합하면 1000명이 넘는 공동체일 것이다. 지금까지 네게브 광야에서 사울의 눈을 피해 왔지만 사울이 집요하게 다윗을 쫓았다. 지역 사람들도 자주 배신하였다. 그래서 다윗은 다른 방법을 모색해야 한다고 생각한 것으로 보인다. **사울이 이스라엘 온 영토 내에서 다시 나를 찾다가 단념하리니.** 궁극적으로 그는 사울이 더 이상 자신을 쫓지 않기를 바랬다. 사울이 그를 쫓으면 두 가지 측면이 안 좋다. 첫째, 군사력을 다윗을 쫓느라 낭비하면 블레셋과의 전쟁을 제대로 할 수 없다. 사울이 왕으로서 이스라엘 백성을 잘 다스리는 일에 집중할 수 없다. 둘째, 만약 다윗과 사울이 전쟁을 하게 된다면 이스라엘 백성들끼리 죽이는 불상사가 생긴다. 누가 이기든 수많은 이스라엘 백성이 죽게 된다. 그러니 사울과의 싸움은 피하는 것이 최고의 전술이었다. 그렇다면 사울이 쫓아오지 못할 곳으로 가는 것이 마땅하다.

27:3 다윗과 그의 사람들이 저마다 가족을 거느리고 가드에서 아기스와 동거하였는데. 이전에 아기스는 다윗을 받아들이지 않았다. 신하들이 먼저 반대하였다. 그때는 다윗이 사울을 피해 갔다는 것을 잘 모를 때의 일이다. 그러나 지금은 다윗이 사울을 피해 도망치는 중이라는 것을 블레셋에서도 아주 잘 알고 있을 것이다. 그때는 다윗이 홀로 갔었다. 쓸모가 없었다. 그러나 지금은 600명의 군사와 함께 갔다. 다윗의 힘을 잘 사용하면 이익이 될 수 있다. 그러한 것을 모두 아는 다윗은 아마 아기스로 가기 전에 이미 협상을 하였을 것이다. 아기스가 받아들이기로 하

9 다윗이 그 땅을 쳐서 남녀를 살려두지 아니하고 양과 소와 나귀와 낙타와 의복을 빼앗아 가지고 돌아와 아기스에게 이르매

killing all the men and women and taking the sheep, cattle, donkeys, camels, and even the clothes. Then he would come back to Achish,

10 아기스가 이르되 너희가 오늘은 누구를 침노하였느냐 하니 다윗이 이르되 유다 네겝과 여라무엘 사람의 네겝과 겐 사람의 네겝이니이다 하였더라

who would ask him, "Where did you go on a raid this time?" and David would tell him that he had gone to the southern part of Judah or to the territory of the clan of Jerahmeel or to the territory where the Kenites lived.

11 다윗이 그 남녀를 살려서 가드로 데려가지 아니한 것은 그의 생각에 그들이 우리에게 대하여 이르기를 다윗이 행한 일이 이러하니라 하여 블레셋 사람들의 지방에 거주하는 동안에 이같이 행하는 습관이 있었다 할까 두려워함이었더라

David would kill everyone, men and women, so that no one could go back to Gath and report what he and his men had really done. This is what David did the whole time he lived in Philistia.

12 아기스가 다윗을 믿고 말하기를 다윗이 자기 백성 이스라엘에게 심히 미움을 받게 되었으니 그는 영원히 내 부하가 되리라고 생각하니라

But Achish trusted David and said to himself, "He is hated so much by his own people the Israelites that he will have to serve me all his life."

였을 때 그곳에 들어갔을 것이다.

27:4 사울이 다시는 그를 수색하지 아니하니라. 다윗과 사울이라는 소모전적인 싸움이 멈추게 되었다. 선한 일이 이루어졌다. 다윗이 블레셋에 들어간 이야기는 첫번째의 쓰라린 경험이 있기 때문에 매우 어려운 일이었을 것이다. 우리들이 보기에도 첫번째 그가 블레셋으로 들어간 것이 좋지 않은 결과를 낳았기 때문에 부정적으로 평가하기 쉽다. 그러나 두번째 그가 블레셋에 들어간 것은 조금 다르다.

27:5 지방 성읍 가운데 한 곳을 내게 주어 내가 살게 하소서. 이 당시에 지방에 영주를 두어 왕 대신 그곳을 관리하도록 하는 경우는 흔하였다. 다윗이 아기스 왕에게 그것을 요청하였을 때 아기스는 속으로 좋아하였을 것이다.

27:7 산 날 수는 일 년 사 개월이었더라. 다윗은 가드에서 매우 짧은 시간을 그리고 시글락에서 더 많은 세월을 보냈을 것이다. 그 시간이 그에게는 매우 힘든 시간이었을 것이다. 그러나 그는 그 시간에도 결코 진리를 벗어나지 않았다.

27:8 그슬 사람과 기르스 사람과 아말렉 사람을 침노하였으니. 그는 네게브 광야 쪽에 있는 민족들을 공격하였다. 그 땅은 본래 여호수아 때 시므온과 유다 지파에 주어진 땅이다. 그런데 점령하지 못하고 있었다. 그들은 오히려 이스라엘 사람들을 괴롭히고 있었다. 이에 그는 가나안 정복 때의 이행되지 못한 말씀을 수행하고 있다.

27:10 다윗은 빼앗은 전리품을 가지고 아기스에게 바치기 위해 왕에게 갔다. 그리고 보고하였다. 그때마다 그는 다른 보고를 하였다. 어느 날은 '유다 네겝'을 공격하였다고 보고하고 어느 날은 '여라무엘 사람'을 공격하였다고 보고하였다. 둘

다 이스라엘 사람들이다. 어느 날은 '겐 사람의 네겝'을 공격하였다고 말하였다. 그들은 이스라엘 사람들은 아니었지만 이스라엘에 우호적인 사람들이다. 다윗은 거짓 보고를 하였다. 그럴 수밖에 없었다. 그가 이스라엘의 적군을 공격하였다고 하면 아기스가 그를 신뢰하지 않을 것이기 때문이다. 그가 이스라엘 민족 사람들을 공격하였다고 말함으로 아기스는 다윗이 이제 이스라엘에서 멀어졌다고 확신하였다. 거짓은 악한 것이다. 그러나 지금 다윗의 경우는 예외적인 것이라 할 수 있다. 이것은 전쟁에서 이기는 전략이 선한 것과 같다. 이것은 전쟁에 속한 일이다. 더 선한 일을 위해 사용한 거짓이기 때문에 방법조차도 악한 것이라 말하지 않고 선한 것이라 말한다.

다윗은 어둠 속에서 어둠의 일을 하지 않았다. 그는 블레셋이라는 어둠 속에 있었지만 삶을 포기하지 않고 그가 할 수 있는 진리의 길을 이어갔다. 비록 그것이 매우 힘든 상황이었지만 위험을 무릅쓰고 진리를 행하였다. 블레셋에 있었어도 그는 이스라엘 왕답게 행동하였다.

사무엘상 28:1-25

1 그 때에 블레셋 사람들이 이스라엘과 싸우려고 군대를 모집한지라 아기스가 다윗에게 이르되 너는 밝히 알라 너와 네 사람들이 나와 함께 나가서 군대에 참가할 것이니라

Some time later, the Philistines gathered their troops to fight Israel, and Achish said to David, "Of course you understand that you and your men are to fight on my side."

2 다윗이 아기스에게 이르되 그러면 당신의 종이 행할 바를 아시리이다 하니 아기스가 다윗에게 이르되 그러면 내가 너를 영원히 내 머리 지키는 자를 삼으리라 하니라

"Of course," David answered. "I am your servant, and you will see for yourself what I can do." Achish said, "Good! I will make you my permanent bodyguard."

3 사무엘이 죽었으므로 온 이스라엘이 그를 두고 슬피 울며 그의 고향 라마에 장사하였고 사울은 신접한 자와 박수를 그 땅에서 쫓아내었더라

Now Samuel had died, and all the Israelites had mourned for him and had buried him in his own city of Ramah. Saul had forced all the fortune tellers and mediums to leave Israel.

4 블레셋 사람들이 모여 수넴에 이르러 진 치매 사울이 온 이스라엘을 모아 길보아에 진 쳤더니

The Philistine troops assembled and camped near the town of Shunem; Saul gathered the Israelites and camped at Mount Gilboa.

5 사울이 블레셋 사람들의 군대를 보고 두려워서 그의 마음이 크게 떨린지라

When Saul saw the Philistine army, he was terrified,

6 사울이 여호와께 묻자오되 여호와께서 꿈으로도, 우림으로도, 선지자로도 그에게 대답하지 아니하시므로

and so he asked the LORD what to do. But the LORD did not answer him at all, either by dreams or by the use of Urim and Thummim or by prophets.

7 사울이 그의 신하들에게 이르되 나를 위하여 신접한 여인을 찾으라 내가 그리로 가서 그에게 물으리라 하니 그의 신하들이 그에게 이르되 보소서 엔돌에 신접한 여인이 있나이다

Then Saul ordered his officials, "Find me a woman who is a medium, and I will go and consult her." "There is one in Endor," they answered.

28장

28:1 블레셋 사람들이 이스라엘과 싸우려고 군대를 모집한지라 아기스가 다윗에게 이르되. 블레셋의 아기스가 다윗에게 전쟁에 참여하라 말하였다.

28:5 사울이 블레셋 사람들의 군대를 보고 두려워서. 지금까지 사울은 블레셋과 많이 싸웠다. 그런데 이번에는 조금 달랐다. 불길한 느낌이 들었다. 두려움으로 가득하였다. 왜 유독 이번 전쟁에 그가 큰 두려움을 느끼게 되었을까?

28:6 여호와께 묻자오되. 그는 이스라엘 사람들의 습관처럼 하나님께 전쟁에 대해 물었다. 그가 하나님의 뜻을 진정으로 구하였을까? **꿈으로도, 우림으로도, 선지자로도 그에게 대답하지 아니하시므로.** 사울이 물었으나 하나님께서 대답하지 않으셨다. 그에게 꿈으로 하나님께서 말씀하시지 않았다. 그가 원하면 하나님께서 꿈으로 말씀하셔야 하는 것일까? 우림으로 하나님의 뜻을 알아보았다 말하지만 그는 사실 놉에서 모든 제사장을 다 죽였기 때문에 유일한 생존자가 우림을 가지고 다윗에게 갔다. 그래서 그에게 있는 제사장과 우림은 사실 정상적인 것이 아니다. 또한 우림은 질문을 잘해야 답을 얻을 수 있는데 그는 분명 질문을 잘못하였을 것이다. 선지자로도 말씀하지 않으셨다. 다윗은 선지자와 함께하며 늘 물었다. 그러나 사울은 그렇게 하지 않았다. 그러니 지금 찾는다고 선지자가 기계처럼 하나님의 뜻을 내놓을 수 있는 것이 아니다.

"사울이 죽은 것은 여호와께 범죄하였기 때문이라 그가 여호와의 말씀을 지키지 아니하고 또 신접한 자에게 가르치기를 청하고 여호와께 묻지 아니하였으므로 여호와께서 그를 죽이시고 그 나라를 이새의 아들 다윗에게 넘겨 주셨더라" (대상 10:13-14) 사울은 하나님께서 대답하지 아니하셔서 신접한 자를 찾아갔는데 역대상 저자는 '그가 묻지 않았다'고 말한다. 그가 하나님께 진정으로 묻지 않았다는 것을 의미할 것이다.

8 사울이 다른 옷을 입어 변장하고 두 사람과 함께 갈새 그들이 밤에 그 여인에게 이르러서는 사울이 이르되 청하노니 나를 위하여 신접한 술법으로 내가 네게 말하는 사람을 불러 올리라 하니

So Saul disguised himself; he put on different clothes, and after dark he went with two of his men to see the woman. "Consult the spirits for me and tell me what is going to happen," he said to her. "Call up the spirit of the man I name."

9 여인이 그에게 이르되 네가 사울이 행한 일 곧 그가 신접한 자와 박수를 이 땅에서 멸절시켰음을 아나니 네가 어찌하여 내 생명에 올무를 놓아 나를 죽게 하려느냐 하는지라

The woman answered, "Surely you know what King Saul has done, how he forced the fortune tellers and mediums to leave Israel. Why, then, are you trying to trap me and get me killed?"

10 사울이 여호와의 이름으로 그에게 맹세하여 이르되 여호와께서 살아 계심을 두고 맹세하노니 네가 이 일로는 벌을 당하지 아니하리라 하니

Then Saul made a sacred vow. "By the living LORD I promise that you will not be punished for doing this," he told her.

11 여인이 이르되 내가 누구를 네게로 불러 올리랴 하니 사울이 이르되 사무엘을 불러 올리라 하는지라

"Whom shall I call up for you?" the woman asked. "Samuel," he answered.

12 여인이 사무엘을 보고 큰 소리로 외치며 사울에게 말하여 이르되 당신이 어찌하여 나를 속이셨나이까 당신이 사울이시니이다

When the woman saw Samuel, she screamed and said to Saul, "Why have you tricked me? You are King Saul!"

13 왕이 그에게 이르되 두려워하지 말라 네가 무엇을 보았느냐 하니 여인이 사울에게 이르되 내가 영이 땅에서 올라오는 것을 보았나이다 하는지라

"Don't be afraid!" the king said to her. "What do you see?" "I see a spirit coming up from the earth," she answered.

14 사울이 그에게 이르되 그의 모양이 어떠하냐 하니 그가 이르되 한 노인이 올라오는데 그가 겉옷을 입었나이다 하더라 사울이 그가 사무엘인 줄 알고 그의 얼굴을 땅에 대고 절하니라

"What does it look like?" he asked. "It's an old man coming up," she answered. "He is wearing a cloak." Then Saul knew that it was Samuel, and he bowed to the ground in respect.

하나님께서 대답하지 않으신다고 신접한 자에게 찾아간다면 그것은 하나님께 진정으로 물은 것이 아니다.

28:7 나를 위하여 신접한 여인을 찾으라 내가 그리고 가서 그에게 물으리라. '신접한 여인'은 '죽음의 세계에서 영혼을 불러내는 사람'을 말한다. 간단히 말하면 '무당'이다. 무당의 사전적 정의는 '귀신을 섬겨 길흉을 점치고 굿을 하는 것을 직업으로 하는 사람'이다. 거의 대부분의 문화에 무당이 있다. 사람이 죽어도 영혼이 살아 있다고 생각하는 경향이 강했던 것 같다. 그리고 그러한 죽은 이의 영혼은 미래의 일을 안다고 생각하였다.

28:9 사울이 행한 일 곧 그가 신접한 자와 박수를 이 땅에서 멸절시켰음을 아나니. 무당을 금하는 법이 성경에 많이 나온다. 믿음이 없는 사울도 그것을 따라 무당을 멸절시켰다.

28:15 사무엘이 사울에게 이르되 네가 어찌하여 나를 불러 올려서 나를 성가시게 하느냐. '사무엘'은 실제 '사무엘의 영'이 아니라 사무엘의 영을 가장한 악령이다. 사울의 눈에는 보이지 않는 상태이다. 무당의 말을 듣고 사울은 지금 자신 앞에 사무엘의 영이 있다고 생각하고 있다. 그의 시대에 성경의 어느 누구도 죽은 사람의 영혼과 이야기한 사람 이야기가 없다. 그는 성경에 무지하였다. 그는 악령의 놀이감이 되었다. '죽은 사람의 영혼' 즉 '귀신'에 대해 알아야 한다. 실제로 사무엘의 영혼같이 보이는 이가 와서 말을 하였다. 맞는 말을 하였다. 그래서 혼란스러워하는 경향이 있다. 그러나 분명히 말하지만 귀신은 없다. 사무엘의 영으로 나오는 것은 귀신(죽은 사람의 영)을 가장한 타락한 천사(악령)의 모습일 뿐이다. **나는 심히 다급하니이다.** '나는'이 15절에만 5번이나 나온다. 그는 철저히 자기 자신에게 집중하고 있다. 자기 자신을 사랑하였다. 자기 자신을 위해 살아왔다. 그런데 지

15 사무엘이 사울에게 이르되 네가 어찌하여 나를 불러 올려서 나를 성가시게 하느냐 하니 사울이 대답하되 나는 심히 다급하니이다 블레셋 사람들은 나를 향하여 군대를 일으켰고 하나님은 나를 떠나서 다시는 선지자로도, 꿈으로도 내게 대답하지 아니하시기로 내가 행할 일을 알아보려고 당신을 불러 올렸나이다 하더라

Samuel said to Saul, "Why have you disturbed me? Why did you make me come back?" Saul answered, "I am in great trouble! The Philistines are at war with me, and God has abandoned me. He doesn't answer me any more, either by prophets or by dreams. And so I have called you, for you to tell me what I must do."

16 사무엘이 이르되 여호와께서 너를 떠나 네 대적이 되셨거늘 네가 어찌하여 내게 묻느냐

Samuel said, "Why do you call me when the LORD has abandoned you and become your enemy?

17 여호와께서 나를 통하여 말씀하신 대로 네게 행하사 나라를 네 손에서 떼어 네 이웃 다윗에게 주셨느니라

The LORD has done to you what he told you through me: he has taken the kingdom away from you and given it to David instead.

18 네가 여호와의 목소리를 순종하지 아니하고 그의 진노를 아말렉에게 쏟지 아니하였으므로 여호와께서 오늘 이 일을 네게 행하셨고

You disobeyed the LORD's command and did not completely destroy the Amalekites and all they had. That is why the LORD is doing this to you now.

19 여호와께서 이스라엘을 너와 함께 블레셋 사람들의 손에 넘기시리니 내일 너와 네 아들들이 나와 함께 있으리라 여호와께서 또 이스라엘 군대를 블레셋 사람들의 손에 넘기시리라 하는지라

He will hand you and Israel over to the Philistines. Tomorrow you and your sons will join me, and the LORD will also hand the army of Israel over to the Philistines."

20 사울이 갑자기 땅에 완전히 엎드러지니 이는 사무엘의 말로 말미암아 심히 두려워함이요 또 그의 기력이 다하였으니 이는 그가 하루 밤낮을 음식을 먹지 못하였음이니라

At once Saul fell down and lay stretched out on the ground, terrified by what Samuel had said. He was weak, because he had not eaten anything all day and all night.

금 블레셋이 자기 자신을 무너뜨리려 하고 있다. 하나님은 자신을 버린 것 같았다. 자신이 가야 할 길을 알지 못하여 결국 사무엘의 영을 불렀다고 말한다. 그것이 거짓임을 알지 못하고 자신 안에 갇혀 있기 때문에 분별하지 못하였다. 오직 자기 자신의 다급함만 중요하였다. 사울의 모습은 '나는' '나는' '나는' '나는' 하면서 절규하고 있는 모습이다. 그렇게 자기 사랑에 똘똘 뭉쳐 있어 그는 자신이 금했던 무당 앞에서 자기 자신을 보호하고 세우기를 원하고 있다. 그러나 어찌 무당이 사울을 보호하고 세워줄 수가 있겠는가?

28:16 네가 어찌하여 내게 묻느냐. 악령이 사울에게 해 줄 수 있는 것은 아무것도 없었다. 그가 보기에 일어날 것 같은 일만 말할 수 일을 뿐이다.

28:20 사울이 갑자기 땅에 완전히 엎드러지니 이는 사무엘의 말로 말미암아 심히 두려워함이요. 그는 자신이 죽을 것이라는 말을 듣고 크게 낙심하였다. 그가 하나님께 자신의 죽음을 들었다면 하나님께 매달릴 여지가 있을 수 있었다. 그러나 악령에게 들음으로 그는 매달릴 대상도 없었다. 그는 단지 낙심으로 끝날 뿐이었다.

28:22 당신도 여종의 말을 들으사 내가 왕 앞에 한 조각 떡을 드리게 하시고. 무당은 사울에게 자신이 주는 빵을 먹기를 원하였다. 당장 죽을 것처럼 보였기 때문이다.

28:23 사울이 거절하여 이르되 내가 먹지 아니하겠노라. 사울은 아마 어떤 답을 듣고자 하는 열망 때문에 금식을 하고 온 것으로 보인다. 어떤 신적인 존재에 대해 자신이 보일 수 있는 성의였을 것이다. 그러기에 지금 쓰러졌어도 굳은 의지로 음식쯤은 먹지 않아도 된다고 생각하고 있었다. 그러나 그렇게 강한 의지를 가졌어도 나약한 한 인간에 불과하다. 하루 음식을 먹지 않았다고 쓰러지는 나약한 인간이다.

21 그 여인이 사울에게 이르러 그가 심히 고통 당함을 보고 그에게 이르되 여종이 왕의 말씀을 듣고 내 생명을 아끼지 아니하고 왕이 내게 이르신 말씀을 순종하였사오니

The woman went over to him and saw that he was terrified, so she said to him, "Please, sir, I risked my life by doing what you asked.

22 그런즉 청하건대 이제 당신도 여종의 말을 들으사 내가 왕 앞에 한 조각 떡을 드리게 하시고 왕은 잡수시고 길 가실 때에 기력을 얻으소서 하니

Now please do what I ask. Let me prepare some food for you. You must eat so that you will be strong enough to travel."

23 사울이 거절하여 이르되 내가 먹지 아니하겠노라 하니라 그의 신하들과 여인이 강권하매 그들의 말을 듣고 땅에서 일어나 침상에 앉으니라

Saul refused and said he would not eat anything. But his officers also urged him to eat. He finally gave in, got up from the ground, and sat on the bed.

24 여인의 집에 살진 송아지가 있으므로 그것을 급히 잡고 가루를 가져다가 뭉쳐 무교병을 만들고 구워서

The woman quickly killed a calf which she had been fattening. Then she took some flour, prepared it, and baked some bread without yeast.

25 사울 앞에와 그의 신하들 앞에 내놓으니 그들이 먹고 일어나서 그 밤에 가니라

She set the food before Saul and his officers, and they ate it. And they left that same night.

28:24 여인의 집에 살진 송아지가 있으므로. 무당은 사울에게 아주 좋은 최고급의 식단을 제공하였다. 사울은 조용히 기다렸을 것이다. 어쩌면 이것이 그의 마지막 식사였을 수도 있다. 그는 왕답게 가장 호화로운 식단을 제공받았다. 그러나 이것은 눈물의 빵이었다. 그에게 식사를 만들어주는 여인은 무당이었다. 그의 마지막 위로자다. 그가 악하다고 이스라엘 나라에서 씨를 말렸던 무당이다. 그런데 그의 마지막 왕 대접은 무당에 의해 차려진 밥상이었다. 왕 대접 같은 화려함 속에서도 참으로 슬픈 밥상이다. 사울의 마지막 모습은 그렇게 많은 아이러니를 가지고 지나가고 있다.

1 블레셋 사람들은 그들의 모든 군대를 아벡에 모았고 이스라엘 사람들은 이스르엘에 있는 샘 곁에 진 쳤더라

The Philistines brought all their troops together at Aphek, while the Israelites camped at the spring in the Valley of Jezreel.

2 블레셋 사람들의 수령들은 수백 명씩 수천 명씩 인솔하여 나아가고 다윗과 그의 사람들은 아기스와 함께 그 뒤에서 나아가더니

The five Philistine kings marched out with their units of a hundred and of a thousand men; David and his men marched in the rear with King Achish.

3 블레셋 사람들의 방백들이 이르되 이 히브리 사람들이 무엇을 하려느냐 하니 아기스가 블레셋 사람들의 방백들에게 이르되 이는 이스라엘 왕 사울의 신하 다윗이 아니냐 그가 나와 함께 있은 지 여러 날 여러 해로되 그가 망명하여 온 날부터 오늘까지 내가 그의 허물을 보지 못하였노라

The Philistine commanders saw them and asked, "What are these Hebrews doing here?" Achish answered, "This is David, an official of King Saul of Israel. He has been with me for quite a long time now. He has done nothing I can find fault with since the day he came over to me."

4 블레셋 사람의 방백들이 그에게 노한지라 블레셋 방백들이 그에게 이르되 이 사람을 돌려보내어 왕이 그에게 정하신 그 처소로 가게 하소서 그는 우리와 함께 싸움에 내려가지 못하리니 그가 전장에서 우리의 대적이 될까 하나이다 그가 무엇으로 그 주와 다시 화합하리이까 이 사람들의 머리로 하지 아니하겠나이까

But the Philistine commanders were angry with Achish and said to him, "Send that fellow back to the town you gave him. Don't let him go into battle with us; he might turn against us during the fighting. What better way is there for him to win back his master's favour than by the death of our men?

5 그들이 춤추며 노래하여 이르되 사울이 죽인 자는 천천이요 다윗은 만만이로다 하던 그 다윗이 아니니이까 하니

After all, this is David, the one about whom the women sang, as they danced, 'Saul has killed thousands, but David has killed tens of thousands.' "

29장

29:1 블레셋 사람들은 그들의 모든 군대를 아벡에 모았고. 시간적으로는 바로 앞에 나온 사울 이야기보다 며칠 더 이른 시기이다. 블레셋은 아벡에 모여 60km떨어진 수넴까지 이스라엘 속으로 깊이 들어갔다. 사울은 그때 무당을 찾아갔다. 이 전쟁은 사울과 다윗 모두에게 매우 위험한 전쟁이었다. 이 위험한 전쟁에서 사울은 무당을 찾아갔다. 반면 다윗은 어떻게 했는지를 말한다. 사울이 무당을 찾아가기 불과 며칠 전 이야기일 것이다.

29:2 다윗과 그의 사람들은 아기스와 함께 그 뒤에서 나아가더니. 다윗은 아기스의 군대 일원이 되어 전쟁에 참여하게 되었다. 전쟁에 참여하기 전 다윗은 얼마나 많은 고민을 하였을까? 전쟁에 참여하면 그는 이스라엘과 싸워야 한다. 사울을 죽여야 할지도 모른다. 그런데 자신은 아기스의 명령을 들어야 하는 아기스 군대의 일원이다. 그러니 진퇴양난에 빠진 형국이 되었다. 이 상황에서 다윗은 얼마나 많은 기도를 하였을까? 사울은 블레셋과의 전쟁을 앞두고 하나님의 뜻을 물었다고 말하였다. 다윗도 수없이 물었을 것이다. 수없이 기도하였을 것이다. 그러나 답이 안 나온 것으로 보인다. 그래서 그는 일단은 전쟁에 참여할 수밖에 없었다.

29:4 블레셋 사람의 방백들이 그에게 노한지라...이 사람을 돌려보내어 왕이 그에게 정하신 그 처소로 가게 하소서. 블레셋의 다른 도시 방백들이 일제히 반대하였다. 중요한 전쟁이 벌어지고 있으니 다윗의 군대가 그들에게 도움이 될 것이다. 그러나 그들은 다윗을 믿지 못하여 그와 함께 할 수 없다고 강하게 주장하였다.

29:6 여호와께서 살아 계심을 두고 맹세하노니 네가 정직하여. 아기스는 자신의 신의 이름이 아니라 다윗의 신의 이름을 들어 맹세하고 있다. 일반 신의 이름도 아니고

6 아기스가 다윗을 불러 그에게 이르되 여호와께서 살아 계심을 두고 맹세하노 니 네가 정직하여 내게 온 날부터 오늘까지 네게 악이 있음을 보지 못하였으 니 나와 함께 진중에 출입하는 것이 내 생각에는 좋으나 수령들이 너를 좋아 하지 아니하니

Achish called David and said to him, "I swear by the living GOD of Israel that you have been loyal to me; and I would be pleased to let you go with me and fight in this battle. I have not found any fault in you from the day you came over to me. But the other kings don't approve of you.

7 그러므로 이제 너는 평안히 돌아가서 블레셋 사람들의 수령들에게 거슬러 보 이게 하지 말라 하니라

So go back home in peace, and don't do anything that would displease them."

8 다윗이 아기스에게 이르되 내가 무엇을 하였나이까 내가 당신 앞에 오늘까지 있는 동안에 당신이 종에게서 무엇을 보셨기에 내가 가서 내 주 왕의 원수와 싸우지 못하게 하시나이까 하니

David answered, "What have I done wrong, sir? If, as you say, you haven't found any fault in me since the day I started serving you, why shouldn't I go with you, my master and king, and fight your enemies?"

9 아기스가 다윗에게 대답하여 이르되 네가 내 목전에 하나님의 전령 같이 선 한 것을 내가 아나 블레셋 사람들의 방백들은 말하기를 그가 우리와 함께 전 장에 올라가지 못하리라 하니

"I agree," Achish replied. "I consider you as loyal as an angel of God. But the other kings have said that you can't go with us into battle.

10 그런즉 너는 너와 함께 온 네 주의 신하들과 더불어 새벽에 일어나라 너희 는 새벽에 일어나서 밝거든 곧 떠나라 하니라

So then, David, tomorrow morning all of you who left Saul and came over to me will have to get up early and leave as soon as it's light."

11 이에 다윗이 자기 사람들과 더불어 아침에 일찍이 일어나서 떠나 블레셋 사 람들의 땅으로 돌아가고 블레셋 사람들은 이스르엘로 올라가니라

So David and his men started out early the following morning to go back to Philistia, and the Philistines went on to Jezreel.

'여호와'라는 고유명사를 사용하고 있다. 이것은 그가 다윗의 마음을 달래주기 위해 사용한 어법일 수 있다. 다윗이 아기스의 수하에 있으면서도 믿음에 있어서는 자신의 믿음을 지키고 있었다는 것을 의미하는 것 같다. 다윗은 아기스 앞에서도 자신의 믿음을 고수한 것으로 보인다. 블레셋에서도 믿음의 원칙에 있어서는 흔들림이 없었던 것으로 보인다.

29:10 너희는 새벽에 일어나서 밝거든 곧 떠나라. 아기스는 다윗을 신뢰하지만 다른 방백들이 신뢰하지 않으니 다윗에게 어쩔 수 없이 '돌아가라'고 말하였다. 매우 놀라운 일이다. 다윗이 그렇게 원했던 일인데 다윗을 반대하는 다른 방백들에 의해 성취되었다. 하나님의 작품일 것이다. 다윗은 기도하였고 하나님께서 응답하지 않으신 것 같았다. 그러나 하나님께서 그 시간에 이미 방백들의 마음에 다윗을 의심하는 마음을 주신 것 같다. 하나님께서 이미 일을 다 만들어 놓으신 것이다. 하나님의 침묵은 거절이 아닌 것을 알 수 있다. 일을 하시면서 침묵하셨다. 다윗을 인도하시는 하나의 방법이었다. 하나님의 침묵은 우리를 인도하시는 아주 중요한 하나의 방법이다. 하나님께서 침묵하실 때 내가 서둘러서 엉뚱한 일을 하지 않도록 해야 한다. 하나님의 침묵을 거절로 듣고 다른 길로 가지 않도록 해야 한다. 사울처럼 무당을 찾아가거나 다른 것을 찾아가지 않아야 한다. 신뢰하면서 오직 진리를 따라 묵묵히 걸어가는 것이 필요하다.

29:11 일찍이 일어나서 떠나 블레셋 사람들의 땅으로 돌아가고. 이때 시글락으로 떠난 것은 매우 중요한 일이었다. 이 시간 벌써 아말렉 사람들이 다윗의 도시 시글락을 공격하고 있었다. 조금이라도 더 늦었으면 다윗 군대의 가족들은 모두 죽을 뻔하였다. 가장 적당한 때에 블레셋 군대와 헤어졌고 가장 적당한 때에 시글락으로 돌아오고 있었던 것이다. 하나님께서 침묵하셨지만 실제로는 모든 일을 인도 준비하고 인도하셨다. 다윗에게 결코 해가 되지 않도록 보호하고 지키고 계셨다.

사무엘상 30:1-31

1 다윗과 그의 사람들이 사흘 만에 시글락에 이른 때에 아말렉 사람들이 이미 네겝과 시글락을 침노하였는데 그들이 시글락을 쳐서 불사르고

Two days later David and his men arrived back at Ziklag. The Amalekites had raided southern Judah and attacked Ziklag. They had burnt down the town

2 거기에 있는 젊거나 늙은 여인들은 한 사람도 죽이지 아니하고 다 사로잡아 끌고 자기 길을 갔더라

and captured all the women; they had not killed anyone, but had taken everyone with them when they left.

3 다윗과 그의 사람들이 성읍에 이르러 본즉 성읍이 불탔고 자기들의 아내와 자녀들이 사로잡혔는지라

When David and his men arrived, they found that the town had been burnt down and that their wives, sons, and daughters had been carried away.

4 다윗과 그와 함께 한 백성이 울 기력이 없도록 소리를 높여 울었더라

David and his men started crying and did not stop until they were completely exhausted.

5 (다윗의 두 아내 이스르엘 여인 아히노암과 갈멜 사람 나발의 아내였던 아비가일도 사로잡혔더라)

Even David's two wives, Ahinoam and Abigail, had been taken away.

6 백성들이 자녀들 때문에 마음이 슬퍼서 다윗을 돌로 치자 하니 다윗이 크게 다급하였으나 그의 하나님 여호와를 힘입고 용기를 얻었더라

David was now in great trouble, because his men were all very bitter about losing their children, and they were threatening to stone him; but the LORD his God gave him courage.

7 다윗이 아히멜렉의 아들 제사장 아비아달에게 이르되 원하건대 에봇을 내게로 가져오라 아비아달이 에봇을 다윗에게로 가져가매

David said to the priest Abiathar son of Ahimelech, "Bring me the ephod," and Abiathar brought it to him.

8 다윗이 여호와께 묻자와 이르되 내가 이 군대를 추격하면 따라잡겠나이까 하니 여호와께서 그에게 대답하시되 그를 쫓아가라 네가 반드시 따라잡고 도로 찾으리라

David asked the LORD, "Shall I go after those raiders? And will I catch them?" He answered, "Go after them; you will catch them and rescue the captives."

30장

30:1 다윗과 그의 사람들이 사흘 만에 시글락에 이른 때. 아벡에서 시글락까지 직선 거리로 80km가 넘는다. 이 거리를 3일만에 왔다. 꽉 채운 3일이 아니기 때문에 하루 30km이상을 걸어서 왔다는 뜻이다. **아말렉 사람들이 이미 네겝과 시글락을 침노하였는데.** 가족의 안위가 걱정되고 따뜻한 환영을 그리워하며 시글락에 도착하였을 때 참혹한 모습에 당황하였다. 도시는 불탔고 사랑하는 가족은 한 명도 보이지 않았다. 아말렉이 블레셋과 이스라엘의 전투를 이용하여 블레셋 국경과 이스라엘 네게브 지역을 약탈하였다.

30:6 백성들이 자녀들 때문에 마음이 슬퍼서 다윗을 돌로 치자 하니. 병사들은 그들의 장군인 다윗에게 화살을 돌렸다. 다윗을 돌로 쳐 죽이려 하였다. 그렇게 자포자기 상태에 이르렀다. **다윗이 크게 다급하였으나 그의 하나님 여호와를 힘입고 용기를 얻었더라.** 다윗도 가족을 잃었다. 그도 낙심하였을 것이다. 그런데 자신의 병사들이 자신을 죽이려는 것을 보았으니 얼마나 마음이 아팠을까? 그러나 그는 하나님의 사람이었다. 낙심되는 상황에서도 하나님을 의지하였다. 하나님 때문에 힘을 얻었다.

30:8 내가 이 군대를 추격하면 따라잡겠나이까. 아말렉이 도시를 불사른 지 조금 시간이 지난 것으로 보였다. 그래서 지금 병사들이 아벡에서 오느라 지친 상태인 지금이라도 쫓아가야 하는지 아니면 조금 더 정비를 하였다가 쫓아가야 하는지를 물었다.

30:10 곧 피곤하여 브솔 시내를 건너지 못하는 이백 명을 머물게 했고. 시글락에서 브솔 시내까지는 20km거리다. 그곳에서 1/3의 병력인 200명이 낙오하였다. 그만

9 이에 다윗과 또 그와 함께 한 육백 명이 가서 브솔 시내에 이르러 뒤떨어진 자를 거기 머물게 했으되

So David and his 600 men started out, and when they arrived at the brook of Besor, some of them stayed there.

10 곧 피곤하여 브솔 시내를 건너지 못하는 이백 명을 머물게 했고 다윗은 사백 명을 거느리고 쫓아가니라

David continued on his way with 400 men; the other 200 men were too tired to cross the brook and so stayed behind.

11 무리가 들에서 애굽 사람 하나를 만나 그를 다윗에게로 데려다가 떡을 주어 먹게 하며 물을 마시게 하고

The men with David found an Egyptian out in the country and brought him to David. They gave him some food and water,

12 그에게 무화과 뭉치에서 뗀 덩이 하나와 건포도 두 송이를 주었으니 그가 밤낮 사흘 동안 떡도 먹지 못하였고 물도 마시지 못하였음이니라 그가 먹고 정신을 차리매

some dried figs, and two bunches of raisins. After he had eaten, his strength returned; he had not had anything to eat or drink for three full days.

13 다윗이 그에게 이르되 너는 누구에게 속하였으며 어디에서 왔느냐 하니 그가 이르되 나는 애굽 소년이요 아말렉 사람의 종이더니 사흘 전에 병이 들매 주인이 나를 버렸나이다

David asked him, "Who is your master, and where are you from?" "I am an Egyptian, the slave of an Amalekite," he answered. "My master left me behind three days ago because I was ill.

14 우리가 그렛 사람의 남방과 유다에 속한 지방과 갈렙 남방을 침노하고 시글락을 불살랐나이다

We had raided the territory of the Cherethites in the southern part of Judah and the territory of the clan of Caleb, and we burnt down Ziklag."

15 다윗이 그에게 이르되 네가 나를 그 군대로 인도하겠느냐 하니 그가 이르되 당신이 나를 죽이지도 아니하고 내 주인의 수중에 넘기지도 아니하겠다고 하나님의 이름으로 내게 맹세하소서 그리하면 내가 당신을 그 군대로 인도하리이다 하니라

"Will you lead me to those raiders?" David asked him. He answered, "I will if you promise me in God's name that you will not kill me or hand me over to my master."

큰 군사들이 많이 피곤한 상태라는 뜻이다. 그러나 다윗은 이미 하나님의 뜻을 확인하였기에 멈추지 않았다.

30:11 무리가 애굽 사람 하나를 만나 그를 다윗에게로 데려다가. 척후병을 앞서 보내며 다윗 일행은 열심히 노략자를 추격하였다. 무리가 광야에서 '병든 종'을 만나 다윗에게 데려왔다. 아무것도 모르는 상태에서 지푸라기라도 잡는 심정이었을 것이다. **떡을 주어 먹게 하며 물을 마시게 하고.** 병들어 거의 죽게 된 그 사람은 아무 말도 못하고 있었다. 그래서 음식을 주었다. 정신을 차리면 혹시 끌려가는 이스라엘 사람을 보았는지 물을 심산이었을 것이다. 그런데 다윗은 시간이 없다. 그러니 음식을 주기보다는 칼을 목에 대고 묻는 것이 더 빠를 것 같다. 그러나 거의 죽어가는 그 사람을 보고 음식을 먼저 주었다. 사람에 대한 긍휼의 마음 때문일 것이다.

30:13 너는 누구에게 속하였으며. 이런 기막힌 우연이 있을 수 있을까? 그는 아말렉 사람의 종이었다. 그는 아말렉이 시글락을 칠 때 함께 있었고 아말렉 사정을 아주 잘 알고 있었다. 많고 많은 사람 중에 가장 정확히 아는 사람을 만난 것이다. **사흘 전에 병이 들매 주인이 나를 버렸나이다.** 그는 상처받은 사람이었다. 병들었다고 광야에 버려진 사람이다. 마음도 상처를 받았다. 그의 주인은 참으로 가혹한 사람이었다. 먹을 것도 물도 주지 않고 버렸다. 그렇게 상처받은 사람이었기에 만약 다윗이 음식을 주지 않았다면 다윗에게 협조하지 않았을 것이다. 그러나 상처받은 마음이 다윗의 따뜻한 인간애에 마음이 녹아 다윗에게 적극적으로 협조하였다. 아주 놀라운 반전이 일어났다.

30:16 그들이 온 땅에 편만하여. 그들은 전투대형이 아니었다. 이쪽저쪽 흩어져 있었다. 공격받을 것을 전혀 생각하지 못하고 있었다. **약탈하였음으로 말미암아 먹고**

16 그가 다윗을 인도하여 내려가니 그들이 온 땅에 편만하여 블레셋 사람들의 땅과 유다 땅에서 크게 약탈하였음으로 말미암아 먹고 마시며 춤추는지라

And he led David to them. The raiders were scattered all over the place, eating, drinking, and celebrating because of the enormous amount of loot they had captured from Philistia and Judah.

17 다윗이 새벽부터 이튿날 저물 때까지 그들을 치매 낙타를 타고 도망한 소년 사백 명 외에는 피한 사람이 없었더라

At dawn the next day David attacked them and fought until evening. Except for 400 young men who mounted camels and got away, none of them escaped.

18 다윗이 아말렉 사람들이 빼앗아 갔던 모든 것을 도로 찾고 그의 두 아내를 구원하였고

David rescued everyone and everything the Amalekites had taken, including his two wives;

19 그들이 약탈하였던 것 곧 무리의 자녀들이나 빼앗겼던 것은 크고 작은 것을 막론하고 아무것도 잃은 것이 없이 모두 다윗이 도로 찾아왔고

nothing at all was missing. David got back all his men's sons and daughters, and all the loot the Amalekites had taken.

20 다윗이 또 양 떼와 소 떼를 다 되찾았더니 무리가 그 가축들을 앞에 몰고 가며 이르되 이는 다윗의 전리품이라 하였더라

He also recovered all the flocks and herds; his men drove all the livestock in front of them and said, "This belongs to David!"

21 다윗이 전에 피곤하여 능히 자기를 따르지 못하므로 브솔 시내에 머물게 한 이백 명에게 오매 그들이 다윗과 그와 함께 한 백성을 영접하러 나오는지라 다윗이 그 백성에게 이르러 문안하매

Then David went back to the 200 men who had been too weak to go with him and had stayed behind at the brook of Besor. They came forward to meet David and his men, and David went up to them and greeted them warmly.

22 다윗과 함께 갔던 자들 가운데 악한 자와 불량배들이 다 이르되 그들이 우리와 함께 가지 아니하였은즉 우리가 도로 찾은 물건은 무엇이든지 그들에게 주지 말고 각자의 처자만 데리고 떠나가게 하라 하는지라

But some mean and worthless men who had gone with David said, "They didn't go with us, and so we won't give them any of the loot. They can take their wives and children and go away."

마시며 춤추는지라. 아말렉 사람들은 블레셋과 이스라엘이 북쪽에서 전쟁하는 것을 한껏 이용하여 남방 지역을 약탈하였다. 약탈한 것을 기뻐하며 잔치를 벌이고 있었다.

30:17 새벽부터 이튿날 저물 때까지 그들을 치매. 새벽 미명 아말렉인을 어렴풋하게 구분할 수 있을 때 공격을 시작하였다. 지난 밤 술을 잔뜩 먹은 아말렉 병사들은 깊은 잠에 빠져 있을 시간이다. **이튿날 저물 때까지.** 해가 지면 다음날이 되는 것을 반영한다. 그래서 오늘날식으로 하면 '그 날 저녁까지'를 의미한다. 새벽부터 저녁까지 그들을 쫓아가서 쳤던 것이다.

30:19 잃은 것이 없이 모두 다윗이 도로 찾아왔고. 빼앗긴 모든 것을 손실 없이 다시 되찾은 것은 참으로 큰 기적이다. 어떻게 그런 일이 일어날 수 있었을까?

30:20 이는 다윗의 전리품이라 하였더라. 되찾은 가족과 수많은 전리품을 가지고 돌아갈 때 그들은 얼마나 기뻤을까? 그들은 분명히 그것이 하나님의 은혜라고 말하였을 것이다. 그러나 그들 안에는 하나님의 은혜라는 말이 진짜인 사람도 있고 가짜인 사람도 있다. 그것이 어떻게 구분될까?

30:22 우리와 함께 가지 아니하였은즉 우리가 도로 찾은 물건은 무엇이든지 그들에게 주지 말고. 일부의 병사들이 전리품을 그들에게 나누지 말아야 한다고 주장하였다. 자신들은 싸웠고 그들은 싸우지 않았기에 전리품을 받을 자격이 없다고 주장하였다. 어떤 면에서는 타당하다. 전리품은 전쟁에서 승리한 사람들이 나누어 갖는 것이 일반적이다.

30:23 여호와께서 우리를 보호하시고 우리를 치러 온 군대를 우리 손에 넘기셨은즉.

23 다윗이 이르되 나의 형제들아 여호와께서 우리를 보호하시고 우리를 치러 온 그 군대를 우리 손에 넘기셨은즉 그가 우리에게 주신 것을 너희가 이같이 못하리라

But David answered, "My brothers, you can't do this with what the LORD has given us! He kept us safe and gave us victory over the raiders.

24 이 일에 누가 너희에게 듣겠느냐 전장에 내려갔던 자의 분깃이나 소유물 곁에 머물렀던 자의 분깃이 동일할지니 같이 분배할 것이니라 하고

No one can agree with what you say! All must share alike: whoever stays behind with the supplies gets the same share as the one who goes into battle."

25 그 날부터 다윗이 이것으로 이스라엘의 율례와 규례를 삼았더니 오늘까지 이르니라

David made this a rule, and it has been followed in Israel ever since.

26 다윗이 시글락에 이르러 전리품을 그의 친구 유다 장로들에게 보내어 이르되 보라 여호와의 원수에게서 탈취한 것을 너희에게 선사하노라 하고

When David returned to Ziklag, he sent part of the loot to his friends, the leaders of Judah, with the message, "Here is a present for you from the loot we took from the LORD's enemies."

27 벧엘에 있는 자와 남방 라못에 있는 자와 얏딜에 있는 자와

He sent it to the people in Bethel, to the people in Ramah in the southern part of Judah, and to the people in the towns of Jattir,

28 아로엘에 있는 자와 십못에 있는 자와 에스드모아에 있는 자와

Aroer, Siphmoth, Eshtemoa,

29 라갈에 있는 자와 여라므엘 사람의 성읍들에 있는 자와 겐 사람의 성읍들에 있는 자와

and Racal; to the clan of Jerahmeel, to the Kenites,

30 홀마에 있는 자와 고라산에 있는 자와 아닥에 있는 자와

and to the people in the towns of Hormah, Borashan, Athach,

31 헤브론에 있는 자에게와 다윗과 그의 사람들이 왕래하던 모든 곳에 보내었더라

and Hebron. He sent it to all the places where he and his men had roamed.

전쟁에서의 승리는 '병사들이 잘 싸워서'가 아니라 하나님의 은혜 때문이었음을 말한다. 자신들이 은혜로 전리품을 거저 받았기에 싸움에 참여하지 않은 200명의 병사들에게도 은혜를 나누어 주어야 한다고 주장하였다. 병사들이 잘한 것이면 병사들에게만 주어야 한다. 그러나 하나님의 은혜로 이긴 것이면 병사들이 자기 주장을 할 것이 아니라 힘이 없어 함께 하지 못한 병사들에게 긍휼을 베풀어 함께 나누는 것이 자비이다. 은혜 받은 자가 해야 하는 것을 다윗이 정확히 말하고 있다. 진정 은혜로 얻은 것이라고 생각한다면 은혜로 나누어 주어야 한다. 나누어 주지 않으면 그것은 은혜로 받은 것으로 생각하지 않기 때문이다. 은혜로 나누어 주지 않으면 은혜로 받은 것이 아니다. 은혜로 받았음에도 불구하고 나누어 주지 않으면 그것은 은혜를 망각한 것으로서 은혜를 땅에 떨어트리는 것이다.

30:26 전리품을 그의 친구 유다 장로들에게 보내어. 다윗은 그가 빼앗은 전리품이 이전에 아말렉이 유다 남쪽 지역에서 약탈한 것임을 알았기에 그들에게도 전리품을 나누어 주었다. 유다 장로들이 달라고 한 것이 아니다. 그러나 먼저 은혜를 베푸는 것이 은혜 받은 자의 마땅한 자세이다. 다윗은 전리품을 나누었다. 그것이 하나님의 크신 은혜로 얻은 것임을 알았기에 더욱더 적극적으로 나누었다. 그렇게 나눔으로 아말렉을 이긴 것이 하나님의 크신 은혜임을 더욱더 드러냈다.

1 블레셋 사람들이 이스라엘을 치매 이스라엘 사람들이 블레셋 사람들 앞에서 도망하여 길보아 산에서 엎드러져 죽으니라

The Philistines fought a battle against the Israelites on Mount Gilboa. Many Israelites were killed there, and the rest of them, including King Saul and his sons, fled.

2 블레셋 사람들이 사울과 그의 아들들을 추격하여 사울의 아들 요나단과 아비나답과 말기수아를 죽이니라

But the Philistines caught up with them and killed three of Saul's sons, Jonathan, Abinadab, and Malchishua.

3 사울이 패전하매 활 쏘는 자가 따라잡으니 사울이 그 활 쏘는 자에게 중상을 입은지라

The fighting was heavy round Saul, and he himself was hit by enemy arrows and badly wounded.

4 그가 무기를 든 자에게 이르되 네 칼을 빼어 그것으로 나를 찌르라 할례 받지 않은 자들이 와서 나를 찌르고 모욕할까 두려워하노라 하나 무기를 든 자가 심히 두려워하여 감히 행하지 아니하는지라 이에 사울이 자기의 칼을 뽑아서 그 위에 엎드러지매

He said to the young man carrying his weapons, "Draw your sword and kill me, so that these godless Philistines won't gloat over me and kill me." But the young man was too terrified to do it. So Saul took his own sword and threw himself on it.

5 무기를 든 자가 사울이 죽음을 보고 자기도 자기 칼 위에 엎드러져 그와 함께 죽으니라

The young man saw that Saul was dead, so he too threw himself on his own sword and died with Saul.

6 사울과 그의 세 아들과 무기를 든 자와 그의 모든 사람이 다 그 날에 함께 죽었더라

And that is how Saul, his three sons, and the young man died; all of Saul's men died that day.

31장

31:1-13은 사울과 요나단의 죽음에 대한 이야기이다.

31:3 사울이 그 활 쏘는 자에게 중상을 입은지라. 사울의 세 아들이 죽임을 당하였다. 사울은 활에 맞아 중상을 입었다. 상황이 치명적이다.

31:4 할례 받지 않은 자들이 와서 나를 찌르고 모욕할까 두려워하노라. 그는 명예롭게 죽기 위해 부하에게 자신을 죽이라 말하였다. **사울이 자기의 칼을 뽑아서 그 위에 엎드러지매.** 부하가 거절하자 그는 자살을 선택하였다. 자살은 군인으로서 명예롭게 죽는 길이었을 수 있다. 그러나 그것은 신앙인의 관점에서 자기애의 극치라 할 수 있다. 자기 자신만, 자기가 보는 곳에서만 모욕을 당하지 않으면 되는 것으로 생각하는 것이다. 그가 그렇게 자살한다 하여 모욕을 당하지 않은 것이 아니다. 그는 마지막까지 자기 멋대로 행동하였다. 마지막으로 그에게 진짜 중요한 것은 하나님 앞에 서는 것이었다. 하나님께 기도해야 했다.

31:6 그 날에 함께 죽었더라. 사울은 이스라엘의 왕으로 화려한 삶을 살았다. 그러나 그가 죽으매 그의 화려한 삶은 지나간 과거일 뿐 죽음으로 그의 모든 삶도 함께 무너졌다.

31:9 사울의 머리를 베고 그의 갑옷을 벗기고...블레셋 사람들의 땅 사방에 보내고. 사울의 머리와 갑옷은 골리앗의 머리와 갑옷이 그러했던 것처럼 블레셋에 보내져 사람들에게 전시되었다.

31:10 시체는 벧산 성벽에 못 박으매. 머리가 없는 그의 시신 나머지는 벧산 성벽에

7 골짜기 저쪽에 있는 이스라엘 사람과 요단 건너쪽에 있는 자들이 이스라엘 사람들이 도망한 것과 사울과 그의 아들들이 죽었음을 보고 성읍들을 버리고 도망하매 블레셋 사람들이 이르러 거기에서 사니라

When the Israelites on the other side of the Valley of Jezreel and east of the River Jordan heard that the Israelite army had fled and that Saul and his sons had been killed, they abandoned their towns and fled. Then the Philistines came and occupied them.

8 그 이튿날 블레셋 사람들이 죽은 자를 벗기러 왔다가 사울과 그의 세 아들이 길보아 산에서 죽은 것을 보고

The day after the battle the Philistines went to plunder the corpses, and they found the bodies of Saul and his three sons lying on Mount Gilboa.

9 사울의 머리를 베고 그의 갑옷을 벗기고 자기들의 신당과 백성에게 알리기 위하여 그것을 블레셋 사람들의 땅 사방에 보내고

They cut off Saul's head, stripped off his armour, and sent messengers with them throughout Philistia to tell the good news to their idols and to their people.

10 그의 갑옷은 아스다롯의 집에 두고 그의 시체는 벧산 성벽에 못 박으매

Then they put his weapons in the temple of the goddess Astarte, and they nailed his body to the wall of the city of Beth Shan.

11 길르앗 야베스 주민들이 블레셋 사람들이 사울에게 행한 일을 듣고

When the people of Jabesh in Gilead heard what the Philistines had done to Saul,

12 모든 장사들이 일어나 밤새도록 달려가서 사울의 시체와 그의 아들들의 시체를 벧산 성벽에서 내려 가지고 야베스에 돌아가서 거기서 불사르고

the bravest men started out and marched all night to Beth Shan. They took down the bodies of Saul and his sons from the wall, brought them back to Jabesh, and burnt them there.

13 그의 뼈를 가져다가 야베스 에셀 나무 아래에 장사하고 칠 일 동안 금식하였더라

Then they took the bones and buried them under the tamarisk tree in the town, and fasted for seven days.

박혀서 전시되었다. 그가 죽자 비참함이 이어졌다. 사울의 삶은 살아 있을 때는 대단하였다. 그는 자신의 삶을 지키고 왕위를 위해 무엇이든 행했다. 그러나 그가 죽자 철저히 모욕당하였다. 그의 마지막의 모욕은 그의 삶 전체를 상징적으로 잘 보여준다. 그는 철저히 자신을 위해 살았으니 실제로는 철저히 무너지는 삶을 산 것이다.

사람들은 살아 있을 때를 생각한다. 그러나 사람은 영원한 존재이기에 죽음 이후를 생각해야 한다. 보통 죽음 이후 '명복을 빕니다'라고 말하지만 사실 '명복(죽음 이후의 세계의 복)'은 살아 있을 때 잘 준비해야 하는 것이다. 사울의 죽음 이후의 모습은 마치 그의 영원한 삶을 상징적으로 보여주는 것 같다. 우리는 죽음 이후 어떤 삶으로 드러날까? '영원에 잇대어졌음'을 확신할 수 있는 삶을 살아야 한다.

31:11-12 길르앗 야베스 주민들이...듣고...장사들이 일어나...시체를 벧산 성벽에서 내려 가지고 야베스에 돌아가서 거기서 불사르고. 길르앗 야베스 사람들이 모욕당하는 사울의 시신을 보고 안타깝게 여겼다. 생명의 위험을 무릅쓰고 블레셋의 도시 벧산에 가서 시체를 되찾아왔다. 명예롭게 장례를 치러주었다. 길르앗 야베스 사람들이 그렇게 한 이유는 이전에 사울이 그들을 도와주었기 때문이다. 길르앗 야베스 사람들이 암몬 사람 나하스의 공격으로 한쪽 눈을 뽑힌 채 종으로 살아야 할 처지였을 때 사울의 도움으로 궁지에서 해방되었었다. 그것을 기억하여 이번에 사울을 도운 것이다. 그래서 사람은 과거에 어떻게 살았는지가 중요하다. 사울의 마지막은 길르앗 야베스 사람들 때문에 그래도 명예롭게 처리될 수 있었다. 그것은 사울이 이 땅에 살면서 행했던 거의 유일한 선한 일 때문이다.

사람들은 죽으면 끝이라고 말한다. 그러나 그렇지 않다. 죽으면 평가가 있다. 이 땅에서의 삶은 모두 평가받을 것이다. 하나님 앞에서 가장 정확히 평가받는다. 이 세상에 살 때는 제대로 평가받지 못한다. 늘 불공평이 있다. 그러나 이 땅의 삶을 마치면 하나님 앞에서 가장 정확히 평가받을 것이다. 그러기에 이 땅에서의 삶을 지나간 일이라고 과소평가하지 말아야 한다. 이 땅에서의 시간에 아름다운 믿음의 삶으로 채워가야 한다.